MARIA BLUMENCRON
Auf Wiedersehen, Tibet

Buch

Seit der chinesischen Besetzung Tibets vor einem halben Jahrhundert flüchten die Kinder des Schneelandes nach Indien, weil sie in ihrer Heimat keine Zukunft mehr haben. Die österreichische Filmemacherin und Autorin Maria Blumencron engagiert sich seit Jahren für Tibet und hat sechs Kinder auf ihrer Flucht über die Gipfel des Himalaya in das nordindische Dharamsala begleitet, wo der Dalai Lama große Ausbildungsstätten für die Kinder seiner Heimat aufgebaut hat. In »Auf Wiedersehen, Tibet« schildert sie nicht nur die Geschichte dieser Kinder. Sie berichtet aus dem Leben eines legendären Fluchthelfers, dem regelmäßig Eltern das Leben ihrer Kinder anvertrauen. Und sie erzählt die erschütternde Geschichte eines achtzehnjährigen tibetischen Guides, der versucht, seine Freunde in die Freiheit zu führen. Als Maria Blumencron und ihr Team im März 2007 zum fast 6000 Meter hohen Grenzpass steigen, treffen sie zufällig auf diese Flüchtlingsgruppe. Einer der Jungen ist dem Tode nahe, ein Wettlauf mit der Zeit beginnt.

Autorin

Maria Blumencron, geboren 1965 in Wien, arbeitete als Schauspielerin an verschiedenen Bühnen und in TV-Serien. Das Foto eines erfrorenen tibetischen Mädchens führte sie in den Himalaya, wo sie sechs Flüchtlingskinder traf, deren Schicksal sie bis heute begleitet und dokumentiert. Ihre Dokumentarfilme »Flucht über den Himalaya« (ZDF, 2000) und »Jenseits des Himalaya« (ZDF, 2005) wurden mit zahlreichen Preisen ausgezeichnet. 2007 gründete sie den Verein »Shelter 108 e.V.«, der sich hilfebedürftigen Menschen in aller Welt widmet. Heute lebt Maria Blumencron als Autorin und Regisseurin mit ihrer Familie in Köln.

Maria Blumencron

Auf Wiedersehen, Tibet

Auf der Flucht
durch Eis und Schnee

GOLDMANN

Mix
Produktgruppe aus vorbildlich
bewirtschafteten Wäldern und
anderen kontrollierten Herkünften

Zert.-Nr. SGS-COC-1940
www.fsc.org
© 1996 Forest Stewardship Council

Verlagsgruppe Random House FSC-DEU-0100
Das FSC-zertifizierte Papier *München Super* für dieses Buch
liefert Arctic Paper Mochenwangen GmbH.

1. Auflage
Taschenbuchausgabe August 2009
Wilhelm Goldmann Verlag, München,
in der Verlagsgruppe Random House GmbH
Copyright © der Originalausgabe 2008 by DuMont Buchverlag, Köln
Umschlaggestaltung: UNO Werbeagentur, München
unter Verwendung des HC-Motivs
Umschlagabbildungen: zazie-media, Christian Gatniejewski
GJ · Herstellung: Str.
Druck und Bindung: GGP Media GmbH, Pößneck
Printed in Germany
ISBN: 978-3-442-15568-2

www.goldmann-verlag.de

Für Simon und Jörg

Das unabhängige Tibet von 1950 vor dem Einmarsch der chinesischen Volksbefreiungsarmee

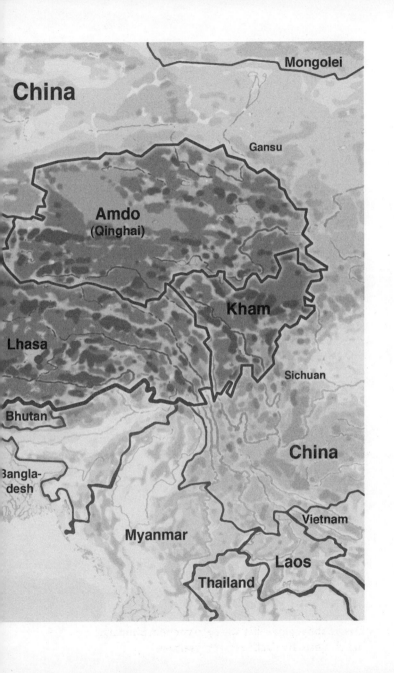

Wenn der Eiserne Vogel fliegt
und das Pferd auf Rädern läuft,
wird Tibet zerschlagen.
Dann werden sich die Tibeter
wie Ameisen zerstreuen.
Und die Lehre Buddhas wird
Einzug in den Westen halten.

Prophezeiung 8. Jahrhundert

Vorwort

Wenn Mütter ihre Kinder über das höchste Gebirge der Welt schicken, ohne zu wissen, ob sie einander jemals wiedersehen, kann etwas in Tibet nicht stimmen. Wenn junge Mönche und Nonnen nach Indien fliehen, um ihren Glauben zu leben, herrscht keine Freiheit im Schneeland. Welchen Wert hat der gepriesene Fortschritt in Tibet, wenn junge Menschen keinen anderen Weg sehen als den ins Exil?

Seit der Besetzung des Schneelandes vor mehr als fünfzig Jahren flüchten die Tibeter über die verschneiten Himalaya-Pässe nach Nepal und Indien. Einer der ersten Flüchtlinge war der Dalai Lama. Am 17. März 1959 verließ das Oberhaupt der Tibeter seine Heimat und ist seither nie wieder zurückgekehrt.

Bereits in den frühen sechziger Jahren erkannte der Dalai Lama die Notwendigkeit, Lebens- und Ausbildungsstätten für die geflüchteten Kinder Tibets zu schaffen. Mit Hilfe seiner älteren Schwester Tsering Dolma Thakla und der Unterstützung Hermann Gmeiners, dem Begründer der SOS-Kinderdörfer, wurde im nordindischen Dharamsala das erste tibetische SOS-Kinderdorf errichtet.

Als Tsering Dolma Thakla 1964 verstarb, übernahm Jetsun Pema, die jüngere Schwester des Dalai Lama, die Fürsorge für die Kinder des Exils und wurde zur ›Mutter Tibets‹.

16 178 Kinder und Jugendliche leben heute in insgesamt

neun tibetischen Kinderdörfern, auch Tibetan Children Villages genannt.

Es sind Kinder, die auf ihren eigenen Beinen ins Exil gewandert sind. Und jene, die im Exil als Kinder ehemaliger Flüchtlinge geboren wurden. Mehr als 130 000 Tibeter leben fern ihrer Heimat in Indien, Nepal, Bhutan und über die ganze Welt verstreut.

Seit den Aufständen im Frühjahr 2008 gelangen nur vereinzelt Flüchtlinge über den Himalaya. Die Grenzen sind strenger bewacht denn je. Denn jeder Tibeter, der Tibet über die Bergpässe verlässt, trägt nicht nur seinen Rucksack mit ins Exil, sondern auch eine Geschichte, die von der Unterdrückung des tibetischen Volkes, von Ausbeutung, Folter und von der Zerstörung einer alten Religionskultur erzählt ...

TEIL EINS

Kelsang Jigme, der Guide
1949 bis 1997

Prolog

Der Schnee ist ein Freund, wenn er die chinesischen Patrouillen in ihren geheizten Stuben festhält. Und ein Feind, wenn er heimliche Grenzgänger bei ihrer Flucht überrascht.

Kelsang, der Guide, hat gelernt, ihn zu wittern. Ein Ziehen in den Nasenflügeln kündigt ihn an. Und wenn die Berge sehr nah erscheinen und klar umrissen, dann lauern dahinter meistens die Wolken. Jene großen, runden, die in ihren üppigen Bäuchen Eiswasser sammeln, sich bauschen und blähen und zu gigantischen Türmen aufquellen. Doch ehe so ein träges Monster die Gipfel der Berge verschlingt, schickt es zur Warnung stets Boten voraus: Federleichte Wolkenfetzen, nicht schwerer als der Schal einer tanzenden Dakini. Jene launischen Geistwesen, die, wie man sagt, die Seelen der Toten ins Universum geleiten. Sammeln sich am Himmel die Dakinis zur Schar, weiß ein erfahrener Guide: Das Wetter schlägt um. Dann ist Eile geboten. Sonst holen sich die leichtfüßigen Himmelstänzerinnen noch weitere Seelen ...

Tibet, im Dezember 1997 – Drei chinesische Bonbons

Es ist eine schwierige Aufgabe, Kinder über die Grenze zu bringen. Über viele Tage muss man sie warm halten und füttern. Man muss sie tragen, wenn sie müde sind, und darauf achten, dass ihre Schuhe nicht nass werden im Schnee. Man muss sie aufmuntern und trösten, wenn sie um ihre Eltern weinen. Man muss darauf achten, dass sie nachts nicht in die Hose machen. Man muss jeden einzelnen ihrer Schritte im Auge behalten. Man muss diese Arbeit lieben, weil sie viel kostet und wenig bringt.

Kelsang Jigme

Das Kind versteckt sich hinter der Schürze der Mutter, als wäre das Ganze ein Spiel.

»Thinley«, flüstert die Mutter, »es ist jetzt Zeit mit Pu Kelsang zu gehen.«

»Ich bin schon weg! Ich bin schon weg!«

»Komm, mein Schatz. Sag deinem Palaa Auf Wiedersehen.«

»Aber ich bin doch gar nicht mehr da!«

»Thinley, bitte – siehst du denn nicht, dass Onkel Kelsang schon auf dich wartet?«

»Pu Kelsang ist auch nicht mehr da. Wir sind schon lange gegangen.«

»Bitte, Thinley. Komm jetzt hinter der Schürze hervor.«

Da beginnt das Mädchen zu weinen: »Ich will aber nicht fort, Amalaa.«

Die Mutter wirft dem Fluchthelfer einen hilflosen Blick zu.

»Ajuuuu!« Kelsang verzieht das Gesicht: »Jetzt hat mir ein Huhn auf den Kopf gemacht! Vogelkacke bringt Unglück! Ayuuuuuu!«

Vorsichtig lugt Thinley hinter der Schürze hervor.

»Keine Sorge! Pu Kelsang kann Vogelkacke in Gold verwandeln!«

Er setzt seinen Hut auf den Kopf, fasst ihn an der speckigen Krempe und dreht ihn dreimal im Uhrzeigersinn: »Gogogogo!« Er gackert dazu wie ein Huhn.

Thinley lacht.

»Aleeeey!« Kelsang lüftet den Hut: Drei bunte Bonbons liegen darunter.

Behutsam neigt Kelsang sein Haupt: »Die sind für ein mutiges Mädchen bestimmt, das mit mir kommt, um einen hohen Berg zu besteigen!«

Thinley kommt hinter der Schürze hervor und holt sich aus dem störrischen Haar des verrückten Khampa drei chinesische Bonbons.

Kelsangs Mutter – Tibet, im Jahre 1949

Meine Familie stammte aus Kham. Das ist eine Provinz im Osten des Landes Tibet. Die Khampa-Tibeter gelten als spröde, furchtlos und direkt. Man sagt, sie sind die Cowboys des Schneelandes, denn wir lieben Pferde, schöne Sättel und Zaumzeug. Ein Khampa trägt immer zwei Messer bei sich: ein kurzes an seiner Seite und ein langes quer über den Bauch in den Gürtel gesteckt. Wir widmen unser Leben dem Dalai Lama und der Lehre Buddhas, aber wir gebrauchen auch unsere Waffen, um uns vor Räubern und wilden Tieren zu verteidigen.

Mein Großvater besaß eine ›Bra‹, eine Flinte aus Russland. Eines Tages, als er sie reinigte, fielen ihm die Patronen ins Feuer. Er wollte sie schnell aus den Flammen holen, doch es gab eine gewaltige Explosion. Sie hat ihm die rechte Hand

weggerissen. Nun hatte er eine Frau, eine Flinte, eine Hand und drei Kinder.
Der ältere Sohn wurde ein erfolgreicher Geschäftsmann. Der jüngere heiratete schon früh. Die Tochter war schön, aber sie wurde unehelich schwanger. Mit mir ...

Om ah hung varja guru padma siddhi hung ... Om ah hung varja guru padma siddhi hung ...

Wie dichte Rauchschwaden hängen die Gebete der Mutter in ihrer Klause fest. Durch eine undichte Stelle im Dach fällt das erste Tageslicht in die Hütte. In der hell gleißenden Säule tanzt der aufgewirbelte Staub und spinnt zu den Mantras der Mutter bunte, aufsteigende Fäden. So beginnt jeder Tag für das Kind mit der Himmelfahrt ihrer gemurmelten Worte.

Sie packt ihr Söhnchen in Felle, bettet es in einen geflochtenen Korb aus den Ästen der Weide und öffnet die Tür zu einem neuen Tag: Die Luft ist frisch und brennt auf den Wangen. Ungeduldig scharrt das Pferdchen vor ihrer Klause die Hufe.

Om ah hung varja guru padma siddhi hung ... Om ah hung varja guru padma siddhi hung ...

Sie bindet den Korb an den Sattel, und das Tier spitzt die Ohren: »Fünfunddreißig Runden«, flüstert die Mutter, »fünfunddreißig Runden sollst du heut' laufen. Immer um unser Kloster herum.«

Ergeben senkt das Pferd sein Haupt und trabt mit dem kleinen Sohn davon, das sanft von den bedächtigen Schritten des Tieres geschaukelt wird. Wie ein frommer Pilger umkreist das Pferdchen das Heiligtum im Uhrzeigersinn und dreht seine Kora im Einklang mit den Gesetzen der Götter.

Om ah hung varja guru padma siddhi hung ... Om ah hung varja guru padma siddhi hung ...

Jeden Morgen schließen sich die Greise des Dorfes, von der Unruhe des Alters schon früh aus den Betten getrieben, mit klappernden Gebetsmühlen und klappernden Zähnen dem Rundgang des Pferdchens an. An der Spitze des Zuges das Kind, das in Schande geboren, Tag für Tag und Kora für Kora immer heiliger wird.

Jeder im Dorfe Dhongo kennt die Geschichte des Knaben und die seiner gefallenen Mutter: Einst wurde sie ›Yulo, die Schöne‹ genannt, bevor die Familie das Ansehen durch ihren Fehltritt verlor. Als Yulos Bauch sich eines Tages wölbte, tobte ihr Vater. Und bis auf die Straße hörte man das Gezeter der Mutter.

»Wer war es?«, schrie der Alte voll Zorn.

Doch Yulo gab den Namen des Mannes nicht preis.

Der jüngere Bruder, seit dem Unfall des Vaters verlängerter Arm seiner Willkür, drohte Yulo mit Schlägen: »Sag es mir, und ich werde ihn umbringen!«

Doch Yulo behielt ihr Geheimnis für sich.

»Du gehst ins Kloster«, beschloss die Mutter, und Yulo umklammerte ängstlich den Bauch.

»Keine Sorge, das Kind geht mit dir«, bestimmte der Vater. »So wird es keine Nachfahren mehr geben. Irgendwann sind wir für immer vergessen und mit uns die Schande in deinem Schoß.«

Da nahm der Bruder das alte Gewehr, das ihm der Vater nach seinem Unfall vermacht hatte, stürzte damit vor die Tür und zerschlug es an einem Felsen: »Dann nehme auch ich das rote Gewand!«, schrie er, verschenkte sein Erbe an die Armen des Dorfes, packte das Bündel und floh vor der Nachrede in ein entferntes Kloster mit Namen Anzongaduk.

Yulo wurde ins Kloster Yage gebracht.

Der alte Tulku, Oberhaupt über Mönche und Nonnen, war freundlich und ohne Vorwürfe gegen die werdende Mutter. Es war Frühling, und in seinem Garten entfalteten sich die ersten Knospen. Hier schor er das lange Haar des Mädchens, und es fiel zu Boden wie die Blätter im Herbst. So wurde aus ›Yulo, der Schönen‹ die schöne Nonne Ani Yulo.

Vor den Toren des Klosters ließ der Tulku eine kleine Klause errichten und einen Stall für das Pferd. Denn Yulo besaß die Gabe, mit Tieren zu sprechen, und nahm den Gaul als einzige Habe des alten Lebens mit in ihr neues.

Im Sommer dann, als der Oleander in seiner vollen Blüte stand, brachte Ani Yulo einen Knaben zur Welt. Der Tulku gab ihm den Namen Ringzen. Ringzen Püntsok: Das große, vollkommene Glück.

Zwei Jahre hing das Kind an der Brust seiner Mutter.

Tibet, im Dezember 1997 – Der Abschied

Der Abschied ist immer der traurigste Moment einer Flucht. Weil die Eltern ihre Kinder für lange Zeit nicht wiedersehen werden. Für manche ist es ein Abschied für immer.
Um es den Kindern einfacher zu machen, brachte ich immer Süßigkeiten und machte Späße. Und um den Eltern über den Schmerz hinwegzuhelfen, gab ich jedes Mal ein Versprechen: »Ihr könnt mir euer Kind anvertrauen. Ich werde es auf dem Weg wie mein eigenes behandeln.«

Mit dieser Einstellung habe ich jedes einzelne Kind über die Grenze getragen.
Nur eines blieb für immer im Schnee zurück.

Bevor Thinley geht, kämmt die Mutter das Haar des Kindes. Sie will, dass ihr Mädchen schön aussieht auf dem Weg in ihr neues Leben. Aus ihrer Schürze holt sie eine rote Spange hervor. Es ist das letzte Geschenk für ihr Kind. Sie schiebt die losen Strähnen aus dem Gesichtchen und hält es noch einmal fest. Hält es noch einmal fest und blickt ihrem Kind in die Augen: »Ich bin immer bei dir«, sagt sie. »Egal, wohin du auch gehst, ich werde dich in meinen Gedanken begleiten.«

Als sich die Augen des Kindes mit Tränen füllen, nimmt Kelsang es schnell an die Hand.

»Du wirst im Exil zur Schule gehen«, sagt der Vater zum Abschied. »Nutze die Chance. Studiere hart und werde ein guter Mensch. Dann wird dein Leben glücklicher sein als das deiner Eltern.«

Thinley nickt stumm mit dem Kopf. Ahnt sie, was dieser Abschied bedeutet?

»Wir sollten uns beeilen«, sagt Kelsang. »Je schneller wir in Indien sind, desto eher werden Amalaa und Palaa dich beim Dalai Lama besuchen.«

Voller Vertrauen trottet Thinley mit Pu Kelsang davon. Versteinert vor Schmerz beobachten die Eltern, wie ihr Kind allmählich im Dunklen verschwindet. Nächtelang hatten sie aus Angst vor diesem Moment wachgelegen. Nun ist er da. Ihr Kind geht für immer davon.

»Er ist mein Freund«, sagt der Vater und legt seinen Arm

um die Mutter: »Er hat mir versprochen, Thinley auf seinem eigenen Rücken durch Eis und Schnee zu tragen.«

Seine Frau zittert. Sie hat ihrer Tochter einen Rucksack genäht, der wie ein großer Hundekopf aussieht. Seine lustigen Schlappohren wippen im Takt von Thinleys trippelnden Schritten.

»Thinley!« Die Mutter verliert plötzlich die Fassung, doch ihre Stimme erstickt in den Tränen: »Thinley!«

Das Kind hört seine Mutter nicht. Konzentriert versucht es Schritt zu halten mit seinem Guide.

»Lass sie«, beschwichtigt der Mann seine Frau. »Lass sie jetzt gehen. Mach es nicht schwerer, als es schon ist.«

»Sie ist noch so klein!«

Die Mutter will ihrem Kind hinterher. Sie will es wieder zurück. Sie will es nicht hergeben!

Doch der Mann hält sie fest, er umschlingt seine Frau mit den Armen: »Tenzin, Tenzin-la, denk nicht an dich! Denk jetzt an dein Kind. Sie wird es in Indien besser haben als hier.«

Auf und ab wippen die Schlappohren des Rucksacks. Die rote Mütze leuchtet im Dunkeln.

»Thinley!«, schluchzt die Mutter verzweifelt, »Thinley!«

»Sei still«, beschwört sie der Mann: »Du weckst noch die Nachbarn!«

Zwei kleine Turnschuhe laufen neben den großen Turnschuhen des Fluchthelfers.

Zwei Schritte, drei Schritte ... Die Mutter streckt ihre Arme aus ... Fort ist das Kind. Verschluckt von der Nacht. Und taucht nicht wieder aus ihr auf.

Tibet, im Jahre 1951 – Der eiserne Vogel

Früher war es noch einfach, ein Kind großzuziehen. Man brauchte nur etwas Tsampa – geröstete und danach gemahlene Gerste, mit Butter und Tee von der Mutter zu handlichen Klößen verknetet. Tsampa ist das Nationalgericht Tibets – so wie der Reis das Hauptgericht der Chinesen ist. Gerste ist Gerste, und Reis ist Reis. Beides zusammen mischt sich nicht gut. Aber das ist eine andere Geschichte.

Eines Tages deutet der Knabe auf die Schale der Mutter, in der sie ihr karges Frühstück bereitet.

»Tsampa«, bettelt das Kind.

Nun weiß Ani Yulo, dass die innige Zeit des Stillens allmählich zu Ende geht. Sie gibt ihrem Sohn seine erste feste Nahrung.

»Scha« verlangt es einen Tag später, und Ani Yulo schneidet ein Stück Yakfleisch von der luftgetrockneten Keule, die an der niedrigen Decke der Klause hängt. In heißes Wasser getunkt wird es ganz weich. Sie gibt es dem Söhnchen, und das Fleisch schmilzt im Mund des Kindes. Losgelöst von der Nähe zur Mutter durchlebt es seine ersten Momente der Lust.

Am dritten Morgen bindet Ani Yulo ein gelbes Band um die Taille des Kindes und bringt es in den Garten des Tulkus: »Ich übergebe nun auch den Sohn der heiligen Lehre des Dharma. Doch bitte ich um einen neuen Namen für ihn. Die Gesundheit des Kindes ist schwach, auch ist es zu klein für sein Alter. Schenke ihm einen Namen, der mehr Glück bringt als bisher.«

Der alte Tulku schneidet das Haar des Knaben mit jenem Messer, unter dem auch das Haar seiner Mutter zur Erde gefallen war. Doch diesmal ist der Boden vom Winter gefroren. Dann lässt er sich von der geistigen Welt einen Namen ins Bewusstsein legen. Einen, der passender wäre für das Schicksal des Kindes.

»Kelsang«, sagt er schließlich zur Mutter, »von heute an heißt dein Sohn Kelsang Jigme, jener, der Glück hat und furchtlos ist.«

Mit drei Jahren sitzt Kelsang aufrecht im Sattel des Pferdchens und führt jeden Morgen die Gebetsrunde der Alten aus Dhongo an. Seine Mutter hilft den gebrechlichen Pilgern über die schwierigen Stellen des Weges. Der Onkel studiert im entfernten Kloster die kanonischen Schriften.

Es ist die Zeit, in der das Schneeland im Windschatten des höchsten Gebirges der Welt seinen Winterschlaf hält. Statt des Rades, das die technische Entwicklung der Menschheit in Schwung gebracht hat, wurde am Dach der Welt die Gebetsmühle erfunden. Sie beschleunigt die seelische Entwicklung des Menschen. Das Leben in Tibet ist nach innen gerichtet. Niemand spürt die drohende Gefahr von außen.

Doch eines Morgens entdeckt Kelsang einen seltsamen Vogel am Himmel. Er hat riesige Flügel, ist aus glänzendem Metall und malt ans Firmament einen Streifen, der immer länger wird und länger ... und schließlich im Ursprung wie ein Geistwesen zerfällt.

Die Alten stecken ihre Köpfe zusammen, ein Flüstern geht durch den Ort. Man erinnert sich einer uralten Prophezeiung, deren Erfüllung mit der Ankunft des Eisernen Vogels beginnt ...

Tibet, im Dezember 1997 – Die Separatisten

Die Chinesen schimpfen den Dalai Lama einen Separatisten, weil er angeblich Tibet von China spalten will. In Wahrheit sind die Chinesen Separatisten! Denn sie trennen Mütter und Väter von ihren Kindern.
Warum schicken die Eltern ihre Kinder aus Tibet fort? Warum reißen sie sich das Herz aus dem Leib? Weil die Kinder in Tibet nicht mehr als Tibeter aufwachsen können!
Die Chinesen sagen, sie haben den Fortschritt nach Tibet gebracht. Aber warum überqueren dann so viele Tibeter die Berge? Warum verlassen sie ihre Heimat?

Ein Lastwagen fährt ohne Licht durch die Nacht. Denn die Fracht, die er Richtung Berge bringt, ist verboten: Neun Flüchtlinge und ihr Guide sind auf der Ladefläche versteckt.

Kelsang zündet sich eine Zigarette an und lässt den Blick über seine Schützlinge schweifen: Ein junges Pärchen aus Kanze hat sich in die hinterste Ecke des Lastwagens verzogen. Vor ihrem Aufbruch in ein besseres Leben haben sie einander noch das Ja-Wort gegeben.

Neben ihnen sitzt eine Nonne in ihre dunkelrote Decke gehüllt. Ihr Name ist Ani Pasang. Vermutlich verlässt sie die Heimat, um ihren Glauben in Freiheit zu leben.

Eine mutige Khampa-Frau bringt ihren kleinen Sohn ins Exil. Das Kind hängt noch an der Brust seiner Mutter. Im Fell ihrer Chupa hält sie es warm.

Tschönga und Dorje, zwei junge Nomadenbrüder von den Ufern des Gelben Flusses, haben ihr Land an den Fortschritt verloren: Der neue Staudamm hat nicht nur die alten Heiligtümer verschlungen, sondern auch das Weideland am Ufer des Flusses. Dafür speist der gewonnene Strom die großen Fabriken von Sichuan.

In der wärmenden Mitte zwischen den Brüdern schläft Dschandschur, ein kleines Mädchen aus Lhasa. Sie ist ohne Begleitung mit ihnen gekommen, ihr ist keine Person in der Gruppe vertraut.

Thinley hat ihren Kopf auf Kelsangs Beine gebettet. Durch das Rütteln des Wagens löst sich eine Strähne aus ihrem Haar. Behutsam streicht Kelsang sie aus der Stirn und schiebt das Haar zurück in die Spange.

»In Indien tragen die Schulmädchen geflochtene Zöpfe mit großen, rosa Schleifen darin«, erzählt er dem Mädchen.

»Bekomme ich dann eine richtige Schuluniform?«

»Natürlich! Eine dunkelblaue Schuluniform, einen Ranzen für deine Bücher und eine große, lila Blüte, um sie hinter dein Ohr zu stecken.«

Zufrieden schließt Thinley die Augen. Ihre Wangen glühen rot. Noch ist sie ein Landkind. Aber das wird sich bald ändern im Exil.

»Warum schickt ihr sie fort?«, hat Kelsang seinen Freund Dartuk gefragt. »Man gibt nur weg, was man im Überfluss besitzt.«

»Ich habe von meinem Vater ein Paar zerschlissener Schuhe geerbt und selber nicht mehr an die Zukunft zu geben. Kein Land, kein Geld, kein Besitz. Thinleys Zukunft liegt im Exil. Sie wird zur Schule gehen und lernen.«

»Ein harter Entschluss.«
»Er ist wohl überlegt.«

Das Getriebe knarrt. Der Fahrer muss mit Zwischengas herunterschalten. Vorsichtig lenkt er den Wagen über die Schlaglöcher hinweg, die der Winter in die Straße gerissen hat.

Für ihn ist es riskant, Flüchtlinge in die Berge zu bringen. Doch für Kelsang tut er es gerne. Denn unter den Fluchthelfern ist der »verrückte Khampa« eine Legende. Die Leute erzählen, dass Kelsang Jigme den Schnee wittern kann – und mit den Poren der Haut die Nähe der chinesischen Grenzpolizei.

Tibet, in den Jahren 1955–1956 – Die Ankunft der ›Grashüte‹

Das erste Zeichen des nahenden Umbruchs brachte ein Hund in unser Dorf Dhongo. Hunde gelten bei uns in Tibet als etwas Besonderes, denn sie bewachen das Haus und die Familie. Tiere zu töten gilt in Tibet als Sünde.
Besonders schwer wiegt es, einem Hund das Leben zu nehmen.

Am Tag schlafen die Hunde des Dorfes an die Südmauer des Klosters gedrängt in der Sonne. Nachts halten sie mit ihrem Geheul die Wölfe fern oder suchen nach läufigen Weibchen. Eines Morgens schleppt Rintschen, der Klosterhund, von seinem nächtlichen Ausflug ein Stück Fleisch vor die Tür der Klause. Er winselt und will seine Beute nicht fressen.

In Tibet trocknen die Menschen das Fleisch ihrer Yaks und Schafe an der Luft. Doch dieses hier ist roh, ausgesprochen rot und sehr salzig. Ani Yulo bringt das seltsame Beutestück in den Garten des Tulkus, um es von ihm untersuchen zu lassen.

»Vermutlich ist es das Fleisch eines Hundes«, meint der Alte und legt seine Stirn in Falten, »dies ist die Art, mit welcher die Menschen aus Sichuan Hundefleisch zubereiten. Die Gefahr von außen ist nah.«

»Sichuan?«, fragt Kelsang, als er an der Hand seiner Mutter wieder zum Kloster hinuntersteigt.

»Sichuan ist die westlichste Provinz Chinas. Direkt an der Grenze zu Tibet gelegen.«

»Hat Rintschen das Fleisch aus China geholt?«

»Nein«, sagt Ani Yulo, »es ist aus China zu uns gekommen.«

Das Leben ist nicht mehr sicher in Dhongo. Täglich hört man Gerüchte: Die Kommunisten sind schon im Anmarsch, Maos Armee hat die Grenze zur Nachbarprovinz Amdo bereits überschritten. Gefahr liegt in der Luft.

Die Kinder machen aus der Bedrohung ein Spiel und besetzen den höchsten Weidenbaum ihres Dorfes, um Wache zu halten. Ist ein Fremder in Sicht, dann pfeift der Posten laut durch die Finger, und alle Kinder laufen zusammen.

Dem salzigen Fleisch folgen seltsame Wesen, die Einzug halten in Dhongo, sie tragen blaue Anzüge und Hüte aus Gras.

»Sie kommen aus China«, erklären die Eltern den Kindern.

»Und was machen sie hier?«

»Sie sind gekommen, um uns zu helfen. Sie wollen die Lebensverhältnisse der Armen verbessern.«

Die Hunde des Dorfes bellen im Chor, weil sie die Fremden als Eindringlinge empfinden.

Da werfen die ›Grashüte‹ mit Steinen nach ihnen. Am Abend, um ihre wärmenden Öfen geschart, murren die Bewohner Dhongos über die seltsamen Sitten der Fremden.

»Es ist nicht gut, einen Hund zu quälen. Denn der Hund besitzt, wie der Mensch, eine Seele«, erklärt Ani Yulo dem Sohn, »herrenlose Straßenhunde verdienen unser besonderes Mitgefühl. Denn sie sind wiedergeborene Lamas, die im vorherigen Leben ihr Mönchsgelübde gebrochen haben.«

»Und Haushunde?«, fragt Kelsang.

»Sind ehemalige Familienmitglieder, die in einem ihrer Vorleben Schuld auf die Seele geladen haben.«

»Und du, Amalaa? Wirst du als Straßenköter oder als Haushund wiedergeboren?«

Da schenkt ihm die Mutter ihr seltenes Lachen: »Ich werde vermutlich als Klosterhund wiedergeboren.«

Aus den Fremden werden im Handumdrehen Siedler. Erst bauen sie Hütten zum Wohnen, dann beginnen sie mit dem Bau einer Straße. Niemand in Dhongo versteht, wozu die Chinesen einen so breiten Betonweg brauchen.

»Vielleicht zum Tragen des Wassers«, rätseln die Leute und lachen über die langen Stangen, mit denen die Fremden das Wasser vom Fluss heraufholen. Sie balancieren damit zwei Eimer zugleich!

Von ihrem Weidenbaum aus beobachten die Kinder, wie die

Straße der Grashüte von Tag zu Tag länger wird und schließlich dort mündet, wo Himmel und Erde einander berühren.

Ein halbes Jahr später rollen vom Horizont die ersten ›Pferde auf Rädern‹ nach Dhongo.

Und als aus den Panzern und Militärfahrzeugen bewaffnete chinesische Soldaten steigen, begreifen die Menschen allmählich, dass dies der Beginn jenes Unheils ist, vor dem die alte Prophezeiung gewarnt hatte.

Wieder bellen die Hunde im Chor. Die Soldaten schießen sie nieder.

Eines Tages liegt auch Rintschen tot vor der Klause.

Tibet, im Dezember 1997 – Eine Frau für Pu Kelsang

Der Weg zur Grenze ist jedes Mal neu zu erobern. Man weiß nie, wo die mobilen Patrouillen stationiert sind, wie hoch das Wasser der Flüsse steht, wie tief der Schnee in den Bergen ist und wie stark die Gruppe der Flüchtlinge.
Einer der schwierigsten Momente ist die Durchquerung des Flusses, der endgültig die Zivilisation von der Wildnis trennt.

Die Brücke steht unter Beobachtung. Er kann die Wachtposten nicht sehen, aber er spürt ihre Nähe. Die Kippen der chinesischen Zigaretten, die Kelsang im Lichtkegel seiner Taschenlampe zwischen den Steinen entdeckt, sind noch frisch. Sie riechen nach Feuer und Tabak. »Wir müssen ohne Licht weiter«, flüstert er.

Sie stolpern durch die mondlose Nacht flussaufwärts, um eine geeignete Stelle für die Überquerung zu finden. Es ist Dezember. Noch hält der Winter das Schmelzwasser in den Gletschern der Berge fest, und sie können über die großen Steine des Flussbettes hinwegsteigen.

»Vorsicht«, warnt Kelsang, »die Steine sind rutschig.« Er hält das Gleichgewicht mit seinem langen Wanderstab.

Die Khampa-Frau bindet ihr Kleinkind mit einem Tuch auf den Rücken.

»Wie mutig sie ist«, denkt Kelsang.

Da plumpst etwas ins Wasser. Es hört sich an, als wäre es ein Gepäckstück. Doch es ist die junge Frau aus Kanze. Sie ist ausgerutscht und ringt nun mit der reißenden Strömung. Ihre Schreie werden vom Tosen des Flusses verschluckt. Kelsang reckt seinen hölzernen Stab in ihre Richtung. Die Frau bekommt ihn zu fassen. Mit vereinten Kräften ziehen die Männer sie aus dem Fluss. Sie zittert erbärmlich, ihre Kleider sind nass. Flink legen die Flüchtlinge zusammen, was sie an Socken und Pullovern entbehren können.

In einer windstillen Senke sammelt Ani Pasang getrocknete Fladen, während Kelsang aus einigen Steinen einen kleinen Ofen errichtet. Ein paar alte Schnupftücher dienen zum Entfachen des Feuers, doch die chinesischen Feuerzeuge versagen wie so oft ihren Dienst. Zum Glück haben die Nomaden Streichhölzer dabei. Kelsang bläst in den Dung. Er bläst und bläst, doch der Dung qualmt nur träge vor sich hin. Die Luft ist schon dünn und liefert nicht den nötigen Sauerstoff. Kelsang bläst sich die Lunge aus dem Leib, doch die Glut will nicht greifen.

»Lass mich mal«, sagt die Khampa-Frau und drückt Kelsang ihr Kind in die Arme. Dann kniet sie sich nieder, legt ihr Gesicht auf den steinigen Boden und heizt mit ihrem Atem die Glut von unten an. Drei richtig gesetzte Atemzüge ... und das Feuer brennt.

»Es wird Zeit, dass du dir eine Frau an den Herd holst«, scherzt sie.

»Eine Frau – das wäre schon was«, brummt Kelsang, »aber sie müsste so sein wie du: Gut zu Fuß und bereit, mit mir in die Berge zu gehen. Sonst hab ich nicht viel von ihr.«

»Nimm dir doch eine Yakkuh!«, lachen die Brüder vom Gelben Fluss. »Die geht mit dir ans Ende der Welt und wärmt dich im Schnee besser als drei Weiber zugleich.«

»Wir werden schon jemanden für Pu Kelsang finden«, meint die Khampa-Frau, und die Yakfladen beginnen wohlig zu knistern.

Tibet, 1957 – Genchi Pachi

Als die chinesische Armee in unser Dorf kam, war sie sehr aggressiv, denn Maos Soldaten hatten seit drei Tagen nichts zu essen bekommen. Anfangs hatten wir sogar Mitleid und bewirteten sie.
Doch sobald sie sich an unserer Gastfreundschaft gestärkt hatten, suchten sie die wichtigsten Persönlichkeiten unserer Dorfgemeinschaft auf, um sie zu erschießen wie unsere Hunde.
Kein Bellen war mehr in Dhongo zu hören. Nur Wehklagen lag in der Luft.
Die Chinesen räumten das Gold und den Schmuck aus unseren Häusern sowie alle Schätze aus unserem Kloster Yage. Hernach begann die große Zerstörung.
Unser Kloster wurde von Maos Soldaten dem Erdboden gleich-

gemacht, der alte Tulku verhaftet, unzählige Mönche und Nonnen folgten ihm ins Gefängnis. Meine Mutter und ich mussten unsere Klause verlassen. Wir wussten nicht wohin, denn mein Onkel hatte den Besitz der Familie verschenkt. Doch die Leute, die nun in unserem alten Haus wohnten, nahmen uns zum Glück bei sich auf.
Mein einhändiger Großvater lebte auch noch da. Nur seine zänkische Frau war gestorben.

»Du solltest heiraten«, sagt der Alte zu Ani Yulo. »In kriegerischen Zeiten braucht die Frau einen Mann.«

»Nein«, sagt die Tochter, »ich bin Nonne. Und das wird bis an mein Lebensende so bleiben.«

Kelsang hingegen freut sich, nun frei von der roten Robe zu sein. Endlich darf er mit den anderen Kindern des Dorfes durch das hohe Gras ihrer Wiesen streifen, am Fluss bunte Steine sammeln und am Rande der Felder nach Dromas, süßen, essbaren Wurzeln, graben.

Unterdessen verschwinden immer mehr Väter aus dem Dorf in die Berge, um gegen Maos Armee zu kämpfen. Chushi Gangdrug, ›Vier Flüsse und sechs Gebirge‹ nennen die Khampa ihre Guerilla-Vereinigung, nach den natürlichen Grenzen ihrer Provinz Kham. Und jedes Dorf hat seine eigenen Helden.

Genchi Pachi nennt sich der Anführer aus Dhongo, der in friedlichen Zeiten ein einfacher Bauer war.

»Lasst uns vereint die Chinesen bekämpfen. Sonst gibt es keine Zukunft für Tibet«, lautet die Losung der Khampa-Guerilla. Sie kontrollieren bereits große Gebiete im Süden des Schneelandes!

Aus den biegsamen Ästen ihrer Weide bauen sich die Jungen des Dorfes nun Pfeil und Bogen. Sie klauen aus den Hühnerställen der Chinesen die Eier und machen sie zur Zielscheibe ihrer ersten Schießübungen.

Nachts träumt Kelsang, Genchi Pachi sei sein Vater, und er würde mit ihm auf seinem Pferd sitzen und in den Krieg gegen die ›Grashüte‹ ziehen.

Eines Tages kommt ein Mann mit einem großen Weidenkorb auf dem Rücken nach Dhongo. Er wirkt erschöpft, als käme er von weit her. Seine Kleider sind staubig, und seine Schuhe hängen in Fetzen von den Füßen herab. Der Rücken ist gebückt, und sein Haupt ist geschoren.

Kelsang sitzt auf dem obersten Ast der Weide und beobachtet mit Neugier, wie sich der Fremde zu ihrem Haus schleppt und ohne zu klopfen eintritt, als wäre es seins.

Kurz darauf hört Kelsang den Schrei seiner Mutter.

Er springt vom Baum auf die Wiese und rennt den Hügel hinunter, gefolgt von den Kindern des Dorfes. Als Kelsang in das Innere des Hauses stürzt, liegt die Mutter bewusstlos am Boden. Der Fremde kniet vor ihr. Kelsang nimmt all seinen Mut zusammen: »Bist du mein Palaa?«, fragt er. »Bist du Genchi Pachi?«

Der Fremde dreht sich zu ihm um, und sein durchdringender Blick trifft den Jungen bis ins Mark.

»Dein Vater war ein Hurensohn, ein elender Lüstling, ein Bock. Hätte ich ihn rechtzeitig vor meiner Flinte gehabt, hätte ich ihn erschossen. Aber so wurde ich Mönch. Den Göttern sei Dank, dass ich nicht zum Mörder geworden bin.«

Sie betten die Mutter auf Kissen. Der einarmige Großvater

entzündet ein Stück Tsampa und hält ihr den aromatischen Rauch unter die Nase.

Langsam kommt Ani Yulo zu sich: »Brüderchen«, flüstert sie und nimmt das Haupt des Fremden in ihre Hände. Der Kahlgeschorene weint: »Unser Kloster steht nicht mehr, Schwester. Viele der Mönche sind tot.«

»Dann sind wir wieder eine Familie«, flüstert die Mutter.

»Ja. Eine Familie ohne Besitz.«

Beide weinen vor Trauer. Und auch ein bisschen vor Glück.

»Geh und leg dein Mönchsgewand an«, sagt der heimgekommene Onkel schließlich zu Kelsang. »Die Zeit des Herumstreunens ist nun endlich vorbei.«

Noch am selben Abend reißt er aus Kelsangs Bettchen Matratze und Kissen. Von nun an muss das Kind jede Nacht auf nackten Holzbrettern schlafen.

Die Mutter weint: »Warum bist du so hart gegen ihn?«

»Dieses Kind hat eine schwere Zukunft vor sich. Wenn wir ihn jetzt verwöhnen, wird er an der Härte seines Lebens zerbrechen.«

Tibet, im Dezember 1997 – Das Schneefeld

Den Großteil meines Lebens habe ich in den Bergen oder im Gefängnis verbracht. Und meine Nächte einsam unter den Sternen.
Dass ich so gut wandern kann, habe ich der Strenge meines Onkels zu verdanken. Mit dem Mönchsgelübde hatte er auch für immer dem Reiten abgeschworen und nie wieder ein Pferd

bestiegen. Und so ging ich in meiner Kindheit an der Hand meines Onkels alle Strecken zu Fuß. Dennoch waren wir immer schneller am Ziel als die berittenen Bewohner des Dorfes.

»Das Geheimnis schnellen Gehens besteht nicht im Tempo, sondern im Gleichmaß der Schritte«, hatte mein Onkel immer gesagt. Auf diese Weise brachte ich später auch alle meine Flüchtlinge sicher und schnell über den Pass.

Im schwachen Licht des Mondes lässt Kelsang seine Augen über das Schneefeld wandern: Wo ist der Weg, der sie an Gletscherspalten und Abbrüchen vorbei zum Grenzpass hinaufführt? Es ist ein schmaler Pfad, festgetreten von den Hufen der Yaks. Er führt über die uralte Handelsroute der Drogpa, wie sich die Grenznomaden dieser Region nennen.

Einst transportierten die Drogpa mit prächtig geschmückten Yakkarawanen kostbares Salz über die Himalaya-Pässe nach Nepal. Nach der Kulturrevolution lag der Grenzverkehr über mehrere Jahrzehnte still. Nur noch die Flüchtlinge schlichen sich heimlich über die gesperrten Pässe nach Indien.

Seit einigen Jahren sieht man die Drogpa wieder mit ihren Yaks über den Himalaya wandern. Die chinesische Regierung hat ihnen den merkantilen Grenzverkehr erlaubt. Doch statt Salz schleppen diese rauen Burschen heute chinesische Billigware über die Pässe: Thermoskannen, Schuhe, Jacken, Adidas-Plagiate, chinesische Cola, bisweilen aber auch Felle und Halbedelsteine.

Mit den Flüchtlingen aus Tibet haben die Drogpa wenig zu tun, denn die Grenze steht für die Nomaden ja offen. Vielleicht zieht es sie auch deshalb nicht in die Freiheit. Sie haben kein Interesse, ihr Land zu verlassen, und schicken auch ihre Kinder nicht fort. »Wir bleiben hier und halten die Stellung«, lautet die Devise der Drogpa. Manche arbeiten sogar für die Grenzpolizei, und als Guide weiß man nie wirklich, welchem Drogpa man besser misstraut. Deshalb meidet Kelsang die Drogpa. Aber er kennt ihre Wege und weiß sie geschickt für seine Zwecke zu nutzen.

»Da«, sagt er und deutet auf mehrere dunkle Flecken im Schnee: »Seht ihr die Yakfladen? Sie weisen uns den Weg über die Grenze.«

Wie Hirsche, die nachts aus dem Schutz der Wälder hinaus in die Weite der Hochebene treten, verlassen die Flüchtlinge den Schutz der großen, schattigen Felsen, um das Reich des Schnees zu betreten.

Kelsang nimmt Witterung auf: Wenn hinter einem der Berggrate Scharfschützen hocken, sind ihre dunklen Gestalten auf dem hellen Untergrund zu erkennen. Vielleicht feuern sie drei Warnschüsse ab, so wie das Gesetz es vorschreibt. Vielleicht schießen sie ihnen ohne Vorwarnung in den Rücken. Vor seinem inneren Auge sieht er den Schnee zu seiner Seite aufspritzen. Er fühlt ein Brennen zwischen den Schulterblättern, er hört die Schreie der Kinder und Frauen ...

Es bleibt still. Ganz still. Eine gespenstische Ruhe liegt über den Bergen. Nur ihre Schritte knirschen im Schnee.

»Ich hab Kopfweh«, sagt Thinley.

»Ich weiß«, sagt Kelsang und nimmt das Mädchen an seine Hand, »hab keine Sorge, mein Kleines. Bald sind wir über die Grenze.«

Tibet, im Jahre 1959 – Der Onkel

Mein Onkel besaß, ähnlich wie mein Großvater, noch eine echte Khampa-Natur: unnachgiebig und stur. Er genoss großen Respekt in unserem Dorf Dhongo, denn er hatte in seinem Kloster intensiv tibetischen Buddhismus studiert, ein langes Schweige-Retreat absolviert und auch seine hellsichtigen Fähigkeiten geschult. Er war eine moralische Instanz für die Menschen. Ich fürchtete seine Strenge und liebte ihn gleichermaßen für seine Würde und Weisheit. Ein so herausragender Charakter wie mein Onkel war den Chinesen freilich ein Dorn im Auge.

Durch ein kreisrundes Loch im Eis taucht Kelsang den Teekessel in das kalte Wasser des Flusses. In der Ferne heulen die Wölfe. Seit die Hunde verschwunden sind, rücken sie Nacht für Nacht näher an Dhongo heran. Das Blau des Himmels weicht allmählich der Nacht, und auf dem gefrorenen Fluss glitzern die Sterne.

Als Kelsang den vollen Kessel herauszieht, schmerzen seine Finger vor Kälte. Er wickelt die langen Ärmel seines Pullovers um sie und läuft über den schmalen, steinigen Pfad nach Hause. Bei jedem Schritt schlägt der Kessel gegen die Beine, und das Wasser schwappt über. Bloß nicht zu viel verschütten! Sonst schimpft der Onkel, und vielleicht gibt es Schläge. Kurz vor dem Haus hält Kelsang inne und lauscht: Sie haben Besuch von den Chinesen. Bis in die Nacht hinaus hört er ihre bellenden Stimmen.

Der Großvater hat einmal erzählt, dass die Chinesen alle

Hunde, die sie erschießen, auch essen. Das Fleisch tibetischer Hunde, so heißt es bei den Chinesen, sei ›heiß‹, denn sie leben meist draußen in der eisigen Kälte des Schneelandes. Um ihr ebenso trotzen zu können, verspeisen sie das Fleisch der tibetischen Hunde. Vielleicht klingen ihre Stimmen deshalb so bösartig und scharf.

Mit zitternden Knien betritt Kelsang das Haus. Fünf uniformierte Soldaten stehen bereits in der Stube. Zwei davon sind tibetische Kollaborateure. Seit Tagen schon gehen sie von Haus zu Haus, um ihre gefürchteten ›Befragungen‹ durchzuführen.

Leise schleicht Kelsang zum Ofen und stellt den Kessel auf die glühende Platte. Die Chinesen beachten den Jungen nicht. Sie sind gerade mit dem Onkel beschäftigt, der vor ihnen auf dem nackten Boden knien muss. Sie haben ihm einen Jutesack über den Kopf gestülpt.

»Ausbeuter oder Ausgebeuteter?«, bellt der Chinese.

»Verzeihen Sie, aber ich verstehe die Frage nicht«, entgegnet der Onkel unter seinem Sichtschutz sehr höflich.

»Ob du ein Opfer des alten Systems warst oder ein Schmarotzer?«, erläutert der Dolmetscher die Frage.

»Ich war Geschäftsmann. Und dann wurde ich Mönch.«

»Zweifacher Schmarotzer! Nutznießer des Kapitalismus und der feudalen Theokratie!«

Kelsang verkriecht sich hinter dem Ofen und füttert das Feuer mit getrocknetem Dung.

»Du hast dich doppelt an der Arbeit und dem Schweiß der unterdrückten Klasse bedient!«

»Ich habe meinen Besitz an die Armen verschenkt.«

»Um dich hinterher als Mönch durchfüttern zu lassen!«

»Ich habe drei Jahre in einer Höhle gefastet.«

»Wem sollte das nutzen?«

»Ich habe für die Menschen gebetet und dafür Almosen von ihnen bekommen.«

»Zu wem hast du gebetet?«

»Zu unseren Schutzgöttern.«

»Es gibt keine Schutzgötter mehr. Es hat nie welche gegeben. Sie sind eine Erfindung der Tulkus, um Macht über die Menschen auszuüben. Wir sind gekommen, um euch von eurem Aberglauben zu befreien.«

»Keiner hat euch darum gebeten! Keiner hat euch gebeten, in unser Land zu kommen!«

Der Offizier schnippt mit den Fingern, und seine Soldaten reißen den Hausaltar nieder. Die kleinen Buddhastatuen aus Bronze und Silber, die Bilder der Schutzheiligen, das Foto des jungen Dalai Lama und das ihres ehrwürdigen Karmapas, die Figuren aus Tsampa und die silbernen Opferschalen, gefüllt mit Wasser und Gerste, die Gebetbücher und die alten Schriften aus losem Papier – alles, was über Generationen geehrt, gepflegt und gehegt wurde, wird nun in wenigen Augenblicken kaputt geschlagen, zerrissen, zertreten, vernichtet.

Kelsang füttert weiter das Feuer mit Dung. Es geschieht wie von selbst, es geschieht wie im Traum. Das Wasser auf dem Ofen beginnt allmählich zu sieden.

Om ah hung varja guru padma siddhi hung ... Die Mutter hat sich mitten in die Scherben gesetzt und sammelt die Reste ihrer Götter zusammen.

Om ah hung varja guru padma siddhi hung ... Sie murmelt ihr Mantra, und Kelsang murmelt mit ihr. Om ah hung varja guru padma siddhi hung ... Es geschieht wie von selbst, es geschieht wie im Traum.

»Zu wem gehört dieser Junge?«

»Er ist mein Sohn«, sagt die Mutter sehr ruhig.

»Der Sohn einer Nonne?«

Sie holen den zitternden Knaben hinter dem Ofen hervor und stellen ihn triumphierend in ihre Mitte: »Seht her! Der Sohn einer Nonne!«

Hier steht der lebendige Beweis für die Unsittlichkeit in den Klöstern, die Scheinheiligkeit der Tulkus, die Falschheit der Mönche und Nonnen!

Die Soldaten verhöhnen das Kind und die Mutter.

»Und wer ist der Vater des Jungen?«, fragt der Offizier in die Runde, und seine Soldaten lachen: »Vielleicht der eigene Bruder!«

Der Onkel sagt nichts.

»Vielleicht du selber?«, fragt der Offizier und versetzt dem Knienden einen Tritt.

Der Onkel bleibt stumm. Nicht einmal ein Stöhnen ist unter ihren Schlägen und Tritten zu vernehmen.

»Gib's zu, du bist der Vater!«

Plötzlich hört Kelsang sich rufen: »Genchi Pachi ist es! Mein Vater ist Genchi Pachi!« Mit geballten Fäusten steht er vor den Eindringlingen und droht: »Er wird euch erschießen! Er wird kommen und euch alle erschießen!«

Lachend schubsen die Soldaten den Jungen zur Seite.

Das Wasser auf dem Ofen beginnt jetzt zu kochen.

»Wie viele Nonnen hast du geschwängert!?«, brüllt der Offizier.

Doch der Onkel schweigt.

»Pfffffffffffff!«, pfeift der Kessel auf dem Ofen.

»Wie viele Kinder hast du gezeugt!?«

Und plötzlich spricht der Onkel mit ruhiger und fester Stimme zu ihnen: »Sieben. Ich habe sieben Kinder gezeugt, und sie alle sind entstellt auf die Welt gekommen. Alle Kinder in Dhongo mit Hasenscharte und Wolfslippe, aus deren Mund nichts weiter kommt als üble Worte, sind meine gottlosen Kinder.«

Da greift der Offizier nach dem pfeifenden Kessel und schüttet das kochende Wasser über das Haupt des Onkels, das immer noch unter dem Jutesack steckt.

Tibet und Nepal im Dezember 1997 – Der Grenzpass

Einer der ersten Flüchtlinge, der seine Heimat über den Himalaya verließ, war Seine Heiligkeit, der Dalai Lama. Die Fluchtroute unseres Oberhaupts führte damals von Tibet aus in das nordindische Assam. Unsere mutigen Khampa-Guerillas hatten das Grenzgebiet fest in ihrer Hand und gewährten dem Dalai Lama sicheres Geleit in die Freiheit. Mehr als hunderttausend Tibeter sind ihm seither über die unterschiedlichsten Wege und Routen ins Exil gefolgt.

Sie erreichen den Grenzpass am Morgen. Aufgeregt flattern die Gebetsfahnen im Wind. Der Himmel ist wie leergefegt, die Gruppe erschöpft und sehr glücklich.

Ani Pasang verteilt Gebetszettel, die sie mit dem Ruf der Götter dem Wind übergeben:

»Kiki Soso Hladschalo! Kiki Soso Hladschalo! Kiki Soso Hladschalo!«

Gleich einem Schwarm bunter Schmetterlinge steigen sie auf in den Himmel.

»Kiki Soso Hladschalo! Kiki Soso Hladschalo! Kiki Soso Hladschalo!«

Mit offenen Armen stehen die Kinder im Regen jener, die beschlossen haben, zur Erde zurückzukehren. Einen Zettel zu fangen, bevor er das Schneefeld berührt, bedeutet Glück für den Fänger.

»Pu Kelsang, Onkelchen, schau!«

Thinley deutet auf eine Wolke, die einsam dort oben am Himmel steht.

»Sie sieht aus wie ein Schäfchen!«

Ein wenig zerzaust von den Winden der Höhe grast es friedlich auf hellblauer Weide, als plötzlich eine Böe das Wolkentier packt und zu den Gipfeln der mächtigen Achttausender treibt.

»Gleich zerschellt es!«, ruft Thinley. »Das Schäfchen wird an den Bergen zerschellen!«

Da ändert der Wind seine Richtung und führt die Wolke wie ein umsichtiger Hirte nach Tibet zurück.

Kelsang ermahnt seine Leute zur Eile. Vor ihnen liegt noch der Abstieg nach Nepal, und der Eisbruch ist schwierig zu queren: »Lasst eure Rucksäcke hier stehen. Wir haben nur noch eine Nacht in der Wildnis. Schon morgen ist das Land der Sherpa erreicht.«

Kochtöpfe, Trinkflaschen und Proviant. Schuhe und Hosen zum Wechseln. All ihre Habe bleibt nun an der Grenze zurück. Für die letzte Nacht in den Bergen nehmen sie nur ihre Decken und Kelsangs uralten Teekessel mit.

Sanft fällt der Weg nach Nepal ab, flankiert von den Bergen. Sie laufen über die gefrorene Schneedecke hinweg, und ihre Schritte sind leicht in der Freiheit. Oberhalb einer steilen Eiswand findet ihre Unbeschwertheit ein jähes Ende. Thinley bleibt wie angewurzelt stehen. Auch in Dschandschurs Augen flackert die Panik. Die Erwachsenen schütteln ratlos den Kopf.

Oft hat Kelsang beobachtet, wie die Drogpa-Nomaden ihre schwer beladenen Yaks über den Eisfall bringen. Sie treiben die Tiere mit Stricken und Pfiffen so lange an, bis die Yaks sich ihrer Schwerkraft ergeben und den Eisfall seitwärts hinunterrutschen. Es ist jedes Mal ein Wunder, wenn so ein dreihundert Kilo schweres Tier, das mit weiteren sechzig Kilogramm schweren Säcken bepackt ist, am Ende des Eisfalls ohne Blessuren aufsteht, als wäre nichts weiter geschehen, und seelenruhig über den uralten Handelsweg weiter in Richtung Namche Bazar trottet.

»Ich werde die Technik der Yaks probieren«, denkt Kelsang. »Es ist meine einzige Chance mit zwei Kindern.«

Er setzt sich auf das Eis und fordert die Mädchen auf, hinter ihm Platz zu nehmen und dicht an seinen Körper zu rücken: »Haltet euch fest!«, sagt er und lässt sich mit den Mädchen im Rücken den eisigen Hang hinabgleiten. Zum Bremsen der Rutschfahrt dient ihm nichts weiter als ein hölzerner Stab. Es gibt keinen Halt. Es gibt nur Gebete. Die Mädchen schreien, ihre Rutschfahrt wird immer schneller, sie stürzen über einen Vorsprung hinab ... und landen wohlbehalten im Schnee.

Der Rest der Gruppe hängt noch im Eis. Schritt für Schritt arbeiten sich die Erwachsenen über das rutschige Gelände. Das Pärchen aus Kanze hat schlechtes Schuhwerk, und der Mann hat einen unsicheren Schritt. Die Nomadenbrüder helfen der Khampa-Frau mit dem Kleinkind auf dem Rücken.

Als alle wohlbehalten am Fuße des Eisfalls stehen, windet sich zu ihren Füßen die Gletschermoräne wie ein Lindwurm im rötlichen Licht der untergehenden Sonne.

Sie zu durchqueren ist es nun schon zu spät.

Tibet, im Jahre 1967 – Lhamo Dolma

Die Chinesen hatten unsere Dörfer zu Kommunen zusammengelegt. Großgrundbesitzer und Bauern waren enteignet worden und schufteten nun auf den Feldern des Staates. Zu Mittag traf man sich im Gemeinschaftshaus zu einer dünnen Brühe aus Weizen. Abends betete ich mit meiner Mutter.
Mein Onkel hatte sich als Einsiedler in eine Höhle zurückgezogen. Heimlich pilgerten die Menschen zu ihm, weil er mit fortschreitendem Alter immer hellsichtiger wurde.

Einmal in der Woche packt Ani Yulo einen Essenskorb für den Bruder, der nun hoch oben in den Bergen über Dhongo lebt: Getrocknetes Yakfleisch, Salz, Butter, Tsampa und Teeblätter soll Kelsang dem Onkel bringen.

Der Weg führt zunächst an den kollektiven Feldern vorbei, auf denen statt der tibetischen Gerste nun der chinesische Weizen angebaut wird. Das Korn will nicht wirklich gedeihen. Es wirkt kümmerlich und noch lange nicht reif.

Vorbei an ihrem zerstörten Kloster klettert er schnell durch ein düsteres Waldstück, in dem böse Geister ihr Unwesen treiben. Die Baumgrenze hinter sich lassend, wird der Weg plötzlich steinig und karg. Versteckt zwischen Brennesseln und Dornengestrüpp liegt die Höhle. Das leise Gluckern einer Quelle weist jedem Ankömmling den Weg zum hellsichtigen Lama.

Seit Kelsang in ein Mädchen verliebt ist, würde er den Korb am liebsten hier stehen lassen und sich geräuschlos wieder davonstehlen. Es verursacht ihm Bauchweh, dem Onkel mit all den verwirrenden Gefühlen gegenüberzutreten. Doch der ehrwürdige Lama besteht auf der wöchentlichen Audienz seines Neffen. Er weiß um das kritische Alter des Jungen.

Erst schiebt Kelsang den Korb durch den Eingang und folgt dann gebückt in das Innere der Höhle. Die Augen brauchen Zeit, um sich an das Dunkel zu gewöhnen. Heute ist es ganz still. Kein Murmeln ist zu vernehmen. Auch kein Räuspern oder Brummen. Von der Decke der Höhle tropft Wasser herab. In einer Nische hockt der Onkel im Lotussitz wie ein alter Hüter der Erde. Hinter ihm funkelt der Quarz. Regungslos und mit geschlossenen Augen ist der Alte tief in seine Meditation versunken. Selbst zu Stein geworden, umgibt ihn der Stein wie ein heiliger Schrein.

Vorsichtig stellt Kelsang den Korb auf dem Boden der Höhle ab. Leise ächzt die geflochtene Weide. Kelsang erschrickt. Doch der Onkel bleibt unbeweglich und stumm. Nur das Brandmal auf seiner Stirn flackert unruhig im schwachen Schein der Butterlampen, die sich tief im Inneren der Erde nur langsam verzehren.

Kelsang spürt das Verlangen, dieser düsteren, inwendigen

Welt zu entkommen, ohne dem Onkel Rede und Antwort zu stehen. Auf leisen Sohlen zieht er sich wieder zurück, er bückt sich zum Eingang ... da räuspert sich der Onkel laut und Kelsang stockt der Atem vor Schreck.

»Wohin willst du?«, fragt der Onkel.

»Tashi Delek, viel Glück und Segen«, sagt Kelsang mit zitternder Stimme.

»Ich spüre, dein Herz ist in Aufruhr. Sprich, mein Sohn: Was ist los?«

»Nichts«, sagt Kelsang. »Es ist alles beim Alten.«

»Ist es das wirklich?«

»Ja, Onkelchen. Ja.«

»Du kennst deine Bestimmung.«

»Natürlich.«

»Dann lebe danach.«

Als Kelsang den Berg hinabläuft, sind alle Geister gebannt, und im Wald jubilieren die Vögel. Sein Herz hüpft mit jedem seiner Sprünge über Wurzeln und Steine.

Schon schimmern durch die Bäume die Steine der Ruine ihres Klosters Yage. Wäre es nicht von den Chinesen zerstört, stünde er jetzt an den Toren des Tempels und würde mit der Kraft seines Atems das Muschelhorn blasen. Der tiefe, durchdringende Ton riefe seine Mitbrüder zur Puja. Rot gewandet und mit kahlgeschorenem Kopf säße er kurz darauf unter ihnen und würde seinen Körper zu den Gebeten wiegen, wie der Wind den kümmerlichen Weizen im Feld, der sich vergebens nach der Wärme des Sommers verzehrt.

Kelsang ist immer noch Mönch. Doch zwischen den Steinen der Klosterruine erwartet ihn seine Liebe: Lhamo Dolma, das beliebteste Mädchen des Dorfes. Sie ist nicht unbedingt schön. Nein, schön ist sie nicht. Aber ihr Herz ist so rein wie Milch und ihr Lächeln so warm wie die Sonne eines Spätsommertages. Sie arbeitet härter als alle anderen Mädchen in Dhongo, denn ihre Eltern sind alt und gebrechlich. Abends bringt sie Vater und Mutter zu Bett und kümmert sich anschließend noch den Haushalt. Sie ist freundlich zu den Alten des Dorfes, und überall, wo sie auftaucht, ist die Welt von ihrem fröhlichen Lachen erfüllt.

Er liebt sie, und sie liebt ihn. Ja, sie lieben einander von Herzen. Gleich hat er den Wald hinter sich gelassen. Das Kopftuch der Liebsten leuchtet schon zwischen den Steinen, wie jeden Freitag gegen halb sechs.

Zehn Schritte noch, neun, acht ... gleich hält er seinen Schatz in den Armen. »Ich will dein Sommerwind sein und dein stürmischer Herbst. Ich will dich wärmen im Winter und dein Haar im Frühling mit den schönsten Blumen unserer Wiesen schmücken.«

Das Mädchen löst sich heute schneller aus der Umarmung als sonst: »Hast du mit deinem Onkel gesprochen?«

»Nein, noch nicht. Es hat doch noch Zeit.«

»Er muss von unserer Liebe erfahren. Er ist der Einzige, der uns sagen kann, ob diese Verbindung rechtens ist oder nicht.«

»Wozu? Wir sind doch glücklich! Das allein ist entscheidend.«

»Ja, aber ...«

»Ein Kuss! Ein Kuss! Bitte ein Kuss!«

Sie schenkt ihm, was er begehrt, und ihre Sorgen schmelzen dahin wie der Schnee auf den Gipfeln im Sommer.

»Ich möchte dir etwas schenken«, sagt Lhamo Dolma, nachdem sie sich aneinander sattgeküsst haben, und streift von ihrem Handgelenk einen weißen Armreif aus indischem Elfenbein. Er gilt bei den Khampa als der kostbarste Schatz einer Frau. Von Generation zu Generation wird er von den Müttern an die älteste Tochter weitergegeben.

»Als Zeichen meiner Liebe, die immer nur dir gelten wird, schenke ich dir den Ring meiner Ahnen.«

»Das geht nicht!«, ruft Kelsang erschrocken. »Was wirst du deiner Mutter sagen?«

»Ich werde ihr erzählen, dass ich den Armreif beim Wasserholen verloren habe.«

Sie schiebt ihm das schlichte Schmuckstück über die Hand.

»Und was sage ich meiner Mutter? Woher kommt dieser Reif?«

»Rede mit ihr. Und sie wird mit deinem Onkel reden.«

Als die Steine des zertrümmerten Klosters in der Dämmerung Gesichter bekommen, ist es Zeit, nach Hause zu gehen.

»Wann seh ich dich wieder?«, fragt Kelsang.

»Wenn du mit deinem Onkel gesprochen hast.«

Nepal, im Dezember 1997 – Dzasampa

Dort wo Wasser ist, ist meistens auch Yakdung zu finden. An den Quellen Dzasampas sucht Kelsang nach einem geeigneten Schlafplatz und findet ihn schließlich unter einem überhängenden Fels. In seinem Windschatten richten sich die Flüchtlinge ihr Nachtlager ein.

Zum Abendbrot gibt es heißes Wasser, das sie Schluck für Schluck teilen. Dann ist es Zeit, sich zur Ruhe zu legen. Es ist ihre erste Nacht in der Freiheit, vor Aufregung liegen sie noch lange wach.

Thinley und Dschandschur kichern, so wie Mädchen es tun in diesem Alter. Verliebt schmiegt sich das Pärchen aus Kanze unter den funkelnden Sternen aneinander. Seine letzte Zigarette teilt Kelsang mit den beiden Nomaden vom Gelben Fluss. »Morgen Abend sind wir bei meinem Freund Pempa«, verspricht Kelsang den Männern.

Die windschiefe Hütte des Sherpa ist die höchste Teestube der Welt. Und neben chinesischen Nudeln und halbgaren Kartoffeln verkauft Pempa auch Schnaps. Der bloße Gedanke daran macht Kelsang schon trunken.

»Morgen Abend feiern wir bei Pempa ein Fest«, denkt Kelsang und schließt zufrieden die Augen. Der Atem der Flüchtlinge geht nun gleichmäßig und ruhig. Allein das Schmatzen des Babys unter der Milchstraße ist noch zu hören.

In dieser Nacht wird es warm, und der Schnee schmilzt unter ihren Decken dahin. Sie merken es nicht. Zu erschöpft sind sie noch vom Aufstieg.

Doch gegen Morgen dreht sich plötzlich der Wind und bringt eiskalte Luft aus dem Norden.

Als Kelsang erwacht, ist alles ganz still. Er richtet sich auf, doch sein Körper ist mit dem Boden verwachsen. Eine dicke Schicht Eis hält ihre Decken und Mäntel gefangen.

Es ist, als lägen sie in ihrem eigenen Grab.

»Ein Traum!«, murmelt Kelsang, »nur ein dummer, dummer Traum!«

Doch seine Stimme klingt dumpf. Wie ein Leichentuch hat sich der Schnee über den Gletscher gebreitet. Und mit Schrecken denkt Kelsang an ihr Gepäck: Proviant und Brennstoff, die Töpfe zum Schmelzen des Schnees ... alles, was sie nun bräuchten, steht oben am Pass neben dem Grenzstein.

»Aufwachen. Wir müssen was tun!« Kelsang rüttelt die Flüchtlinge wach.

Mit großen Augen schauen die Mädchen ihn an, und ihre kleinen Körper zittern vor Kälte. Das Baby weint. Beruhigend wiegt seine Mutter es zu einem Lied.

Mit Messern versucht Kelsang die eingefrorenen Decken, die Handschuhe und Schals aus dem Eis herauszuschlagen. Doch vergebens, sie sind längst eins mit dem Gletscher. Nur Ani Pasangs Decke gibt er frei. Sie war abends beim Meditieren sitzend eingeschlafen. Eine einzige Decke für zehn frierende Menschen. Kelsang fleht die Götter an, ihm einen Ausweg aus diesem Alptraum zu zeigen.

Tibet, im Jahre 1967 – Wangdu, der Cousin

In Kham war es üblich, dass eine Frau bei ihrer Heirat auch die Brüder des Bräutigams mit in den Haushalt bekam. Das Leben auf dem Land war damals mühsam und auch sehr gefährlich. Mit mehreren Männern an ihrer Seite war eine Frau gut beschützt. Wer wollte sich bei einer Fehde schon mit fünf Kerlen anlegen? Das Ansehen einer Familie war umso größer, je mehr Brüder mit einer Frau in Harmonie zusammenlebten.

Als Sohn einer Nonne hatte ich keine Geschwister vorzuwei-

sen. Das verunsicherte mich. Ohne Bruder fühlte ich mich nicht ausreichend für Lhamo Dolma.

Als Kelsang eine Woche später vergebens zwischen den Trümmern des Klosters Yage auf Lhamo Dolma wartet, weiß er, ihre Liebe ist vorbei. Es ist nicht gut, Frauen warten zu lassen. Zu lange hatte er mit seinen Gefühlen gerungen. Zu lange gezögert.

Er sucht sein Mädchen und findet es schließlich weinend zwischen den Tschörten, jenen weiß getünchten Reliquienschreinen, die den Weg zur Klosterruine säumen. Von weitem schon sieht er, dass etwas nicht stimmt. Ihr Blick ist zu Boden gerichtet.

»Was ist los?«, fragt er und hebt ihr Gesicht zu sich.

»Meine Mutter will, dass ich heirate«, antwortet Lhamo Dolma ohne Umschweife.

»Ja!«, ruft Kelsang verzweifelt. »Dann lass uns heiraten! Ich gehe sofort zu meinem Onkel!«

»Es ist zu spät, Kelsang-la. Sie hat schon einen anderen für mich bestimmt.«

»Wen?«, fragt Kelsang und erwartet den Namen des Bräutigams wie sein Todesurteil. Es ist nur noch die Frage, ob seine Seele gehängt, geteert, erdolcht oder verbrannt wird.

»Es ist dein Cousin Wangdu, den ich heiraten soll.«

»Wangdu?« Wie ein Hoffnungsschimmer durchdringt der Name sein Herz. Wangdu, der geliebte Cousin! Der Sohn seines jüngeren Onkels ist ihm von allen Verwandten der nächste.

»Vielleicht ist nicht alles verloren«, sagt Kelsang. »Vielleicht lässt Wangdu mit sich reden.«

»Ja«, ereifert sich Lhamo Dolma und äußert eine sehr kühne Hoffnung: »Vielleicht ist es ja möglich, euch beide zu heiraten! Wangdu hat keine Brüder, und auch du bist ohne Geschwister.«

»Nein, Lhamo Dolma. Für Cousins gilt unser Ehegesetz nicht. Es ist sinnlos, daran zu rütteln.«

»Dann werde ich Nonne. Wie deine Mutter.«

Kelsang nimmt ihre Hände in seine: »Heirate ihn, Lhamo Dolma. Wangdu ist gut.«

»Ich möchte dich oder keinen.«

»Es gibt keinen besseren Menschen als ihn.«

»Aber ich liebe ihn nicht!«

»Du wirst ihn lieben lernen, Lhamo Dolma, folge dem Wunsch deiner Eltern.«

»Willst du das wirklich?«

»Ja, Lhamo-la. Heirate ihn.«

»So spricht nur einer, der mich nicht liebt«, sagt sie, dreht sich um und läuft weinend davon.

Wie versteinert bleibt Kelsang an den Tschörten zurück. Er läuft ihr nicht hinterher. Er ruft sie auch nicht zu sich zurück. Er weiß, sie muss ihren Eltern gehorchen. Er rüttelt nicht am Gesetz ihrer Ahnen. Er wartet, bis ihr rotes Kopftuch zwischen den Häusern des Dorfes verschwunden ist. Dann geht auch er zu seiner Mutter nach Hause.

Die Luft in der Stube ist geschwängert vom Rauch der zerlassenen Butter, die in den goldenen Schälchen schwimmt. In ihrer Mitte der brennende Docht, der das flüssige Fett zu den Gebeten der Mutter verzehrt.

»Neunzehn Jahre«, denkt Kelsang, »neunzehn durchbetete Jahre müssen doch reichen, um ihren Fehltritt vergessen zu machen!«

Er setzt sich zu seiner Mutter und betrachtet sie eindringlich. Ani Yulo hebt fragend den Blick aus ihren kanonischen Schriften.

»Mutter, ich liebe ein Mädchen«, sagt Kelsang. Sie schauen einander sehr lange an. Zum ersten Mal entdeckt Kelsang Falten in ihrem schönen Gesicht.

»Nein«, sagt Ani Yulo. »Was wir Menschen unter Liebe verstehen, ist oft nicht mehr als eine Täuschung der Sinne.«

Nepal, im Dezember 1997 – Die Schneise

Vor Kelsang liegt wie ein Ozean der Schnee. Er ist weder groß noch kräftig gebaut. Er ist auch nicht mehr der Jüngste. Den Ansatz seiner ergrauten Schläfen färbt er vor jedem Grenzgang aufs Neue. Er hat eine Schwäche für Schnupftabak und für Frauen. Doch sein Bett in Lhasa ist zu schmal für die Liebe. Er ist kein Held, aber er ist ein Khampa. Mit verrosteten Flinten kämpften sie gegen Maos Armee. Und so beginnt auch Kelsang nun seinen Kampf. Seinen Kampf gegen den Schnee. Er wühlt sich hinein. Er schiebt ihn zur Seite. Er tritt ihn nieder und drischt auf ihn ein. Unter den Tieren ist Kelsang ein Mensch. Doch unter Menschen fühlt er sich bisweilen als Tier. Die Schneise, die er zieht, wird länger und länger.

Unter dem Schnee lauern Abbrüche und Spalten. Sie sind in der Mitte des Gletschers gelandet. Aber wo? Wo ist der Pfad der Drogpa-Nomaden?

Eine Karawane zu treffen ist ihre einzige Chance.

Jeden Freitag ist Markttag in Namche Bazar. Dann legen die Drogpa auf den Terrassen des Sherpa-Dorfes ihre Ware aus und warten auf Kundschaft, die aus den umliegenden Nestern herbeiströmt. Am Samstag packen sie dann ihre leeren Körbe und Säcke wieder zusammen und beginnen mit dem beschwerlichen Rückmarsch. Erwartet sie zu Hause eine liebevolle Frau, gehen sie zügig nach Tibet zurück. Wartet zu Hause niemand auf sie, kehren sie unterwegs bei den Sherpa ein und vertrinken Höhenmeter für Höhenmeter ihren Gewinn.

Nach jedem Schritt hält Kelsang inne, um nach den vertrauten Glocken der Yaks zu lauschen und nach den Pfiffen der Drogpa, mit denen sie ihre Tiere antreiben ... vergeblich ... nichts als Stille ruht auf der Landschaft.

Er rudert mit den Armen durch den hüfthohen Schnee, er boxt ihn mit seinen Ellbogen nieder. Die Flüchtlinge folgen ihm durch die Schneise. Ihre Blicke sind ganz nach innen gekehrt. Die Kinder haben ihre erfrorenen Hände tief in den Jackentaschen vergraben. Sie legen ihr ganzes Vertrauen in ihn. Sie glauben daran, dass er sie herausführen wird aus der eisigen Hölle.

Was ist das? ... Ein leises Bimmeln schwebt durch die Luft ... Nein, es ist still ... Nur eine Täuschung der Sinne ... Hier war es wieder ... Die Glocken der Yaks?

»Heihoooooo!«, ruft Kelsang den Berg hinunter: »Heihooooo!«

Vergeblich wartet er auf die Antwort. Aus dem Himmel fallen lautlos die Flocken.

Tibet, im Jahre 1967 – Tashi Jinpa

Ich weinte um meine verlorene Liebe und durfte doch meine Trauer nicht zeigen. Einzig mein Freund Dartuk wusste von meinen Gefühlen für Lhamo Dolma.
»Lass uns das neue Jahr feiern, damit du auf andere Gedanken kommst«, sagte er. Zur Losar, dem tibetischen Neujahr, war es Tradition, dass sich die Dorfgemeinschaften auf einem großen Wiesengrund trafen, um gemeinsam zu singen und zu tanzen. Bei diesem Fest erblickte ich die schönste Frau, die ich je sah. Sie hatte ein Kind auf dem Arm, trug aber nicht die gestreifte Schürze der verheirateten Frauen.
»Das Kind gehört nicht ihr, sondern ihrer Cousine«, verriet mir Dartuk.
Ich war fasziniert. Doch bevor man das Herz eines Mädchens gewinnen konnte, musste man sich in Kham erst einen Gegenstand von ihr erobern.

»Ich werde etwas von ihr erhaschen«, sagt Kelsang zu Dartuk.

»Nein, das kannst du nicht tun! Lass mich lieber machen. Ich werde ein offizielles Kennenlernen zwischen euch arrangieren.«

»Ich habe keine Zeit mehr für Höflichkeiten. Ich habe schon einmal mein Glück wegen meines zaudernden Wesens verloren.«

Es beginnt zu schneien, und das Fest löst sich auf. Die Leute zieht es in ihre Häuser zurück. Auch das schöne Mädchen mit dem Kind bricht auf, und Kelsang heftet sich an ihre Fersen. Ihre dick gewalkten Röcke rauschen durch den frisch gefallenen Schnee. Vermutlich ist sie älter als er. Das Mädchen spürt seine Nähe im Rücken und beschleunigt den Schritt. Frech bleibt er ihr auf den Fersen. Da dreht sich die Schöne mit einem Mal um. Und ihre Augen glühen vor Wut.

Ihr Kopftuch ist schwarz wie die Nacht, und Schneekristalle leuchten wie Sterne darauf.

»Was willst du von mir?«, fragt sie und wirft ihren Kopf störrisch in den Nacken.

»Dich.«

Ein spöttisches Lächeln huscht über ihre Lippen: »Da bist du nicht der Einzige.«

»Na warte«, denkt Kelsang und springt flink wie ein Schneeleopard zu ihr, um nach dem schwarzen Tuch zu greifen. Sie kann sich nicht wehren mit dem Kind auf dem Arm: »Gib es mir sofort zurück, sonst schreie ich nach der Tante!«

»Dann geh doch, und hol deine Tante!«, sagt Kelsang und sucht ihre Augen. Sie senkt den Blick, doch er lässt sie nicht los. Er fordert von ihr, gesehen zu werden. Sie verweigert sich ihm. Er stampft auf den Boden. Sie blickt zu ihm hoch. Sie stehen einander gegenüber wie zwei feindliche Heere. Trotz und Hochmut liegen in ihren Zügen. Das Kind der Cousine als schützendes Schild vor sich haltend, tritt sie einen Schritt näher: »Du glaubst, du kannst mich beeindrucken.«

»Ja«, sagt Kelsang, »das glaube ich. Ich setze mich auf kein Pferd, das mich abwirft.«

»Du wirst dir dein Genick brechen.«

»Gut«, sagt Kelsang. »Dann soll es so sein.«

Sie schaut ihn an. Und er schaut sie an ... und sie gefallen einander.

»Und nun?«, fragt sie.

»Wenn du übermorgen zum Pferderennplatz kommst, um mich zu treffen, gebe ich dir dein Kopftuch zurück.«

Sie mustert ihn von oben bis unten. Dann lacht sie kurz auf, dreht sich um und geht stolzen Schrittes davon.

Kelsang schlottern die Knie. Eine Königin ist sie für ihn, und er nicht mehr als ein einsamer Tropf. Doch als er das kostbare Beutestück in seinen Händen betrachtet, schmelzen auf dem schwarzen Tüchlein die Schneekristalle.

Nepal, im Dezember 1997 – Das Lied der Khampa-Frau

In der mondlosen Nacht läuft ihr Weg plötzlich ins Leere. Sie stehen vor einem gähnenden Abgrund aus Eis. Kelsang sucht nach dem Rauschen des Flusses, der irgendwann aus dem Nebental in den Gletscher münden müsste. Sein tosendes Wasser würde ihm Orientierung geben. Doch dort unten herrscht nur düstere Stille. Kurz überlegt er, sich in den Abgrund fallen zu lassen. Dann wäre dieser Alptraum zu Ende.

»Was sollen wir tun?«, fragen die Männer.

»Wir machen uns den Schnee zum Freund«, sagt Kelsang, »und graben uns eine Höhle.«

Mit letzter Kraft heben die Männer eine schützende Mulde aus dem Schnee, die Raum gibt für alle. Sie drängen sich darin zu einem zitternden Knäuel zusammen. Das Baby weint vor Hunger und Durst. Mit Bangen blicken alle zur Khampa-Frau. Sie nimmt das Kind an die Brust ... Den Göttern sei Dank, noch fließt die Milch. Das zufriedene Schmatzen des Babys nährt ihre ermüdeten Seelen. Thinley weint. Ihre Finger tun so weh von der Kälte. Kelsang öffnet die Jacke und klemmt die Hände des Mädchens wie zwei kleine, erfrorene Vögel in seine Achselhöhlen, um sie zu wärmen. Das Kind beißt die Zähne vor Schmerz zusammen. Das Auftauen der Finger ist manchmal schlimmer als das Erfrieren. Thinley versucht, ihm die Hände wieder zu entziehen.

»Lass sie«, sagt Kelsang. »Lass sie an meiner Haut, es ist gleich vorüber.«

»Meine Finger!«

Ihr Körper zittert vor Schmerz.

»Es ist gleich vorbei!«

Sie weint nach der Mutter: »Amalaa!« Sie braucht ihren Trost.

Verzweifelt sucht Kelsang in seiner Erinnerung nach einem Lied oder einer lustigen Geschichte. Seine Kindheit war voll von Gebeten, aber leer von Poesie.

»Amalaa!«

Der einarmige Großvater erzählte manchmal Geschichten vom »guten alten Tibet«, als Lügnern noch die Zunge abgehackt wurde und frisch ertappten Räubern die Hand. Hernach steckte man die Stümpfe in brodelndes Öl, um sie zu desinfizieren.

»Amalaa!«

»Bist du denn auch einmal Räuber gewesen?«, hatte er damals den Großvater gefragt. Und er hatte schallend gelacht und ihm von seinem abenteuerlichen Leben als Räuberhauptmann erzählt.

Der Schmerz in den Händen lässt allmählich nach, nicht aber der Schmerz im Herzen des Kindes: »Amalaa!«

Und Kelsang fehlen die tröstenden Worte. Er kann einfach nicht mehr.

Da fängt die Khampa-Frau an zu singen. Ihre Stimme ist rau und warm.

Es ist die Stimme einer liebenden Frau in dieser finsteren, eiskalten Nacht.

> *Hallo, kleiner Vogel, wo bist du gelandet?*
> *Auf den Schultern einer einfachen Bäuerin.*
> *Ich bin nicht reich, aber ich werde dich füttern.*
> *Ich bin nicht stark, aber ich werde dich tragen.*
> *Bis deine Flügel groß sind*
> *und du alleine über die Felder fliegst.*

Thinley wird ruhig und ergibt sich ihrer Erschöpfung. Auch die anderen Flüchtlinge schließen die Augen. Sie wissen nicht, ob sie morgen noch aufwachen werden. Über ihnen scheinen der Mond und die Sterne für immer aus dem Universum verschwunden zu sein.

Tibet, im Jahre 1967 – Die alte Kupplerin

Ich beauftragte meinen Freund Dartuk, noch mehr über die stolze Schönheit herauszufinden. Ihre Mutter war, so wie einst Ani Yulo, unehelich schwanger geworden, wurde aber nicht wie meine Mutter in ein Kloster verbannt. Da ihr Clan einst zu den mächtigsten dieser Gegend zählte, belegten die Chinesen diese Familie mit dem ›schwarzen Hut‹. Das hieß, alle Mitglieder waren ständigen Repressalien ausgesetzt.

»Lass die Finger von ihr«, warnte mich Dartuk, »du wirst nicht glücklich. Du wirst ein Leben lang am Schicksal dieser Familie mitleiden.«
Zu spät. Längst war ich dem Mädchen verfallen.

Am nächsten Morgen kommt die geiernasige Freundin des Mädchens zu ihm nach Hause und fordert das schwarze Tuch zurück.

»Leider bist du umsonst gekommen«, erklärt Kelsang dem Mädchen. »Ich werde es einzig und allein jener geben, der es gehört. Richte also der Besitzerin dieses Tüchleins aus, sie möge zum Pferderennplatz kommen.«

»Ich glaube kaum, dass sie sich dazu herablassen wird«, meint die Botin.

Am nächsten Tag holt Kelsang den alten Gaul der Mutter aus dem Stall und führt ihn zum Pferderennplatz, als wolle er dem Tier etwas Auslauf gewähren. Sein Herz rast vor Aufregung. Doch das Mädchen lässt sich nicht blicken.

Als das Pferd bereits seine achte Runde absolviert hat, kocht in Kelsang die Wut. Der Stolz dieses Mädchens reizt sein Gemüt zum Zerspringen.

Da kommt die alte Meto angehumpelt, die größte Klatschtante des Dorfes. Sie hatte nie einen Mann und eigene Kinder und ist nun dazu verdammt, in den Geschichten anderer zu leben.

»Ist sie nicht gekommen?«, fragt ihn die Alte mit gespieltem Bedauern.

»Nein«, sagt Kelsang verbissen und zieht aus dem Gürtel sein Messer.

»Was für ein Drama! Du Armer! Was willst du jetzt tun? Dir mit dem Messer die Gurgel durchschneiden?«

»Weit gefehlt! Ich werde das Kopftuch dieser grausamen Frau in zwei Teile zerschneiden. Dann wirst du ihr die beiden Hälften nach Hause bringen und mitteilen, ich hätte mein Interesse an ihrer Schönheit aus meinem Herzen getilgt.«

Schon setzt er das Messer am Tuch an, schon ist er bereit für einen sauberen Schnitt.

»Nein, nein!«, ruft die Alte entsetzt, »warte noch damit! Ich werde da wohl etwas nachhelfen müssen!«

Humpelnd verschwindet sie zwischen den Häusern. Kelsang grinst. Er ist mit seiner Darbietung zufrieden. Die Alte gilt als erfolgreichste Kupplerin Dhongos.

Wenige Minuten später steht die stolze Schönheit vor ihm.

Betreten schauen beide zu Boden.

»Wie heißt du?«, fragt Kelsang schließlich, um irgendwie das Gespräch zu beginnen.

»Tashi. Tashi Jinpa.«

»Und wie viele Geschwister hast du?«

»Ich lebe alleine mit meiner Mutter.«

»Da haben wir etwas gemeinsam«, sagt Kelsang, »auch ich bin der Sohn einer alleinstehenden Frau.«

»Das ist nicht einfach«, sagt sie.

»Ich weiß. Es ist manchmal sehr einsam.«

Sie schaut ihn an, und ihr Blick ist sehr seltsam.

Er legt das Tuch in ihre Hände: »Ich werde es vermissen. Es duftet nach deinem schönen Haar.«

»Du kannst es behalten«, sagt sie und schiebt es ihm unter den weiten Ärmel seiner Chupa.

Ein Schauer erfasst seinen Körper. Er greift nach ihrem Gelenk. Es ist viel zarter als das seiner alten Liebe. Und doch fühlt sich die Berührung fremd an und kühl. Ein Stich im Herzen lässt ihn erahnen, dass es nie wieder so sein wird wie mit Lhamo Dolma.

Und trotzdem lässt er die Schöne nicht los.

Nepal, im Dezember 1997 –
Die Stimme am Grunde des Gletschers

Lange dauert die Nacht am Abgrund. Unruhig irrt Kelsangs Geist durch die Stationen des Lebens und findet nirgendwo Halt. Es ist ein Zustand zwischen Wachen und Schlaf. Die Höhe ruft unruhige Träume hervor. In seinen Armen zittert Thinley vor Kälte und wimmert immer noch nach ihrer Mutter.

Noch nie hat er ein Kind in den Bergen zurücklassen müssen. Einmal nur ist ihm ein Mann abhandengekommen. Ein Kaufmann aus seiner Heimatprovinz Kham.

Er war Mitte vierzig und machte sich auf den Weg ins Exil, um wenigstens einmal im Leben den Dalai Lama zu sehen. Er war kein Flüchtling, sondern ein Pilger. Jeden Tag seines Lebens hatte er mit einem Gebet für den Dalai Lama begonnen. Und jeden Abend beendete er den Tag mit seinen besten Wünschen für ihn. In seinem Gepäck trug er eine weiße Glücksschleife aus Tibet, um sie von seinem Gottkönig segnen zu lassen.

Bei einer Rast auf dem Gletscher entfernte er sich von der Gruppe, um abgeschirmt von den Blicken der anderen sein

Geschäft zu verrichten. Kelsang sah ihn etwas ungelenk über eine Wechte klettern, die der Wind in die Landschaft geformt hatte. Sie warteten eine Weile, doch der freundliche Mann kam nicht wieder zurück. Seinen Spuren im Schnee folgend, fanden sie schließlich die tiefe Spalte, in die er hineingestürzt war. Der Arme lag dort unten im Gletscher, und sie hatten kein Seil, um ihn herauszuholen.

Kelsang hockte sich an den Rand des Abgrundes und warf tröstende Worte hinab in die Tiefe. Am Anfang antwortete der Mann noch sehr klar. Doch mit der Zeit wurden seine Sätze wirr und sehr leise. Irgendwann verstummte die Stimme am Grunde des Gletschers ganz.

Sein Name war Dhondup. Dhondup Tsering: »Vollends am Ziel«.

Tibet, im Jahre 1968 – Flucht aus Dhongo

Das Leben ist seltsam. Weil es uns das, wonach wir uns am meisten verzehren, nicht schenkt.
Mit meiner großen Liebe war ich gescheitert. Mit Tashi Jinpa hingegen hatte es mehr wie ein Spaß begonnen und wurde doch plötzlich so ernst. Wir beschlossen, aus Dhongo zu fliehen. Denn mein Leben war für die Mönchsrobe bestimmt. Mein Onkel würde einer Heirat nie zustimmen. Für den Zeitpunkt unserer Flucht bestimmte ich genau jenen Tag, an dem Lhamo Dolma meinen Cousin Wangdu heiraten würde. Die Hochzeitsfeier fand im Haus der Braut statt, da Wangdu bei Lhamo Dolma einziehen sollte. Natürlich war auch ich zur Feier geladen.

Es fließt viel Chang auf dem Fest, viel Bier, und Kelsangs Freund Dartuk bechert fleißig. Der Alkohol macht melancholisch. Und als die Zeit der langen Ansprachen gekommen ist, steht Dartuk auf und hält statt auf das Brautpaar eine tränenreiche Rede auf eine große Liebe, die sich nicht erfüllte.

Nur zwei Menschen im Raum wissen, wovon der betrunkene Tor spricht.

Mit hochrotem Kopf flüchtet Lhamo Dolma ins Nebenzimmer, und Kelsang zerrt seinen Freund ins Freie: »Halt den Mund, Dartuk! Bist du verrückt? Sollen es alle Leute erfahren?«

»Was?«

»Dass ich ein verlassener Tropf bin?«

»Sie hat dich nicht verlassen. Sie liebt dich! Siehst du Trottel denn nicht, welche Blicke sie dir zuwirft?«

»Das zählt nicht mehr. Sie gehört jetzt einem anderen.«

»Liebe schafft wahre Verbindung und nicht das Gesetz ... Oh mein Gott, ist mir schlecht!«

Nachdem Dartuk das weiß schäumende Gerstenbier auf die Wiese erbrochen hat, vertraut Kelsang ihm sein Geheimnis an: »Es besteht kein Grund mehr zur Trauer, mein Freund. Ich habe eine neue Liebe gefunden.«

»Ist es Tashi Jimpa?«

»Ja. Die schöne Tashi. Wir werden noch heute Nacht Dhongo verlassen. Erzähle bloß niemandem davon!«

»Tu's nicht, Kelsang«, bettelt der Freund, »es ist ein Fehler, mit diesem Mädchen zu gehen.«

»Die Liebe verlangt von mir, endlich zu handeln.«

»Dich treibt der Trotz, nicht die Liebe«, sagt Dartuk.

»Mich treibt nicht der Trotz, sondern der Schmerz«, sagt Kelsang und geht.

Ani Yulo weiß nichts von den Plänen des Sohnes. Sie weiß auch nicht, dass sein gepackter Rucksack bereits im Stall versteckt ist.

Aber sie ahnt, warum Kelsang so früh das Hochzeitsfest des Cousins verlässt: Weil die Braut nicht für ihn, sondern für Wangdu mit roten Korallen und Türkisen geschmückt war.

Ani Yulo hat gelernt, der Unordnung im Kopf mit Gebeten und dem Kummer in ihrem Leben mit Arbeit zu begegnen. »Unser Vorrat an Tsampa neigt sich dem Ende«, sagt sie, als Kelsang sich seinen düsteren Grübeleien nachgibt, »bring doch einen Sack Gerste zur Mühle.« Dankbar nimmt Kelsang den Auftrag an. Mit dem schweren Sack auf dem Rücken steigt er den steilen Weg zum Fluss hinunter, und sein Herz wird von Wehmut ergriffen: Wer wird in Zukunft das Korn der Mutter zur Mühle tragen?

Durch einen riesigen, ledernen Trichter schüttet der Müller das geröstete Korn in die Mühle. Und während es zwischen den runden Mühlsteinen zu goldbraunem Tsampa gemahlen wird, kommen Kelsang die ersten Bedenken. Sie kreisen durch seinen Kopf wie das Mühlrad, das mit dem Wasser des Flusses den Mahlstein antreibt. Seine alte Liebe Lhamo Dolma war wie eine heitere Blumenwiese, in die er sich lachend hineinfallen ließ. Tashi Jinpa hingegen ist wie ein gefährlicher Abgrund. Faszinierend und dunkel zugleich.

»Wenn zwei Menschen sich lieben, lachen die Sterne«, hat Dartuk einmal gesagt.

Der Freund ist arm an Gütern, aber reich an poetischen Bildern.

Freut sich das Universum über ihre Verbindung? Oder vergießt es Tränen?

Der Himmel zeigt sich heute so grau und seltsam unentschieden.

Kelsang bezahlt für das Mahlen des Korns und tritt den Weg nach Hause an. Da kommt ihm die alte Meto entgegen. Und als sie Kelsang erkennt, beginnt das Weib hysterisch zu schreien: »Was? Du bist noch da?«

»Klar bin ich da! Wo sollte ich sein?«, gibt Kelsang unwirsch zurück.

»Man sagt, du bist mit der schönen Tashi Jinpa durchgebrannt!«

»Wer sagt das?«

»Das ganze Dorf spricht schon davon! Deine arme Mutter weint sich die Augen aus, und dein Onkel ist wie von Sinnen! Er hat den Leuten aufgetragen, dir die Beine zu brechen und dich hernach fünf Wochen ins Bett zu stecken, bis du von deiner Torheit geheilt bist! Du Armer! Was wirst du jetzt tun?«

Kelsang spürt, wie es eng wird in seinem Herzen und Panik seinen ganzen Körper erfasst: Der Onkel lässt ihn nicht frei. Er wird ihn nie in ein eigenes Leben entlassen. Für immer wird er Gefangener eines Gelübdes bleiben, das andere für ihn abgelegt haben. Für immer werden seine einsamen Nächte nach der ranzigen Butter ihrer Altarlampen riechen.

Nie wird er den Duft einer Frau in sich aufnehmen.

»Lauf«, raunt die alte Kupplerin ihm zu, »nimm dein Mädchen und lauf um dein Leben.«

Vom Dorf sind schon die Schreie der Meute zu hören.

Sie jagen den Sohn der Nonne Ani Yulo, um ihm mit ihren Dreschflegeln die Beine zu brechen.

Nepal, im Dezember 1997 – Der schmale Grat

Am frühen Morgen blickt Kelsang in einen Schwindel erregenden Abgrund, an dessen Rand sie ihr Nachtlager aufgeschlagen haben. Es ist eine Wand aus blau schimmerndem Eis. An ihrem Fuße liegt ein gefrorener See. Er lässt seinen Blick über die verschneiten Bergketten wandern und forscht nach einem möglichen Weg. Zu ihrer Linken liegt ein schmaler Berggrat, der sie über den Abgrund hinwegführen würde. Kelsang kennt diesen Weg. Sogar im Sommer ist es gefährlich, ihn zu betreten, weil die Winde in der Höhe unberechenbar sind. So mancher Flüchtling ist hier schon von einer unerwarteten Böe erfasst und in die Tiefe gerissen worden. Doch der Pfad gäbe ihm eine Richtung, und er ersparte das mühsame Auf und Ab über die Gletschermoräne.

»Wir müssen Zeit gewinnen«, denkt Kelsang, »eine zweite Nacht in dieser Schneehölle wird Thinley nicht überleben.« Er muss sich entscheiden. Entweder sie gehen durch die Moräne oder über den Grat.

Er sucht in seinem Herzen nach der richtigen Antwort. Er sehnt sich nach dem Rat seines Onkels, der mit erlahmendem Augenlicht die Dinge des Lebens immer klarer vorhersehen konnte. Zur Weitsicht nutzte er die hundertacht Perlen seiner Gebetskette und kombinierte diese mit seinen Mantras zu einem konkreten, fassbaren Bild.

Er sah den Nachfolger Maos voraus und die Liberalisierung der chinesischen Politik. Er sah das tibetische Volk getrennt vom höchsten Gebirge der Welt: die Tibeter des Schneelandes und die Tibeter des Exils. Er sah Mütter und Kinder, für immer auseinandergerissen. Und er prophezeite seinen staunenden Pilgern, dass ihr vertriebenes Oberhaupt einmal ein von der westlichen Welt geachteter Religionsführer werden würde. In seiner kleinen Einsiedlerhöhle hoch über Dhongo sah der Onkel all das voraus, was später eintrat.

»Was sollen wir tun?«, würde er jetzt seinen Onkel gerne fragen. »Die Moräne ist mühsam und kostet viel Zeit. Der Grat ist schmal und kostet vielleicht ein Menschenleben.« Er muss es entscheiden. Er ist der Führer, der Guide. Er muss bestimmen, wie es weitergehen soll.

»Ani-la, ich brauche deine Mala«, sagt Kelsang und rüttelt die schlafende Nonne wach.

Er bittet die geistige Welt um Führung und beginnt mit dem Zählen der Perlen.

Tibet, im Jahre 1968 – Wangdus Angebot

Tashi Jinpa wartete am Eingang des Dorfes mit ihrem gepackten Bündel. Ohne zu wissen wohin, rannten wir Hand in Hand einfach davon. Wir liefen so lange, bis es dunkel wurde. Mit der Nacht kam die Kälte. Und als mein Mädchen zu weinen begann, musste ich der Sinnlosigkeit unserer Flucht aus der Dorfgemeinschaft ins Auge sehen.

Der einzige Ort, zu dem wir jetzt noch konnten, war das Haus meines jüngeren Onkels Jangschup, des Vaters meines Cousins. Nach seiner Vermählung mit Lhamo Dolma war Wangdus Platz im Haus meines Onkels frei.

Während die Tante Tee und süßes Gebäck serviert, schmunzelt sie über den stürmischen Leichtsinn der Jugend, nicht ahnend, dass sie der Auslöser des Dramas ist. Denn sie hat die Vermählung zwischen ihrem Sohn und Lhamo Dolma in die Wege geleitet.

Onkel Jangschup mustert die zerzausten Ausreißer an seinem Ofen und legt seine Stirn in Falten: »Du bist das Kind einer Nonne«, spricht er schließlich zu Kelsang, »und Thashi Jinpa ist das Kind einer alleinstehenden Frau. Könntest du wirklich deine Mutter verlassen? Und du, Tashi, wärest du bereit deine Mutter alleinzulassen?«

Kelsang blickt düster in seine Tasse. Die Fettaugen der zerronnenen Butter treiben vom Zentrum zum Rand. Er spürt den aufgeregten Atem des Mädchens an seiner Seite.

»Wir haben unsere Entscheidung getroffen«, antwortet er düster und versucht, seine Stimme entschlossen klingen zu lassen. Von draußen sind plötzlich Schritte zu hören. Kelsang schreckt hoch. Ist der Onkel schon aus seiner Höhle heruntergekommen?

Nein. Es ist sein Cousin Wangdu, der die Stube betritt.

»Du lässt deine Frau am ersten Tag eurer Ehe alleine?«, schimpft ihn die Tante aus.

Wangdu wirkt sehr ernst, aber gefasst. »Komm mit vor das Haus«, sagt er zu Kelsang.

Er folgt dem Cousin ins Freie. Tashi Jimpa bleibt in der Stube zurück.

Wangdu kommt gleich zur Sache: »Dein Freund Dartuk hat mir alles erzählt. Ich weiß um deine Liebe zu meiner Frau. Und ich weiß auch, dass ihr Herz in Wahrheit für dich schlägt und nicht für mich.«

»Es ist nicht mehr von Bedeutung«, sagt Kelsang und schaut betreten zu Boden.

»Doch Kelsang-la, es ist von Bedeutung. Dort wo Liebe ist, soll sie auch gedeihen.«

»Und wie soll das gehen?« Er spürt ein Kratzen im Hals, als er ihren Namen ausspricht: »Lhamo Dolma ... sie ist nun deine Frau.«

»Ja, aber es gibt eine Lösung.«

Kelsang schüttelt den Kopf.

»Hör zu, es ist bereits alles mit Lhamo Dolma und ihrer Familie besprochen: Du nimmst ihre jüngere Schwester zur Frau und lebst mit ihr bei uns. Auch für deine Mutter wird Platz sein. Verstehst du? So ist für alle gesorgt. Wir werden glücklich zusammenleben. Denn unter unserem Dach wird die Liebe wohnen.«

Ein tiefes Schluchzen durchdringt Kelsangs Herz, und er fällt vor dem Cousin auf die Knie:

»Oh Wangdu-la! Warum hast du mir das nicht früher gesagt?«

»Ich wusste von nichts. Dein Freund Dartuk hat mir erst heute alles erzählt.«

»Es ist zu spät, mein Bruder! Es ist zu spät! Siehst du das Mädchen in eurer Stube? Ich kann sie doch jetzt nicht mehr fortschicken.«

Wangdu schaut durch das erleuchtete Fenster: Mit wild entschlossenem Ausdruck schürt Tashi Jimpa im Ofen das Feuer.

»Liebst du sie?«

»Ich habe ihr mein Wort gegeben.«

»Lass mich mit ihr reden«, sagt Wangdu und verschwindet im Haus.

Kelsang folgt ihm wie ein geprügelter Hund.

»Es ist dunkel«, hört er Wangdu mit fester Stimme sprechen. »Niemand hat gesehen, dass du dein Haus verlassen hast. Noch kannst du zurück. Niemand im Dorf wird etwas bemerkt haben, wenn du jetzt gehst.«

»Ich gehe aber nicht mehr nach Hause zurück.«

»Ihr habt keine Zukunft miteinander. Liebst du Kelsang, so nimm dein Bündel und geh«.«

»Zu spät«, sagt Tashi Jinpa. »Kelsang und ich haben unsere Entscheidung getroffen.«

Nepal, im Dezember 1997 – Der Schneegrat

Links und rechts ihres engen Pfades fällt der Berg ab in schier unergründliche Tiefe.

Ein Wind, der aus den südlichen Niederungen Nepals auf den Berg hinaufjagt, treibt ihnen die aufgewirbelten Schneekristalle direkt ins Gesicht.

»Bindet eure Schals vor den Mund!«, ruft Kelsang.

Das Einatmen von Schnee ist gefährlich in dieser Höhe. Die Kristalle setzen sich in der Lunge ab und lassen den Wanderer langsam ersticken.

Plötzlich beginnt Thinley zu weinen: Das Kind hat seine Haarspange im Schnee verloren. Es weint nicht vor Hunger, es weint nicht vor Kälte, es weint um seinen verlorenen Schatz. Es kann nicht mehr weiter. Seine Nase rinnt. Die Tränen gefrieren auf seinen Wangen, auf denen sich bereits Erfrierungsflecken abzeichnen. Verzweifelt streckt es seine Arme nach ihm aus.

»Ich werde dich tragen«, sagt Kelsang und bittet Ani Pasang um ihre einzige Decke.

»Und Dschandschur?«, fragt die Nonne: »Sie kann auch kaum noch gehen.«

»Ich kann nur ein Kind tragen, Ani-la.«

»Ist das gerecht?«

»Nichts ist gerecht in diesem Leben. Und ich habe nur einen Platz auf meinem Rücken.«

Ani Pasang reicht ihm die Decke. Kelsang hebt das Kind seines Freundes aus dem Schnee und bindet es sich um die Schultern.

Er hat seinem Freund ein Versprechen gegeben.

Träge kriecht der Nebel aus den Tälern und taucht den Abgrund zu ihren Füßen in sein milchiges Weiß. Es ist, als gingen sie über den Wolken spazieren. Kelsang spürt keine Anstrengung mehr. Wie von alleine bewegt er sich vorwärts, von einer inneren Kraftquelle getrieben. Das Ende des Grates ist nicht zu sehen. Dieser Weg liegt jenseits von Raum und Zeit.

Mit Bangen denkt Kelsang an die Zeit des »Großen Hungers« in Tibet. Die Kollektivierung der Felder und die hohen Abgaben an die Chinesen trieben damals ganze Familienverbände über den Himalaya. Viele Karawanen verirrten sich ohne Führung im Schnee. Als sie endlich das Land der Sherpa erreichten, waren die Kinder auf den Rücken ihrer Väter und Großväter erfroren.

»Thinley!«, ruft er, »Thinley, bist du noch wach?«

Tibet, im Jahre 1968 – Kelsangs Hochzeit

Mein Cousin Wangdu konnte nichts anderes mehr für mich tun, als uns zu meiner Mutter zu bringen. Sie war so glücklich über meine Rückkehr, dass sie Tashi Jinpa sofort als Schwiegertochter annahm. Nun musste schnell ein Hochzeitsfest ausgerichtet werden.
Als einfache Nonne besaß meine Mutter nicht die nötigen Mittel, doch das ganze Dorf hielt plötzlich zusammen, und aus allen Himmelsrichtungen wurden die Zutaten für eine rauschende Feier in unser kleines Häuschen getragen.
Nur noch der Onkel musste jetzt informiert werden. Aber niemand wagte sich zu ihm in die Höhle. Jeder im Dorf hatte Angst, als Bote der ›frohen Botschaft‹ verprügelt zu werden.

Durch das Abzugsloch im Dach fällt das Tageslicht in das Haus. In der hell gleißenden Säule tanzen der aufgewirbelte Staub und die Asche zu den fröhlichen Stimmen der Frauen. Aus der ganzen Nachbarschaft sind sie gekommen, um Ani Yulo beim Backen der Kabzes zu helfen. In hölzernen Bottichen wird Teig aus Wasser, Zucker und Mehl geknetet. Mit den scharfen Messern ihrer Männer schneiden die Frauen den ausgerollten Teig in dünne Streifen, die Tashi Jinpa mit flinken Fingern und viel Geschick zu kunstvollen Zöpfen verarbeitet.

»Sie trägt nicht nur die schönsten Zöpfe im Ort«, lachen die Frauen, »sie macht auch das schönste Kabze!«

Kelsang hockt am Feuer und wartet darauf, dass das Rapsöl in seiner gusseisernen Pfanne zu sieden beginnt. Seine Braut reicht ihm die Zöpfe aus Teig, damit er sie in das zischende Öl legt und sie goldbraun und knusprig backt. Die Stube ist vom Gelächter der Frauen erfüllt. Noch nie hat Kelsang die Mutter so fröhlich gesehen. Doch plötzlich öffnet sich die Tür, und wie eine Erscheinung aus einer anderen Zeit steht der Onkel im dichten Rauch ihres geschäftigen Treibens. Mit einem Schlag wird es still in der Stube, und Kelsang wünscht sich, in ein Erdloch zu sinken. Alle Blicke ruhen nun auf ihm und dem Onkel.

Er erhebt sich von seiner Arbeit und spricht mit zitternder Stimme: »Ich bin nicht länger Mönch, Onkel. Wir bereiten gerade meine Vermählung vor. Dies ist meine zukünftige Frau.«

Der Onkel betrachtet den Neffen, der mit schlotternden Knien vor ihm steht, und er betrachtet die Frau mit dem Feuer im Blick.

»Was geschehen ist, ist geschehen«, sagt er schließlich. »Nimm diese Frau und geh in ihr Haus.«

»Sei nicht so hart gegen ihn, schick ihn nicht fort«, betteln die Frauen des Dorfes. »Die Chinesen haben den ›Schwarzen Hut‹ auf diese Familie getan. Er wird nur Leid erfahren im Haus seiner Frau.«

»Das Leid ist wohl sein Karma. Ich lasse nicht zu, dass unter diesem Dach ein Mönchsgelübde gebrochen wird.«

»Und ich werde nicht zulassen, dass Kelsang geht.«

Das war die Stimme von Ani Yulo.

Erstaunt drehen sich alle zu ihr um. Da steht sie, die kleine, schweigsame Nonne, vor dem übermächtigen Bruder und begehrt zum ersten Mal in ihrem Leben gegen ihn auf: »Ich behalte die beiden bei mir.«

Der ehrwürdige Lama erkennt, dass es keinen Sinn hat, dagegen vorzugehen. Die Zeit hat vieles verändert in ihrem Land. Er kann die alten Gesetze nicht durchsetzen.

»Dann soll es mir egal sein«, sagt er und verschwindet so plötzlich aus ihrem Haus, wie er gekommen ist.

Mit ihrem Machtwort hat Ani Yulo die Familie wieder für nachfolgende Generationen geöffnet. Und tatsächlich: Neun Monate später ist Kelsang stolzer Vater eines gesunden Sohnes. Er nennt ihn Jigme Tsering, für ein furchtloses langes Leben.

Nepal, im Dezember 1997 – Die erfrorenen Kinder

Thinleys Atem an seinem Ohr wird Schritt für Schritt schwächer. Die kleine Dschandschur hingegen marschiert tapfer an der Hand der beiden Nomaden. Ihre Finger sind schwarz vor Kälte, und sie kann ihre Zehen nicht mehr spüren. Der Weg ist gesäumt von ihren bitteren Tränen. Aber sie steht immer noch auf ihren eigenen Füßen. Vielleicht war dies sein größter Fehler bei diesem Treck: Thinley auf den Rücken genommen zu haben.

Als sie das Ende des Grates erreichen, macht Kelsang einen bunten Flecken aus. Er kneift die Augen zusammen. Sind es bereits die Gebetsfahnen, die das Ende der Moräne markieren? Was für ein Segen! Dann wären sie weiter, als er dachte.

Doch nichts flattert im Wind. Kein Stoff, kein Gebet. Als sie näher kommen, gefriert allen das Herz und der Atem: Ein Mädchen liegt tot im Schnee. Ihr fehlen Jacke und Schuhe.

Dschandschur beginnt zu weinen.

»Wie kann es sein, dass man dem Kind seine Kleider genommen hat?«, fragen die Brüder vom Gelben Fluss.

»Das waren die Drogpa«, meint Kelsang, »sie sind die Ärmsten der Armen. Ihr Leben ist so bescheiden, dass sie sich sogar an den Toten bedienen.«

»Dort hinten«, sagt Ani Pasang, »seht ihr dort hinten? Ich glaube, dort liegt ein weiteres Kind.«

»Lasst uns sehen, ob es noch lebt«, sagt Kelsang zu den Nomadenbrüdern, und Ani Pasang beginnt ihr Gebet.

Es ist ein kleiner Junge, in eine rote Decke gewickelt. Es sieht aus, als schlafe er nur. Doch sein Mund ist schwarz von der Kälte. Kein Atemzug kommt mehr heraus.

»Warum hat sie der Schnee nicht vollends begraben?«, fragt Tschönga.

»Vermutlich ist ihre Gruppe nicht weit«, sagt Kelsang und sucht nach ihren Spuren.

Tibet, im Jahre 1974 – Die Zöpfe der Frau

Drei Söhne schenkte mir Tashi Jinpa. Wir hatten einen kleinen Bauernhof, wir hatten unsere Tiere, und wenn man zehn Yuen in der Tasche hatte, so fühlte man sich reich zu der Zeit.

Es waren friedliche Jahre. Doch Tashi Jinpa drängte mich,

mehr aus unserem Leben zu machen. Und so ging ich in die Stadt, um ein kleines Business zu starten: Ich kaufte chinesische Fabrikware ein, um sie auf dem Markt von Kanze zu verkaufen. Einmal im Monat besuchte ich meine Familie. Dass ich nur noch selten zu Hause war, wurde mir schließlich zum großen Verhängnis.

Er hat Süßes für seine Söhne eingekauft und einen Ballen Stoff für die Frau. Lange ließ er sich Zeit, um die richtige Farbe zu wählen. Schließlich entschied er sich für ein sattes, dunkles Rot. Es würde gut zu ihrem schönen Haar passen und dem hellen Teint, der ungewöhnlich war für eine Frau auf dem Land.

Die Straße, die von Kanze nach Dhongo führt, haben einst die ›Grashüte‹ gebaut. Über sie kam mit Maos Armee der Untergang des Schneelandes. Heute empfinden viele die Straße als Segen, weil sie das Dorf mit den umliegenden Städten verbindet.

Der Bus hält direkt vor ihrem zerstörten Kloster.

Als Kelsang über die Dorfstraße in Richtung seines Hauses wandert, laufen ihm die Bewohner von Dhongo entgegen. Das ganze Dorf scheint heute auf den Beinen zu sein.

»Meine Mutter«, denkt Kelsang erschrocken, »bestimmt ist meine Mutter gestorben!«

Mit betretenen Mienen nehmen die Dorfbewohner Kelsang in ihre Mitte und begleiten ihn zu seinem Haus. Keiner will sagen, was geschehen ist. Er soll es mit seinen eigenen Augen sehen.

Die Tür steht offen. Seine Mutter sitzt am Ofen und weint.

»Meine Söhne!«, denkt Kelsang, »bestimmt ist meinen Söhnen etwas zugestoßen!«

Stumm deutet Ani Yulo zum Nebenzimmer. Umgeben von ihren drei Kindern sitzt seine Frau auf dem Bett. Mit blutender Kopfhaut. In ihren Armen hält sie weinend, wie ein Baby, die langen Zöpfe.

»Wie ist das passiert?«, schreit Kelsang, »wer hat das getan?«

Alle schauen ängstlich zu Boden.

»Wer war es?«

»Der Dorfvorsteher«, sagt schließlich Ani Yulo.

»Du weißt, wie hitzköpfig deine Frau manchmal ist. Sie ist auch mit mir oft schon ungeduldig gewesen. Immer habe ich ihre Launen schweigend ertragen. Aber heute ist sie mit ihrer Zanksucht an die Frau unseres Dorfvorstehers geraten.«

»Gut so!«, ruft Kelsang, »er ist ein elender Kollaborateur. Er arbeitet für die Chinesen.«

»In dem Punkt seid ihr euch einig, du und deine Frau. Sie hat es nur zwei Zöpfe gekostet. Auf offener Straße haben sie sich gestritten. Worum, kann niemand mehr genau sagen. Aber Tashi Jinpa ist handgreiflich geworden. Sie hat die Frau des Dorfvorstehers mit ihrem Einkaufskorb verprügelt. Als das der Dorfvorsteher hörte, ist er seiner Frau zu Hilfe geeilt und hat Tashi Jinpa an ihren Haaren durch das ganze Dorf geschleift, bis ihre Zöpfe ab waren.«

»Ich bringe ihn um!«, schreit Kelsang, greift nach seinen Messern und rennt aus dem Haus.

»Holt ihn zurück«, fleht die Mutter, »er stürzt uns noch alle wegen dieser Frau ins Verderben!«

Und das ganze Dorf rennt ihrem Sohn hinterher.

Das Haus des Dorfvorstehers ist verriegelt, man hat ihn rechtzeitig gewarnt.

»Komm raus!«, brüllt Kelsang unter den Fenstern. »Du hast meine Frau schwer verletzt. Wenn du ein Mann bist, solltest du jetzt herunterkommen und mit mir kämpfen.«

Die Fenster bleiben zu, und Kelsang tritt gegen die Tür. »Komm runter, du Feigling!«

»Tu es nicht, Kelsang!«, rufen die Leute, und die Alten reden beschwörend auf ihn ein. »Es ist nur eine weitere Prüfung in deinem Leben«, sagen sie, »um dich in Demut zu üben. Schlägst du zurück, wirst du nur Leid über deine Familie bringen.«

Kelsang denkt an seine verunstaltete Frau. Er denkt an den verbrühten Kopf seines Onkels und den verkümmerten Weizen auf den Feldern. Er denkt an den Spott über die Mutter, an den toten Hund vor ihrer Klause und die bellenden Stimmen der Funktionäre. Sein Ehrgefühl tobt.

»Lass es, Kelsang, lass es!«, raunen die Alten. »Denk an deine Söhne.«

Und er denkt an die Söhne und wie sehr er sie liebt, wie sehr er sie über alles in der Welt liebt. Und er sinkt weinend zu Boden.

Nepal, im Dezember 1997 – Lunak

Gegen Abend erreichen sie endlich Lunak – den Ort der kleinen Refugien, welche die Flüchtlinge über die Jahre bei ihren Grenzgängen zum Schutz gegen Kälte und Wind aus losen Steinen errichtet haben. Die Steinhäuschen sind leer. Vor einem der kunstvollen Iglus ragen die Hörner eines erfrorenen Yaks aus dem Schnee. Sie schimmern fast golden im ergrauenden Licht dieses Tages.

Sie brauchen dringend etwas zu trinken. Vor allem die Khampa-Frau, sonst versiegt die Milch für das Baby. Kelsang robbt über die Schneedecke und horcht nach der Quelle des bekannten Rastplatzes. Er lauscht hinein in den Schnee: ein leises Gluckern. Mit letzter Kraft gräbt er ein Loch und schöpft das Wasser in seinen Teekessel. Er gibt den Leuten zu trinken. Das Wasser ist eiskalt und doch Labsal zugleich. Ihre Körper sind vertrocknet von Anstrengung und Höhe, die Lippen geschwollen und rissig.

Das Mädchen Dschandschur ist völlig entkräftet. Und Thinley nicht mehr bei Bewusstsein.

»Thinley, wach auf«, flüstert Kelsang. Doch das Mädchen rührt sich nicht mehr.

Kelsang nimmt seine Sonnenbrille und löst eines der gebogenen Gläser aus dem Rahmen. Er gießt ein paar Tropfen in die Mulde des Glases und flößt dem Kind etwas Flüssigkeit ein.

Keiner spricht mehr ein Wort. Wer jetzt noch kann, hilft mit, einen der Unterschlüpfe vom Schnee freizuschaufeln. Schweigend bereiten sie sich im Windschutz der Steine auf eine weitere Nacht in der Wildnis vor.

Ani Pasang nimmt Thinley zu sich unter die einzige Decke.

Tibet, im Jahre 1974 – Die Trennung

Die Ältesten des Dorfes forderten von unserem Dorfvorsteher, sich offiziell bei meiner Frau mit einer weißen Khatakh zu entschuldigen. Als Wiedergutmachung für die Schmerzen, die er ihr zugefügt hatte, klagten die Alten von ihm zudem ein lebendes Schwein ein.
Wir bekamen die Entschuldigung, das Schwein und die Khatakh, die weiße tibetische Glücksschleife. Aber damit war es nicht gut.
Der Vorfall hatte unserem Leben einen Riss zugefügt.

Als die Schwiegermutter von dem Unglück erfährt, das ihrer Tochter widerfahren ist, macht sie sich sofort auf den Weg, um Tashi Jinpa wieder nach Hause zu holen.

»Sie ist nicht gut aufgehoben bei Kelsang«, erklärt sie Ani Yulo.

»Sie hat diesen Vorfall selbst provoziert«, verteidigt die Mutter den Sohn.

»Er hat sie alleine in Dhongo gelassen, um in Kanze Geschäfte zu machen.«

»Das war die Idee deiner Tochter. Ihr hat unser bescheidenes Leben nicht ausgereicht.«

»Tashi Jinpa braucht einen anderen Mann. Sie braucht eine Familie, die aufpasst auf sie. Bei euch ist sie nicht sicher.«

»Dann nimm deine Tochter! Wir brauchen sie nicht. Wir teilen das Gut und trennen die Ehe.«

Noch am selben Tag beschließen die Mütter die Scheidung von Kelsang Jigme und Tashi Jinpa.

»Willst du das wirklich?«, fragt Kelsang seine Frau. »Du reißt unsere Familie auseinander. Du zerstörst alles, was wir uns aufgebaut haben.«

»Ich gehe mit meiner Mutter«, sagt Tashi Jinpa, und aus ihrem Herzen spricht der gleiche Trotz, der sie einst von Zuhause weggehen ließ. Es hat keinen Sinn, sie umzustimmen.

Zur Teilung der Güter schleppt Kelsang ihre ganze Habe auf die Wiese, um sie zu zwei gleich hohen Bergen zu türmen.

»Was tust du da?«, fragt Ani Yulo erbost, »mit nichts als ihrer Schönheit ist diese Frau in unser Leben gekommen. Sie hat weder Hausrat noch Kapital in die Ehe gebracht.«

Doch Kelsang lässt nicht davon ab, den Hausrat in zwei gleich große Hälften zu teilen.

»Warum tust du das?«, fragt sein Cousin Wangdu erstaunt. »Sie ist es schließlich, die gehen will. Sie nimmt dir die Kinder. Und du gibst ihr noch mehr als nötig dazu?«

»Ich kann nicht anders«, sagt Kelsang, »ich fühle mich immer noch verantwortlich für sie.«

Am Tag des endgültigen Abschieds packt Kelsang die Habe seiner Frau auf drei Yaks. Den jüngsten Sohn legt Tashi Jinpa in jenen Weidenkorb, in dem einst Kelsang lag, und bindet ihn an den Sattel ihres Pferdes.

»Bleib«, bittet Kelsang die Frau, als alles gepackt ist. »Zum letzten Mal bitte ich dich, bleibe bei mir.« Doch Tashi Jinpa geht an der Seite ihrer Mutter davon, am Halfter den Gaul, die beiden älteren Söhne weinen beim Abschied. Wie gelähmt bleibt Kelsang zurück und schaut zu, wie die kleine Karawane Schritt für Schritt über das grüne Weideland aus seinem

Leben verschwindet. Sanft wird das Söhnchen von den bedächtigen Schritten des Pferdchens geschaukelt. Unter ihrem stolzen Herzen trägt Tashi Jinpa noch ein viertes Kind mit sich davon.

Ani Yulo, deren Gesundheit an den Aufregungen der letzten Tage zerbrach, schleppt sich aus dem Haus, um den drei Enkeln ihren Segen hinterherzuschicken.

Om ah hung varja guru padma siddhi hung ... Om ah hung varja guru padma siddhi hung ...

Da dreht sich Jigme, der ältere Sohn, um und winkt dem Vater noch einmal zum Gruß. Kelsang versucht seine Arme zu heben. Doch es gelingt ihm nicht. Mit den Söhnen schwindet die Kraft aus seinem Leben.

Jigme blickt in die traurigen Augen des Vaters. Auch der jüngere Bruder bleibt stehen. »Was ist, Bruder?«, fragt Dawa, der ›Am Montag Geborene‹.

»Ich gehe nicht mit der Mutter. Ich bleibe bei unserem Palaa«, entscheidet Jigme und läuft zurück zu ihrem Zuhause.

»Warte auf mich!«, ruft Dawa. »Dann möchte ich auch lieber zu unserem Vater zurück.«

Mit ausgestreckten Armen laufen beide Söhne zu ihm, und Kelsang sinkt weinend auf die Knie. Er schließt sie in die Arme und drückt sie an sich. Er dankt dem Himmel für seine Güte. Er dankt dem Leben für dieses Geschenk.

Auf der grünen Wiese steht Tashi Jinpa zwischen der Mutter, dem Pferdchen und den bepackten Yaks. Ihr Kopf ist noch mit Bandagen umwickelt. Sanft schlägt der Wind seine Wellen ins Gras. Sie sehen einander ein letztes Mal an.

»Komm zurück«, flüstert Kelsang, »es wäre so einfach. Komm wieder zurück!«

Doch Tashi Jinpa dreht sich um und geht. Ihr Gang ist der einer Königin.

Nepal, im Dezember 1997 – Schuld

»Ich glaube, Thinley wird diese Nacht nicht überleben«, flüstert Ani Pasang zu Kelsang.

»Ich weiß. Und alles ist meine Schuld.«

»Nein. Es gibt keine Schuld.«

»Ich habe zu viele Fehler gemacht bei diesem Treck.«

»Du hattest die besten Absichten. Du hast alles versucht.«

»Ein Fluch liegt auf meinem Leben. Ich war dazu bestimmt, als Mönch zu leben. Aber ich habe mein Gelübde gebrochen.«

»Hast du noch Ohren für eine Geschichte?«, fragt ihn die Nonne.

»Ja«, flüstert Kelsang und lauscht den Worten der Frau.

»Es war einmal ein Schlachter, der eine Fuhre Schafe schlachten wollte. Als er dem ersten Tier mit geübten Griffen den Hals durchschnitt, bekam eines der Schafe so große Angst, dass es mit den Hufen ein Loch in die Erde grub, um den Dolch des Schlachters darin zu verstecken. Der Schlachter sah dies und bekam mit einem Mal Mitleid: Wie soll ich bloß dieses arme Tier umbringen?, fragte er sich und war zu Tode betrübt, weil er sein Leben lang nur Schafe geschlachtet und Leid angerichtet hatte.

Es ist besser zu sterben, dachte er sich, als noch mehr Schaden anzurichten im Leben.

Er kletterte auf einen hohen Felsen und sprang in die Tiefe. Aber er starb nicht, sondern stand unversehrt wieder auf.

Ein bekannter Yogi hatte dies beobachtet und sagte sich: ›Ich praktiziere nun mein Leben lang Flugübungen, und ich habe nie etwas Schlechtes getan. Ich müsste viel besser fliegen können als dieser gemeine Schlachter.‹ Er kletterte auf denselben Felsen, sprang in die Tiefe … und zerschellte am Grund des Steines.«

»Woher hast du diese Geschichte?«

»Mein Tulku hat sie mir zum Abschied geschenkt. Er wusste, dass ich im Exil das rote Kleid ablegen werde. Kelsang, die Zeiten sind vorbei, da wir die Wünsche unserer Eltern leben. Auf dir liegt kein Fluch. Du hast dein Bestes getan.«

Tibet, im Jahre 1976 – Das vierte Kind

Plötzlich war ich allein mit meinen zwei Söhnen. Ani Yulo konnte mir nicht helfen, denn sie wurde sehr krank. Tagsüber war ich mit der Obhut der Kinder und der Pflege meiner Mutter beschäftigt. Nachts arbeitete ich als Marktwächter in Dhongo. Ich bewachte die in Blechtruhen verpackte Ware der Straßenverkäufer. Es war eine harte Zeit. Dennoch gelang es mir, etwas Geld auf die Seite zu legen. Ich hatte den Wunsch, meiner kleinen Familie ein größeres Haus zu bauen. Ich wollte mein altes Leben abschließen und von neuem beginnen.

Eine Nachbarin kommt über die Weide gelaufen. »Kelsang! Kelsang! Komm schnell zu uns, da ist ein Anruf aus dem Krankenhaus in Kanze für dich.«

Vielleicht ist etwas mit Wangdu passiert, denkt Kelsang sofort, oder mit Lhamo Dolma.

Die Freundschaft zu seinem Cousin und zu seiner alten Liebe ist über die schwierigen Jahre noch enger geworden. Er rennt in das Haus der Nachbarn, einer der wenigen Familien im Dorf, die ein Telefon besitzen.

»Sind Sie Kelsang Jigme?«, fragt eine Frau, die sich als Krankenschwester vorstellt.

»Ja, der bin ich.«

»Ihrer Tochter geht es nicht gut. Bitte kommen Sie schnell in die Klinik.«

Er hat eine Tochter. Sie war noch nicht geboren, als Tashi Jinpa davonging.

Zwei Jahre ist das jetzt her.

Kelsang folgt dem tibetischen Arzt über den Flur. Er öffnet ihm die Tür zu einem Zimmer, in dem ein einziges Bett steht. Ein winziges Mädchen liegt darin. Sein magerer Körper hängt an Schläuchen und Infusionen. Eine Atemmaske bedeckt das kleine Gesicht. Es wirkt völlig verloren in diesem riesigen Bett. Es ist sein Kind. Seine Tochter. Er kennt nicht einmal ihren Namen.

Kelsang setzt sich an die Kante des Bettes und streicht der Kleinen über die Haare.

»Gasa«, flüstert er, »Gasa-la, Liebstes.«

Für einen Moment öffnet sein Töchterchen die Augen und lächelt schwach.

»Wir haben leider sehr wenig Hoffnung«, sagt der Arzt.

»Was hat sie?«

»Nichts Konkretes. Sie scheint nur zu schwach für dieses

Leben zu sein. Ihre Mutter hat uns gebeten, Sie zu verständigen. Sie selber konnte nicht bleiben.«

»Ich muss noch einmal nach Hause. Meine Mutter und meine Söhne müssen versorgt werden«, sagt Kelsang, »dann komme ich wieder und bleibe bei ihr.«

Ani Yulo gibt ihrem Sohn Weihrauch für das sterbende Kind und gesegnetes Wasser von der Quelle des Bruders. Die Nachbarn versprechen zu helfen. Kelsang sattelt sein Pferd und reitet schnell wieder in die Stadt. Doch als er ins Krankenhaus kommt, ist das Bett seiner Tochter leer. Die Atemgeräte stehen still. Kelsang rennt über die Flure, schließlich findet er den Arzt. Er schüttelt nur bedauernd den Kopf. »Nachdem du gegangen bist, ist deine Tochter eingeschlafen und nicht mehr aufgewacht. Wir haben die Mutter verständigt. Sie hat das tote Kind zu sich nach Hause geholt.«

»Ich war zu spät!«, schluchzt Kelsang in den Schoß seiner Mutter, »mein Kind musste allein sterben. Niemand war bei ihr. Sie war ganz allein.«

»Du sollst nicht bedauern, was nicht mehr zu ändern ist«, rät Ani Yulo dem Sohn, »besser ist es zu handeln. Tashi Jinpa braucht jetzt deine Hilfe. Hörst du? Nimm alle unsere Vorräte an Tsampa und Butter. Ihr müsst jetzt gemeinsam die Pujas ausrichten.«

Nepal, im Dezember 1997 – Thinley stirbt

»Es ist jetzt so weit«, flüstert Ani Pasang, als sie Kelsang gegen Mitternacht weckt, und sie legt ihm das sterbende Kind in den Schoß. Dann beginnt sie jene Mantras zu beten, die der Seele helfen, einen schmerzfreien Weg aus dem Körper zu finden.

Om Mani Padme Hum ... Om Mani Padme Hum ... Om Mani Padme Hum ...

Kelsang greift nach Thinleys erfrorenen Händen. Sie sind noch so klein. Als er sie öffnet, findet er eines der drei Bonbons darin, die er zu Beginn ihrer Reise aus der Krempe seines Hutes gezaubert hat. Sie hat das Bonbon bis zum Ende aufgespart.

Om Mani Padme Hum ... Om Mani Padme Hum ... Om Mani Padme Hum ...

»Bleib hier«, flüstert Kelsang, »bald sind wir da. Bald kommen die Yaks. Und sie werden uns helfen.«

Om Mani Padme Hum ... Om Mani Padme Hum ... Om Mani Padme Hum ...

Das Licht des Mondes fällt durch die Ritzen der Steine. Es hat endlich aufgehört zu schneien. Es ist, als halte die Welt für einen Augenblick den Atem an.

Om Mani Padme Hum ... Om Mani Padme Hum ... Om Mani Padme Hum ...

Der Atem der Nonne steht als weiße Wolke in ihrer Höhle. Flüchtige Wesen, die noch im Werden vergehen. Sieben Jahre hat das Leben der Tochter seines Freundes Dartuk gegeben.

Om Mani Padme Hum ... Om Mani Padme Hum ... Om Mani Padme Hum ...

Das Mädchen wird noch einmal unruhig in seinen Armen. Die Augenlider beginnen zu flattern. Ein letztes Aufbäumen der Seele gegen das Schicksal.

Om Mani Padme Hum ... Om Mani Padme Hum ... Om Mani Padme Hum ...

»Thinley«, flüstert Kelsang, »Thinley, bleib hier!«

Ihm ist, als hörte er ihre Stimme, als sähe er sie noch einmal lachend am Grenzpass stehen. Sie deutete hinauf in den Himmel, durch den ein einsames Wolkenkind zog. Bevor es an den Gipfeln der Berge zerschellt, nimmt es der Wind an die Hand und führt es wie ein umsichtiger Hirte ins Schneeland zurück. Warum nur ist er dem Zeichen der Natur nicht gefolgt?

Om Mani Padme Hum ... Om Mani Padme Hum ... Om Mani Padme Hum ...

Thinley gibt einen Laut von sich. Kurz und sehr leise. Dann dreht sie den Kopf weg und stirbt.

Wie still der Tod in den Bergen ist, denkt Kelsang und weint.

Tibet, im Jahre 1976 – Nimm deine Söhne und geh

Sieben Mönche habe ich in Tashi Jinpas Haus bestellt, die während der neunundvierzig Trauertage einmal pro Woche die Gebetszeremonien abhielten, um für eine gute Reinkarnation der befreiten Seele unserer Tochter zu bitten. Aus Butter und Gerstenmehl fertigten meine geschiedene Frau und ich Tormas, klei-

ne Opferfiguren. Die gemeinsame Trauer um das verlorene Kind brachte uns wieder näher. Schließlich teilten wir nicht nur den Kummer, sondern auch wieder das Bett miteinander. Als auch meine Mutter starb, schlug Tashi Jinpa vor, wieder zusammenzuziehen mit unseren drei verbliebenen Söhnen. Mein Onkel hörte davon und rief mich zu sich in die Höhle.

»Diese Frau hat kein Glück in dein Leben gebracht«, spricht der Onkel, »deshalb rate ich dir: Nimm deine beiden älteren Söhne und geh mit ihnen nach Indien.«

»Nach Indien? Was sollen wir da?«

»In Indien hat der Dalai Lama Schulen für die Kinder seiner Heimat gebaut.«

»Ich habe gerade Bauholz und Steine gekauft. Ich wollte uns ein neues Zuhause bauen.«

»Das Schneeland ist kein Zuhause mehr für uns Tibeter. Nimm deine Söhne und geh.«

»Ich kenne den Weg nicht.«

»Du wirst ihn finden.«

»Ich habe den Mut nicht. Und auch nicht die Kraft.«

»Hab keine Angst vor der Ungewissheit. Heimat ist überall. Heimat ist dort, wo du glücklich bist.«

»Und du, Onkelchen? Was wird dann aus dir?«

»Sorge dich nicht um mich. Ich lebe in meiner Bestimmung. Nimm deine Söhne und geh.«

Nepal, im Dezember 1997 – Das dritte Kind im Schnee

Die Flüchtlinge sind voller Trauer, dass das verstorbene Kind in den Bergen zurückbleiben soll.

»Wir können Thinley nicht mitnehmen«, erklärt Kelsang den Leuten, »wir haben noch einen weiten Weg bis nach Indien. Wir sind Flüchtlinge in einem fremden Land. Wir müssen sie hier in den Bergen zurücklassen.«

»Wir schneiden ihr eine Haarsträhne ab und bringen diese an einen heiligen Ort in Indien«, meint Ani Pasang.

»Ja«, sagt die Khampa-Frau unter Tränen, »wir lassen Thinleys Haar vom Dalai Lama segnen und bringen es alle gemeinsam nach Bodhgaya.«

»So machen wir es«, sagt Tschönga, der Nomade, »wir legen ihr Haar unter den Bodhi-Baum, wo Siddharta Gautama seine Erleuchtung fand.«

Das junge Pärchen aus Kanze schweigt. Sie sind ganz in ihrer eigenen Not gefangen. Der Mann hat schwere Erfrierungen an beiden Füßen und große Mühe, auf die Beine zu kommen. Kommt nicht bald Hilfe, wird er das nächste Opfer des Berges sein.

»Du solltest Thinleys Schuhe für Dschandschur mitnehmen«, flüstert Ani Pasang Kelsang zu.

»Ich kann doch nicht das tote Kind meines Freundes bestehlen!«

»Thinley helfen die Schuhe nicht mehr. Aber Dschandchur werden sie vielleicht noch das Leben retten.«

Kelsang schüttelt den Kopf. »Schau, wie nass ihre Schuhe sind! Und wie dünn ihre Jacke.«

Er betrachtet das armselige Mädchen, deren Finger schwarz vor Kälte und deren Augen groß vor Hunger sind. Und er bittet Tschönga und Dorje, das verstorbene Kind zu entkleiden.

Während die Brüder den traurigen Dienst verrichten, sprechen sie alle gemeinsam ein Mantra.

Sie geben einander das Versprechen, über sieben Wochen hinweg jeden siebten Tag die Puja für Thinley zu halten. Das Versprechen gibt ihnen Kraft weiterzugehen. Wie ein kleiner Vogel, der zu früh aus dem Nest gefallen ist, bleibt Thinley in den Bergen zurück.

In ihren Schuhen marschiert nun Dschandschur an Kelsangs Hand weiter.

Durch die Wolkendecke brechen die ersten Sonnenstrahlen hervor.

TEIL ZWEI

Die Frau aus dem Westen
1998 bis 2000

Prolog

Als der Schnee in den Bergen geschmolzen war, fand der deutsch-iranische Bergsteiger Mischa Saleki bei der illegalen Durchquerung des tibetisch-nepalesischen Grenzgebietes mehrere erfrorene Kinder.

Er machte Fotos von seinem traurigen Fund.

Und wenige Monate später, am 30. Juni 1998, strahlte das ZDF-Nachrichtenmagazin ›Frontal‹ die Bilder aus – das Magazin ›Focus‹ zeigte sie am 22. März 1999 in einer Bildstrecke.

Es wurde berichtet, dass dies tibetische Flüchtlingskinder seien, die ihren gefährlichen Weg ins Exil nicht überlebt haben.

Was genau geschehen war, wusste man nicht.

Kathmandu, im Herbst 1999

Drei Mönche schlagen die Trommel zum monotonen Gesang ihrer Gebete. Im beißenden Rauch der geopferten Hölzer findet die Alte den Zutritt in jenen tranceartigen Zustand, der die Persönlichkeit auflöst, um Sprachrohr der geistigen Welten zu werden.

Gestern noch sah man Lhamo Youdon-ma auf dem Markt Gemüse für ihre Suppe einkaufen und Gerste zum Rösten der Tsampa. Ein altes, unscheinbares Mütterchen. Mürrisch feilschte es mit den indischen Händlern. Nun trägt sie das Gewand des Orakels: einen Mantel aus bunt besticktem Brokat, die fünfblättrige Krone, ein silbernes Schild um die Brust geschnallt. Das ist der Tuk-sel-melong, der Spiegel der Seherin. Ein Fingerhut aus Elfenbein schützt Lhamo Youdon-mas Daumen. Rhythmisch klopft sie gegen den Spiegel, um die Bilder der Zukunft aus dem Universum zu holen. Ihre Augäpfel kippen plötzlich nach hinten. Die weißen Augen wirken gespenstisch. Ein höheres Wesen ergreift Besitz vom Körper des Mediums, ein inneres Beben, das die Alte erschüttert. Von der Kraft einer zornigen Göttin gebeutelt, verfärbt sich das Gesicht des Orakels fast lila.

Es schwitzt und schnaubt wie ein Fabelwesen aus einer anderen Zeit.

Das ist der Moment, in dem ich meinem Herzen einen Stoß geben und meine Frage vorbringen muss. Schnell werfe ich noch einen Blick zu Dekyi, meiner Übersetzerin. Sie nickt: Ja, es ist so weit. Ich schalte mein Tonband auf Aufnahme: »Lhamo Youdon-ma, ich möchte einen Film über tibetische Flüchtlinge drehen. Wird dieses Vorhaben gut sein für Tibet? Zum Wohle der Menschen? Und zur Aufklärung eines großen Unrechts, das seit einem halben Jahrhundert begangen wird?«

Als wolle sie die Prophezeiung aus ihrem Körper herausprügeln, trommelt Lhamo Youdon-ma gegen ihren geharnischten Panzer, der ihr nun die Bilder der Zukunft spiegelt.

Und plötzlich spricht die Gottheit aus ihr. Es ist eine mächtige Stimme, übernatürlich und schrill. Sie schenkt mir weder das erhoffte »Ja« noch schmettert sie mir das gefürchtete »Nein« entgegen. Sie sagt nur: »Die Zeit ist nicht reif. Du musst auf den nächsten Winter warten. Gehst du in diesem, wirst du große Probleme bekommen. Mit den Kameras und mit der chinesischen Grenzpolizei.«

Weinend knie ich auf dem Boden. Ich spüre, dass das Orakel die Wahrheit spricht, aber dass diese nicht kompatibel ist mit meiner beruflichen Realität. Wie soll ich meinen Auftraggebern in Deutschland den Ratschlag eines tibetischen Orakels vermitteln? Meiner Produktionsfirma? Und den Redakteuren des Senders?

»Gibt es denn keinen anderen Weg?«, frage ich Lhamo Youdon-ma.

»Große Projekte brauchen Geduld«, spricht das Medium und fällt in Ohnmacht.

Kathmandu, im Spätherbst 1999

N. steht in der Tür, und es ist klar, was er will.

»Und, hast du es dir überlegt?«

»Vergiss es. Ich werde keine Leute mehr holen.«

»Es ist ein wichtiger Treck. Und du bist der Beste.«

»Die Götter sind nicht mehr bei mir. Sie haben mich vor zwei Jahren verlassen«, sagt Kelsang Jigme und verschwindet hinter dem Vorhang, der die Küche von seiner kleinen Teestube trennt.

Der alte Grenzgänger ist sesshaft geworden. Während sein älterer Sohn Jigme bei der indischen Armee als Hochgebirgsjäger im ›Gletscherkrieg‹ dient, führt Kelsang gemeinsam mit der Schwiegertochter die kleine Teestube der Familie. Der

Laden befindet sich in unmittelbarer Nähe zum tibetischen Flüchtlingszentrum von Kathmandu. Jeden Morgen, bevor sie den Rollladen hochziehen, besucht Kelsang jene, die gerade aus Tibet gekommen sind.

»Wie war's auf dem Weg?«, fragt er dann. »Hattet ihr viel Schnee? Wie viele Kinder waren in eurer Gruppe? Hat eines von ihnen Erfrierungen?«

Er liebt den Geruch des Schneelandes, der noch in den Kleidern der Flüchtlinge hängt.

Ihre Wangen sind gerötet von Kälte und Eis, die Augen wund vom Licht in der Höhe.

Mit zwei Thermoskannen kommt Kelsang zurück aus der Küche.

»Süß oder salzig?«

»Süß«, sagt N. und greift nach seinen Zigaretten, während Kelsang ihm Buttertee einschenkt.

»Es gibt Geld für den Auftrag«, sagt N. und klopft seine Taschen nach einem Feuerzeug ab, »viel Geld.«

»Was ist so besonders an diesem Treck?«, fragt Kelsang und entzündet ein Streichholz.

»Er soll mit der Kamera begleitet werden. Eine Frau aus dem Westen ist nach Nepal gekommen, um einen Film über die Flucht tibetischer Kinder zu drehen.«

»Besser, du fragst einen anderen«, sagt Kelsang, »ich habe keine Lust, eine ›Inji-Frau‹ über die Berge zu schleifen.«

»Dein Laden braucht einen neuen Anstrich. Und deine Schwiegertochter ein Kind.«

»Man kann mich nicht kaufen. Ich bin ein Guide und kein Schlepper.«

»Nichts für ungut«, sagt N. und legt ein paar Münzen für den Tee auf den Tisch. Dann geht er. Und es ist bloß eine Frage der Zeit, wann er wiederkommen wird.

N.s Funktion kannte niemand genau. Er wusste über vieles in Tibet Bescheid. Ich selber traute ihm nicht wirklich. Selbst in dunklen Räumen trug er Brillen mit getönten Gläsern. Nie konnte man seine Augen sehen. Ein halbes Jahr hatte er mich bearbeitet. Vergebens. Doch dann brachte er den Dalai Lama ins Spiel.

Kelsang Jigme

»Ich verschaffe dir eine private Audienz beim Dalai Lama. Du wirst dich noch vor deinem Aufbruch vor ihm verbeugen und den Segen für diesen Auftrag erhalten.«
»Ich hatte bereits eine Audienz, als ich mit meinen zwei Söhnen aus Tibet kam. Ich denke, das ist Ehre genug für mein unbedeutendes Leben.«
»Es ist aber sein ausdrücklicher Wunsch. Seine Heiligkeit wünscht, dass du diesen Job übernimmst.«
»Ich?«
»Dieser Film ist ein Geschenk zum fünfzigsten Jahrestag seiner Inthronisierung als Oberhaupt der Tibeter.«

*Mit diesem Köder hatte N. seinen Fisch an der Angel. Wie naiv ich war. Ich habe tatsächlich geglaubt, der Dalai Lama würde eine persönliche Bitte an einen Fluchthelfer richten!
Ich fühlte mich geehrt. Und natürlich verpflichtet. Welcher Tibeter würde nicht sein Leben dafür geben, dem Dalai Lama einen persönlichen Wunsch zu erfüllen? Ich war einfach dumm.*

Ein kleiner, dummer Khampa-Tibeter. Ich erklärte mich also bereit, die Inji-Frau kennenzulernen ...

Kathmandu, im November 1999

Er betritt einen Raum, und man merkt es nicht. Er geht hinter dir her, und du spürst es nicht. Man hat ihn schon irgendwo mal gesehen, aber man erinnert sich nicht. Ich war vom ersten Moment an von ihm fasziniert.

Ein tibetischer Informant hatte Kelsang Jigme und mich in seinem Haus zusammengebracht. Ein konspiratives Treffen. Ich möchte einen Dokumentarfilm über Flüchtlingskinder drehen und versuchen, ihren Weg von Lhasa aus über den Himalaya nach Nepal und weiter bis ins Exil nach Indien zu begleiten. Zu Hause hält man mich für verrückt, und ich weiß selber nicht so richtig, was mich zu dieser verwegenen Idee getrieben hat.

Auslöser waren die Bilder erfrorener tibetischer Kinder, auf die ich zufällig beim Zappen im Fernsehen gestoßen war.

Eines von ihnen, ein Mädchen, trug weder Jacke noch Schuhe noch Handschuhe und Mütze. Tagelang trug ich das Bild dieses Mädchens in mir, und nachts wachte es über meinen Träumen. Schließlich reiste ich nach Nepal, wo die meisten Flüchtlinge aus Tibet ankommen, und versuchte in Kontakt mit tibetischen Fluchthelfern zu kommen.

Meinem besten Freund Jürgen, dem ruhenden Pol in meinem turbulenten Leben, schickte ich zum Abschied noch eine Mail ins Rheinland: Sorry, dass ich jetzt weg bin. Aber ich muss in den Himalaya. Ich muss schauen, ob ich tibetische Flüchtlingskinder finde.

»Lass dir ruhig Zeit«, schrieb Jürgen als Antwort, »ich genieße die Ruhe und harre der nächsten Katastrophe in deinem Leben, die bestimmt kommen wird.«

Kelsang taxiert mich. Er beobachtet mich genau. Er muss wissen, worauf er sich einlässt. Er stammt aus der Provinz Kham. Die Khampa, sagt man, seien die tapfersten Männer Tibets. Ihr Blick sei direkt, ihre Sprache auch, und sie fackeln nicht lange herum, wenn eine Frau ihnen gefällt – so steht es jedenfalls in meinem Tibetisch-Lehrbuch. Die Seiten sind schon ziemlich zerfleddert, meine Sprachkenntnisse hingegen sind eher »tchungtchung«, mehr klein als berühmt.

Schließlich fragt Kelsang nach meiner Motivation, diesen Film zu machen.

»Nichts kann das Leid Tibets besser darstellen als die Geschichte von Müttern, die ihre Kinder für immer fortschicken müssen. Ich werde mit diesem Film die Herzen der Menschen für Tibet öffnen.«

Große Worte für ein unwissendes Mädchen.

Kelsangs Augen ruhen eine Weile auf mir. Dann stößt er den für Tibeter so typischen Seufzer aus: »Alleyh, ich werde es mir überlegen.«

Er steht auf, greift nach dem Rucksack, schnürt seine Schuhe und geht.

An diesem Abend schicke ich noch eine Mail an meinen Freund Jürgen: »Mein Guide ist ein Khampa. Ich bin sehr beeindruckt von ihm.«

Jürgens Antwort ist ebenfalls kurz: »Verlieb dich

bloß nicht, wenn du einen professionellen Film machen willst.«

Am nächsten Morgen steht N. in meiner Hoteltür. »Kelsang ist einverstanden. Aber er besteht darauf, dich und deinen Kameramann vorher in den Bergen zu testen.«

»Haben Sie ihn über die düstere Prophezeiung des Orakels aufgeklärt?«, frage ich den Informanten.

»Natürlich. Aber er gibt nicht viel darauf.«

Auf meinen erstaunten Blick fährt er fort: »Ihr Westler habt eine gewisse Affinität zum Mysteriösen. Wir Tibeter hingegen bemühen uns um eine rationale Sicht auf das Leben.«

»Sogar der Dalai Lama hat das Orakel nach dem günstigsten Zeitpunkt der Flucht befragt, als er Tibet verlassen musste«, entgegne ich.

»Das ist lange her. Damals gehörte es zu unserem Brauchtum, ein Orakel um Rat zu fragen. Heute ist es nur noch ein folkloristischer Akt.«

Mit einem Propellerflugzeug fliegen Kelsang, mein Kameramann Steffen und ich auf den 2800 Meter hoch gelegenen Flugplatz von Lukla, um von der nepalesischen Seite des Himalaya einen Probemarsch in Richtung der tibetischen Grenze zu starten.

Bei 3000 Meter macht Steffen schlapp. Er fühlt sich todkrank.

Nun sind der Khampa und ich alleine.

»Ich komme wieder«, sage ich zu meinem armen Kollegen. »Ich geh nur ein bisschen trainieren«.

Und fort sind wir.

Ich liebe es, steile Hänge hinaufzurennen. Der große Berg

vor dem Haus meiner österreichischen Großmutter war das einzig Stabile in meinem Leben. Später kam noch mein Freund Jürgen hinzu.

Kelsang ist aufmerksam. Er achtet auf jeden meiner Schritte. Er achtet auf meinen Atem und meine Technik. Obwohl wir völlig unterschiedliche Sprachen sprechen, finden wir in einem abenteuerlichen Kauderwelsch aus Tibetisch und Englisch zusammen. Am Abend wissen wir voneinander halbwegs Bescheid. Er hat zehn Jahre lang als Fluchthelfer gearbeitet, ich zwölf Jahre lang als Schauspielerin. Er saß schon zweimal im chinesischen Knast, ich habe für meine Raserei drei Punkte in Flensburg erhalten. Er hat drei Söhne, ich habe keine. Er ist geschieden, ich bin noch ledig. Somit wäre alles geregelt, doch die Khumbu Lodge in Namche Bazar, dem berühmten Ausgangsort für die Mount-Everest-Besteigungen, ordnet das Leben anders. Die Westler bekommen ein Zimmer mit Aussicht, deren Träger einen Platz im Matratzenlager. Die Kategorie ›Flüchtlingsguide‹ gibt es da nicht. Wo also soll Kelsang schlafen?

Der Wirt weist meinem Guide den Weg in den Keller. Ich hingegen bestehe auf einem Zimmer für Kelsang und fühle mich toll als Klassenkämpferin.

Schließlich bekommen wir den Schlüssel zur *Jimmy-Carter-Suite*, die der ehemalige Präsident der Vereinigten Staaten in den achtziger Jahren während seiner Tour zum Mount Everest Base Camp bewohnte. Und schon weiß der ganze Ort über die »Deutsche«, die ihren tibetischen Führer mit ins Bett nimmt, Bescheid.

»Ich bin gar keine Deutsche«, erkläre ich Kelsang in dieser

Nacht, »ich komme aus Österreich. Das ist ein kleines Land mit großer Geschichte und hohen Bergen, die einen ganz krank machen vor Sehnsucht.«

»Warum?«, fragt Kelsang.

»Weil man das Glück immer dahinter vermutet.«

»Du bist gut im Bergsteigen.«

»Bei meiner ersten Tour war ich fünf Jahre alt. Meine Oma weckte mich am Morgen mit einer Schale heißem Kakao. Dann packte sie meinen Rucksack und schickte mich hinauf auf den Berg, an dessen Fuß wir wohnten. Wir nennen ihn Schneeberg, weil der Schnee auf den Gipfeln nie schmilzt.«

»Warst du allein?«

»Ein Freund meiner Oma begleitete mich. Er hatte einen Hund, ein Bein und eine Prothese.«

»Hatte er das andere Bein im Schnee verloren?«

»Nein, im Krieg.«

»Er war also Krieger.«

»In jedem Fall war er ein Kämpfer. Und so habe ich früh mitbekommen, dass es sich lohnt, das Unmögliche zu wagen.«

Jürgens Mahnung beherzigend, halte ich journalistische Distanz zu Kelsang.

Aber es gibt diese gewisse innere Dynamik des Lebens: Was man sehr angestrengt ausgrenzt, verschafft sich über Umwege Zugang zur Psyche. Die Wände unserer Suite sind dünn, und nebenan wird Liebe gemacht. Heftig. Unsere Nachbarn sind offenbar gut akklimatisiert. Spanier oder Italiener – genau kann ich es noch nicht eruieren.

Oh mein Gott, denke ich und erstarre in meinem Schlafsack. Alle werden denken, dass ich das bin mit meinem Tibeter.

Jimmy Carter, der mit seiner Gattin Rosalind vor fünfzehn Jahren im selben Bett schlief wie Kelsang und ich, hat gut lachen: Noch hängt sein Porträt an der wackelnden Wand.

Mein Ruf hingegen liegt für immer in Scherben.

Auch Kelsang ist still geworden. Die Franzosen nebenan dafür umso lauter. Vielleicht sind es auch Engländer. Ich bete, dass diese Portugiesen keine Frischluftfanatiker sind und ihre albanischen Lustschreie nun durch das Khumbu-Tal hallen.

Da beginnt Kelsang zu lachen.

Erst kichert er, dann platzt es aus ihm heraus. Er lacht und lacht. Schließlich lache ich mit.

Das Ganze ist einfach zu komisch. Wir lachen nicht nur Tränen, sondern offenbar auch sehr laut.

Da klopfen die Nachbarn wütend gegen die Wand. Und Jimmy Carter fällt endgültig aus seinem Rahmen.

Noch vor dem Morgengrauen brechen wir auf und steigen im Schutz der Wälder, die, wie mir Kelsang erzählt, die Heimat der Schneeleoparden und Bergaffen sind, höher.

Als die Sonne aufgeht, haben wir endlich die Baumgrenze erreicht. Kelsang bleibt stehen: »Du kannst jetzt umkehren. Ich weiß Bescheid über dich. Du wirst diesen Treck schaffen.«

Während unser Guide nun zu Fuß über die ›Weiße Grenze‹ gehen wird, werden mein Kameramann Steffen und ich in einem klimatisierten Jeep nach Tibet einreisen.

»Wann sehen wir uns wieder?«, frage ich.

»Am 3. Dezember in Lhasa. Um acht Uhr morgens auf dem *Barkhor*. Ich werde dich finden.«

Zum Abschied teilen wir uns noch eine Zigarette. Dann krame ich meinen Schlafsack aus dem Rucksack hervor: »Er wird dich da oben warm halten im Schnee.« Er schaut mich lange an: »In einem früheren Leben warst du bestimmt mal eine Khampa-Frau«, sagt er schließlich. Ich lache: »Ja, ich erinnere mich! Ich habe dir jeden Morgen die Haare gekämmt und bunte Bänder hineingeflochten.«

»Danke«, sagt Kelsang.

Dann dreht er sich um und geht.

Lhasa, im Dezember 1999

Der Wind wirbelt den Sand von den Straßen. Der Staub und das Licht der untergehenden Sonne tauchen die Stadt in eine seltsame Stimmung. Die sozialistischen Plattenbauten der Vororte hinter uns lassend, nähern wir uns dem Zentrum. Hier demonstrieren Marmor und Stahl die Macht der Besatzer.

Mit flirrender Leuchtreklame werben Karaokebars, Diskotheken und Bordelle. In dünnen Leggings und blutrot geschminkten Lippen warten chinesische Mädchen auf Kundschaft.

Wie ein stummes Museum thront der Potala, einst Wohnsitz des Dalai Lama, über der Hauptstadt des Landes, das vom Großen Bruder China zerstört wurde und nun als hohle Touristenattraktion wiederaufgebaut wird.

»Warum weinst du?«, fragt mich mein Kameramann.

»Es ist genauso gekommen, wie Padmasambhawa es prophezeit hatte.«

»Padmasambhawa?«

»Ein großer indischer Lehrmeister aus dem heutigen Kaschmir. Er brachte den Buddhismus nach Tibet. Irgendwann im achten Jahrhundert. Schon damals sah er die traurige Zukunft des Schneelandes voraus. Und dennoch war niemand in der Lage, dem Schicksal eine andere Wendung zu geben.«

In dieser Nacht liege ich vor Aufregung lange wach. Ist Kelsang bereits in Lhasa? Hat er den gefährlichen Weg über die Berge geschafft? Ist es ihm gelungen, durch die Patrouillen und Checkpoints zu kommen? Werden wir uns morgen wiedersehen?

Dass Tibet von China annektiert wurde, spüre ich schon beim ersten Augenaufschlag. Die über Tibet verhängte »Peking-Time« lässt die Sonne im Schneeland zu dieser Jahreszeit erst gegen zehn Uhr aufgehen. Drei Zeitzonen trennen Peking von Lhasa, viertausendvierundsechzig Kilometer liegen zwischen der Hauptstadt Chinas und jener des Schneelandes. Das sind fünf Daumenbreiten auf meinem Globus. Misst man auf die gleiche Weise von Köln aus, landet man fast in Sibirien. Als ich morgens um sieben aus meinen klammen Decken steige, fühlt es sich an wie vier Uhr nachts.

Trotz der Dunkelheit herrscht reges Leben am Barkhor, einem von drei konzentrischen Kreisen, die Tibets wichtigstes Heiligtum einem kostbaren Schatz gleich umschließen.

Wie jeden buddhistischen Tempel umrunden die Tibeter auch den Jokhang im Uhrzeigersinn, und das Murmeln ihrer Gebete erfüllt die Nacht, die von den Behörden zum

Morgen erklärt wurde. Manche Pilger messen die Länge des Weges um den Tempelkomplex Körperlänge für Körperlänge mit Niederwerfungen ab. Sie tragen lederne Schürzen zum Schutz für Körper und Knie und schonen ihre Handflächen mit hölzernen Schienen oder Handschuhen, deren Innenflächen mit Kartons oder dem Gummi alter Autoreifen verstärkt sind.

In den Kleidern jener, die aus den entlegenen Provinzen kommen, hängt der Staub eines monatelangen Marsches. Wer seine Reise mit Niederwerfungen beginnt, darf keine Abkürzungen nehmen oder Hindernisse wie Bäche, Felsen und Schneefelder umgehen. Je größer die Strapazen auf dem Weg eines Pilgers, desto größer der Verdienst für sein Leben.

Tibet ist nicht tot, denke ich. Im innersten Zentrum des Schneelandes pulsiert noch das Leben. Fünfzig Jahre chinesische Besatzung haben es nicht geschafft, das Herz dieses Landes zum Schweigen zu bringen.

Ich lasse mich vom ewig anhaltenden Strom der Pilger verschlucken und gleite mit ihren zeitlosen Mantras in einen beseelten Zustand, der mich das Leben mit Gleichmut betrachten lässt. Doch selbst der prachtvolle Sonnenaufgang über dem Jokhang täuscht nicht über die vernichtende Tatsache hinweg, dass Kelsang um zehn Uhr immer noch nicht zum vereinbarten Treffpunkt gekommen ist. Auch am nächsten und übernächsten Morgen erscheint mein Guide nicht.

Stattdessen füllen sich die Straßen der Hauptstadt mit Militär. Anlass ist die Insel Macao, das ›Monte Carlo des Ostens‹, nahe Hongkong gelegen. Am 20. Dezember 1999 soll die portugiesische Kolonie an China zurückgegeben werden. Zur Feier des Tages ist jeder Haushalt in China verpflichtet, die Nationalflagge zu hissen. Das gilt auch für das Schneeland. Die Polizei befürchtet Proteste gegen diesen Bescheid, denn die Logik besagt: Wenn Portugal zurückgibt, was es sich einst von China genommen hat, dann sollte man dieses Prinzip auch auf Tibet anwenden.

»Ich habe gehört, dass mehrere Tibeter ein chinesisches Wohnhaus angezündet haben«, erzählt mir Simon, ein junger Bergsteiger aus New York. Seine langen blonden Locken in Kombination mit einer markanten, altmodischen Nase und der hohen vergeistigten Stirn habe ich irgendwo schon einmal gesehen.

»Ich glaube nicht, dass die Tibeter chinesische Häuser anzünden. Ich halte das Gerücht für chinesische Propaganda. Die Tibeter opfern sich eher selbst als andere. So wie ihr Märtyrer Thupten Ngodup. Er hat sich im letzten Sommer verbrannt, um auf die Situation Tibets aufmerksam zu machen.«

Simon und ich haben uns in dem kleinen Restaurant einer alten Tibeterin kennengelernt.

Dolmas ›Thukpa‹, ein tibetischer Eintopf aus Nudeln, Gemüse und Tofu, gilt als Geheimtipp unter den Touristen. Und während wir unsere klammen Finger an dem kleinen Bollerofen der Teestube wärmen, tauschen wir ein paar belanglose Worte:

»Was machst du eigentlich in Lhasa? Es gibt gemütlichere Jahreszeiten zum Reisen.«

»Nichts Besonderes«, sage ich, »Sightseeing, ein bisschen Abhängen … Und du?«

»Keine Ahnung. Irgendetwas hat mich gerufen hierherzukommen. Aber ich weiß nicht, wozu ich eigentlich hier bin.«

Seltsamer Typ, denke ich, aber irgendwie nett … Oh Jesus!

Jetzt weiß ich, woher ich ihn kenne: von Leonardo da Vincis Abendmahl.

Da kommt Dolma mit ihren dampfenden Schüsseln und schöpft tibetische Suppe in unsere Teller.

Bevor die Internetläden am Abend schließen, muss ich meinen Redakteuren Bescheid geben, dass die ›Party‹ in Tibet nicht steigt: »Sehr geehrte Frau Pilters, sehr geehrter Herr Müller, leider muss ich Ihnen mitteilen, dass ich meine Reise nach Tibet ohne die erwünschten Bilder abbrechen muss, weil ...« Plötzlich spüre ich einen Blick. Ich schaue durch das Fenster des Ladens hinaus auf die Straße. Da steht ein Mann im Dunkel. Er trägt nicht das schlichte Kleid der Khampa, sondern die lebensfrohe Tracht der Amdo-Tibeter. Die Bordüre seiner Chupa ist mit bunter Kunstseide ausgeschlagen. Offen fällt das lange Haar über die Schultern des Fremden. Doch unter seiner Perücke zwinkert mir einer zu, den ich kenne: Kelsang.

Es ist nur ein kurzer Moment. Ein Windhauch, eine Fata Morgana. Schon hat die Nacht ihn wieder verschluckt. War es Einbildung?

Schnell bezahle ich meine Rechnung und trete hinaus auf die Straße. Während im chinesischen Teil dieser Stadt die Nacht zum Leben erwacht, sind die Menschen im tibetischen zur Ruhe gekommen. Im Schatten einer Toreinfahrt begrüßen wir uns.

»Folge mir«, flüstert Kelsang, »immer in zehn Metern Abstand.«

Von der *East Dkyi Lam*, der Hauptstraße, die den chinesischen Westteil mit dem tibetischen Ostteil der Stadt verbindet, taucht er in die tibetische Altstadt. Ich stolpere durch ein Gewirr von Gassen, über Müll und schlafende Hunde.

Plötzlich ist Kelsang verschwunden. Wie vom Erdboden verschluckt. Die Schritte genagelter Stiefel hallen durch die Enge der Gasse. Sie kommen direkt auf mich zu. Ich ziehe den Kopf ein. Wie eine Schnecke verkrieche ich mich in die Daunen meiner voluminösen Jacke. Sie hält den Regen von mir ab, den Wind, die Kälte und den Schnee. Sie trocknet meine Tränen, wenn ich Heimweh habe, und nimmt mir die Angst vor meinem unsteten Leben. Sie ist mein Zuhause auf Reisen. Sie ist mein Refugium und mein bestes Versteck. Ich tauche tief in ihre wohlige Wärme, bis ich nicht mehr da bin, und bewege mich im Schutze meiner Tarnkappe weiter. Drei Polizisten passieren mich. Sie nehmen keine Notiz von mir.

»Psst«, macht es, als ihre Schritte verhallen. Ein leichter Windzug lässt das Holz eines Tores in seinen Scharnieren knirschen. Es ist nur angelehnt. Ich schlüpfe hinein in das Innere eines Hofes. Eine Hand greift nach mir. Es ist seine. Kelsang zieht mich hinter sich her über mehrere Höfe und Treppen. Schließlich klopft er an eine Tür: Dreimal kurz ... Pause ... zweimal lang. Noch einmal: Dreimal kurz ... Pause ... zweimal lang.

Eine Frau öffnet uns. Sie stößt einen lautlosen Schrei aus und zieht Kelsang und mich in die Stube. Hastig verriegelt sie ihre Tür hinter uns.

Der Raum ist klein. Auf einem Bett sitzen ein älterer und ein junger Tibeter. Vermutlich Mann und Sohn dieser Frau. Angst steht auch in ihren Blicken.

Der Hausherr fordert mich auf, Platz zu nehmen, während Kelsang und die Frau aufgeregt miteinander diskutieren.

Schließlich macht sich die Alte seufzend am Ofen zu schaffen.

»Tschu tsapo«, flüstere ich bittend, »heißes Wasser.« Es ist die beste Medizin gegen den Husten, der mich seit Tagen quält.

Kelsang hockt sich zu mir und zündet sich eine Zigarette an. Seine Hände zittern.

»Sie wissen, dass ich in Tibet bin«, murmelt er.

»Wer?«

»Die Polizei. Sie haben mein Zimmer in Lhasa durchwühlt.«

»Woher wissen sie, dass du hier bist?«

»Keine Ahnung«, sagt Kelsang, »sie suchen mich in der ganzen Stadt. Hier haben sie auch schon nach mir gefragt.«

Die Tibeterin reicht mir ein Glas mit dampfendem Wasser.

»Ihr müsst fort, ihr könnt hier nicht bleiben«, sagt sie zu Kelsang und greift nach seiner Hand.

»Ich weiß«, sagt Kelsang.

»Du musst Lhasa verlassen«, sagt sie noch einmal, lässt seine Hand aber nicht los.

»Je schneller, desto besser«, sagt nun auch der Mann und wischt sich eine Träne aus seinen Augen.

Zurück auf der Hauptstraße stoppt Kelsang ein Taxi und winkt mich zu sich. Schnell steigen wir ein. Zum Glück ist der Fahrer Tibeter. An seinem Rückspiegel hängt als Glücksamulett das Rad des Lebens. Im Wachstum des Lebens liegt das Vergehen begründet, und in seinem Vergehen das Wachstum. Die Formel ist einfach und tröstlich. Wovor haben wir also noch Angst?

Die Straßen sind voll mit chinesischer Polizei. Alle fünfhundert Meter steht ein uniformierter Beamter mit roter Fahne. Willkürlich halten sie Fahrzeuge an, um potentielle Brandstifter und Bombenleger aus dem alltäglichen Verkehr zu fischen.

Om ah hung varja guru padma siddhi hung ... Om ah hung varja guru padma siddhi hung ...

Lautlos bewegen sich Kelsangs Lippen. Wie eine Schar unruhiger Vögel flattern die Mantras aus seinem Mund. Ohne Kontrolle kommen wir aus der Stadt.

»Wohin fahren wir?«, flüstere ich.

Kelsang winkt ab. Besser ist es zu schweigen.

Etwa dreißig Kilometer hinter der Stadtgrenze halten wir an, und ich zahle.

Lautlos verschwinden wir in der Dunkelheit. Das Taxi kehrt wieder nach Lhasa zurück.

An Kelsangs Hand stolpere ich durch die mondlose Nacht. Sein Tempo verschlägt mir den Atem. Nach etwa einer Stunde erreichen wir die Mauern einer alten Fabrik, die im Schatten eines mächtigen Berges ruht. Aus dem verwitterten Tor tritt ein alter Tibeter, und Kelsang tauscht ein paar Worte mit ihm. Schließlich betreten wir ein seltsames Reich, das nach Dieben, Schmugglern und Verbotenem riecht. Wir folgen dem Alten über das Gelände, auf dem Förderbänder und Maschinen verrotten.

Welcher Schatz ruhte einst in dem Berg? Kupfer? Uran? Eisen? Gold?

»Xizang« ist das chinesische Wort für Zentraltibet, »westliches Schatzhaus«.

Der unermessliche Reichtum des Schneelandes war vermutlich einer der Hauptgründe für seine Besetzung. Seit einem halben Jahrhundert wird diese Schatzgrube geplündert. Auch dieser Berg hier steht leer und entseelt in der Nacht.

Kurze Zeit später sitze ich in einer ehemaligen Arbeiterbaracke zwischen einem Haufen wild aussehender Tibeter, die mich neugierig mustern. Mit einem der Burschen ist Kelsang um zehn Ecken verwandt. Er stellt mich als seine Frau vor: »Ich bin gekommen, um ihr meine schöne Heimat zu zeigen.«

Schon ist der Schnaps auf dem Tisch. Und Chang, tibetisches Bier aus Gerste.

Ein alter Kassettenrekorder wird herbeigeholt, und dann gibt es Party. Lachend stoßen die Männer auf das frisch vermählte Paar an. Die Braut trinkt mit. Was bleibt mir auch anderes übrig? Natürlich tanze ich auch für Kelsangs Verwandtschaft. Mit Keuchhusten auf 3600 Meter Höhe ist das besonders fein für die Lungen. Die Männer klatschen begeistert und jauchzen.

Was würde ein echter Profi jetzt tun? Ein gestandener Kollege von ›Länder, Menschen Abenteuer‹? Oder mein guter, alter Freund Jürgen? Pünktlich liefert er jede Woche seine Beiträge bei der Tagesschau ab, ist nie im Verzug mit der Steuer und hat jeden Tag gegen zwanzig Uhr dreißig wegen mir eine Krise: »Wenn du schon nicht in der Lage bist, erwachsen zu werden, dann heirate wenigstens einen Anwalt. Oder einen Arzt, der einen Anwalt bezahlen kann. Oder einen Psychiater, wenn gar nichts mehr geht.«

»Gacishy!«, rufen die Männer. »Welcome!«

Und ich hüpfe mit meinen schweren Bergstiefeln zu Britneys ›Baby one more time‹ durch die verqualmte Baracke. Und dann muss ich noch singen, na klar! Und das einzige Lied, das mir in dieser Höhe noch einfällt, heißt: ›Maria durch ein Dornwald ging‹.

Und dann fällt der Strom aus.

Das Bett, das Kelsang und ich in dieser Nacht teilen, ist viel zu eng für eine betrunkene Braut, ihren steckbrieflich gesuchten Guide und die Angst, die uns bis zum Morgengrauen beherrscht. Immer wieder lassen uns die Scheinwerfer dubioser Fahrzeuge aus dem Schlaf hochschrecken. Zitternd umklammern wir uns. Vielleicht ist man uns doch in das Schattenreich des geplünderten Berges gefolgt.

Eine Waschschüssel fällt vom Regal.

»Was war das?«

»Nichts«, sagt Kelsang: »Bloß Ratten.«

Shigatse, am 13. und 14. Dezember 1999

Da unser Guide in Lhasa polizeilich gesucht wird, haben wir den Ausgangspunkt unseres Trecks nach Shigatse verlegt, der zweitgrößten Stadt Tibets, nahe den Bergen gelegen.

Kelsang kennt hier ein sicheres Versteck und ich eine zuverlässige Herberge. Trotz der äußeren Schwierigkeiten liegen wir noch im Zeitplan. Der Aufbruch ist für den 15. Dezember geplant. Steffen und ich machen uns also bereit: Proviant einkaufen, Husten kurieren, unnötiges Gepäck aussortieren, Equipment checken, Akkus laden ...

Mein Wirt bringt mir zum Inhalieren einen Topf mit kochendem Wasser auf das Zimmer. Kaum habe ich mich damit unter der Decke verkrochen, steht mein Kameramann in der Tür: »Maria, wir haben ein Problem.«

»Probleme sind wie lästiger Husten. Man muss sie nur lösen.«

»Sehr geistreich. Vielleicht sollte auch unsere Kamera ein Dampfbad nehmen.«

Erschrocken schieße ich unter der Decke hervor: »Was ist passiert?«

»Nichts. Keine Ahnung. Vielleicht liegt es auch bloß an der Kälte. Auf alle Fälle: Sie tut es nicht mehr.«

»Und die Ersatzkamera?«

»Funktioniert noch.«

»Na also. Problem gelöst«, sage ich und verschwinde schnell wieder im Husten lösenden Dampf: »Und nimm die Ersatzmühle heute Nacht mit ins Bett!«

Am nächsten Morgen steht mein Kameramann erneut in der Tür und braucht erst gar nichts zu sagen. Auch die Ersatzkamera tut es nicht mehr.

»Es ist wirklich gespenstisch«, erklärt mir der Arme mit zitternder Stimme, »ich habe sie vor unserer Abreise aus Deutschland noch im Kühlhaus getestet!«

»Und nun?«

»Ich fahre nach Lhasa, um sie reparieren zu lassen.«

»Dann mache ich mich auf die Suche nach Kelsang. Er muss Bescheid wissen über unsere Probleme.«

Aus Sicherheitsgründen kenne ich den Ort seines Verstecks nicht. Wie eine räudige Katze streune ich durch die

Straßen und Gassen der Stadt, in der Hoffnung, ihm zu begegnen.

Vielleicht agieren die seelischen Schwingungen in dünner Höhenluft freier. Shigatse liegt bereits auf 3800 Metern Höhe, und es dauert nicht lange, bis ich ihm gegenüberstehe. Rauchend hockt er in einer Toreinfahrt und genießt die letzten Strahlen der Sonne. Diesmal sieht er aus wie einer vom Stamme der Drogpa.

Die Nomaden und Bauern dieser Region tragen ihr langes Haar zu Kränzen geflochten, die mit roten Bändern und Türkisen, dem Glücksstein der Wanderer, geschmückt sind. »Dschala« nennen die Drogpa stolz ihren Kopfschmuck, der sie in der modernen tibetischen Gesellschaft als ›Hinterwäldler‹ ausweist. Ich hingegen finde Kelsangs Verkleidung cool.

Er lächelt, als er mich sieht, und bedeutet mir, ihm unauffällig zu folgen.

Der Gebetsraum eines tibetischen Hauses am Rande der Stadt ist das neue Refugium meines Guides und seine Gastgeberin eine sehr mutige Frau. Den schlichten Hausaltar dominiert ein Bild, mit dessen Besitz man hohe Geldstrafen riskiert, und wenn man Pech hat, Gefängnis und Folter: ein Foto des Dalai Lama.

Immer noch empfindet die chinesische Regierung das Oberhaupt der Tibeter als Staatsfeind. Als Separatist, der versucht, die Einheit des Landes zu spalten. Als Wolf im Schafspelz, der milde spricht, aber Böses im Schilde führt. Vergebens bemüht sich das vertriebene Oberhaupt der Tibeter um einen Dialog mit China, um einen Weg des Miteinanders zu finden.

Das historische Tibet ist siebenmal so groß wie Deutschland! Es gäbe genug Platz für ein Lebensmodell, das den Tibetern Raum gibt und Freiheit und den Chinesen nichts wegnehmen würde. Auf einer Fläche, die neunundzwanzig Mal so groß ist wie Österreich, wäre eine Koexistenz möglich. In Südtirol haben sie es ja auch geschafft, in Frieden mit den Italienern zusammenzuleben. Und die verfügen nur über ein Dreihundertdreiunddreißigstel der oben erwähnten Fläche.

Yangtsen heißt die Frau, bei der sich Kelsang versteckt. Sie serviert mir Kekse, Tee und Späße über mein Outfit: »Ich hoffe, deine Schritte sind so groß wie die Schuhe an deinen Füßen. Denn es ist schwierig, mit Kelsang mitzuhalten. So manche Frau ist schon hinter ihm hergelaufen. Aber er hat sie alle abgehängt.«

Dann verschwindet sie in der Küche, um Nachschub zu holen.

»Woher kennst du sie?«

»Sie hatte drei Kinder. Ich habe sie alle nach Indien geschafft.«

»Ich habe schlechte Nachrichten, Kelsang, beide Kameras sind kaputt.«

Er pfeift durch die Zähne: »So viele obstacles!«

»Obstacles?«

»Hindernisse. Tibeter erachten sie nicht wirklich als Feinde. Je mehr Hindernisse auf dem Weg, desto erfolgreicher die Reise.«

»Was mich beunruhigt, ist das Orakel. Es scheint, dass sich seine Prophezeiung erfüllt.«

»Welche Prophezeiung?«, fragt Kelsang.

»Hat N. dir nicht vom Orakel erzählt?«

»Ich weiß von keinem Orakel. Hast du vor unserem Aufbruch ein Medium befragt?«

Ich bin irritiert, dass N. Kelsang nicht aufgeklärt hat. Und Kelsang ist erschüttert, als ich ihm von Lhamo Youdons düsterer Prophezeiung erzähle. Er kennt das berühmte Orakel und hat es schon selber bei wichtigen Entscheidungen konsultiert.

»Warum hat N. dir die Prophezeiung verschwiegen?«, frage ich.

»Vielleicht hatte er Angst, dass ich kneife.«

»Sollen wir unsere Arbeit beenden? Die Kameras sind kaputt. Keiner kann mir in Deutschland den Kopf abreißen, wenn ich ohne Bilder nach Hause komme.«

»Es ist nicht gut, Ruinen am Wegrand des Lebens zurückzulassen«, sagt Kelsang, »einundvierzig Flüchtlinge warten in Lhasa.«

»Einundvierzig Flüchtlinge?«, rufe ich euphorisch, »eine richtige Karawane!«

»Meine Freunde haben gute Arbeit geleistet ... Wie lange werdet ihr brauchen, um die Kameras reparieren zu lassen?«

»Drei Tage, vielleicht auch vier.«

»Heute ist der Vierzehnte. Spätestens am neunzehnten Dezember will ich Tibet verlassen. Bevor Macao an China zurückgeht und auf den Straßen noch mehr kontrolliert wird.«

Tibet, 17. Dezember 1999

Mein Kameramann ist immer noch nicht aus Lhasa zurück. Zwar hat er unser Satellitentelefon mitgenommen, aber die

Leitung ist tot. Auch nach Deutschland bekomme ich von Shigatse aus keine Verbindung. Also trete auch ich die vierstündige Reise nach Lhasa an, um Steffen zu suchen. Vom zentralen Postoffice der Hauptstadt rufe ich erst einmal in Deutschland an.

»Die ›Mühlen‹ konnten in Lhasa nicht repariert werden«, erklärt mir unser Aufnahmeleiter, »also haben wir zwei neue geschickt.«

»Wohin? Nach Lhasa?«

»Nein, nach Peking. Steffen ist bereits auf dem Weg dahin.«

»Nach Peking?« Verzweifelt hocke ich mich auf den Boden der Kabine. »Wie soll das gehen? Peking liegt dreiundsiebzig Meter über dem Meeresspiegel und Lhasa dreitausend! Er wird völlig aus der Akklimatisierung raus sein, wenn er wieder zurück ist.«

»Er soll dir die Kameras ja nur bringen. Und dann ... na ja, wir dachten, dass du ..., also wir wollten dich fragen, ob du dir vorstellen kannst, den Aufstieg auch ohne deinen Kameramann zu machen.«

»Ja«, sage ich, ohne zu wissen, was ich da sage, »ja. Ich werde die Nummer durchziehen, koste es, was es wolle. Apropos, ich bin nicht mehr flüssig.«

»Wir haben dir mit den Kameras auch Geld mit nach Peking geschickt.«

Mein quälender Husten würde sich über eine Tasse Tee sehr freuen. Seit zwei Tagen nehme ich nur Wasser und trockene Kekse zu mir. Und der gähnend leere Magen sehnt sich danach, mit Dolmas ›Thukpa‹ gefüllt zu werden. Vielleicht bewirtet mich die Alte ja ohne Bezahlung, sozusagen auf Pump.

Als ich die enge Teestube betrete, sitzt ein hellblonder Engel an Dolmas verrußtem Ofen. Simon hat seine Bergstiefel ausgezogen und wärmt seine eiskalten Füße am Feuer.

»Everything okay?«, fragt er, als ich mich zu ihm setze.

»Und du?«, gebe ich zurück.

»Ich versuche immer noch herauszufinden, was ich eigentlich hier in Lhasa zu suchen habe.«

Und dann erzählt mir Simon eine höchst seltsame Geschichte.

Vor einem Jahr hatte er das Weihnachtsfest allein bei sich zu Hause verbracht. Ihm war mehr nach Meditation denn nach Feiern zumute. In der völligen Stille seiner Versenkung meinte er plötzlich eine innere Stimme zu hören. Sie forderte ihn auf, im darauffolgenden Winter nach Lhasa zu reisen, um Weihnachten 1999 in Tibet zu sein. Simon wunderte sich, denn mit Tibet hatte er gar nichts am Hut. Aber die Stimme war irgendwie zwingend und er beschloss, ihr zu folgen.

Nun war er hier. Aber wozu? Er hatte mehrere Klöster besucht, aber keine erleuchtende Erfahrung gemacht. Die spirituelle Elite des Landes sitzt im Gefängnis, praktiziert den Glauben hinter verschlossenen Türen oder jenseits des Himalaya im Exil.

Simon seufzt: »Vielleicht sollte ich den Karmapa aufsuchen.«

Der jugendliche Würdenträger gilt als die dritthöchste Reinkarnation des tibetischen Buddhismus. Sein Vorgänger, der 16. Karmapa, war bereits wenige Tage vor dem Dalai Lama im

März 1959 nach Indien geflüchtet. Doch seine Reinkarnation, der 17. Karmapa, wurde in Tibet wiedergeboren.

»Der Junge ist sehr charismatisch. Aber die Chinesen funktionalisieren ihn für sich. Man sagt, er lebe in seinem Kloster wie ein Vogel im goldenen Käfig.«

Simon sieht mich aufmerksam an. »Ehrlich gesagt siehst du ziemlich fertig aus.«

»Ich bin nur hungrig ... und krank.«

Und dann erzähle ich Simon meine Geschichte. Und während er zuhört, werden seine Augen größer und größer. »Danke«, sagt er schließlich, »dass du mir das anvertraut hast. Jetzt weiß ich, warum ich gekommen bin. Ich würde dir gerne helfen, wenn du es erlaubst.«

Simon studiert Medizin in New York und hat eine halbe Apotheke mit auf das Dach der Welt geschleppt. Als Erstes beginnen wir mit meiner Behandlung.

Er bringt mich in den Garten des Norbulinka-Palastes, denn die frische Luft soll meinen angegriffenen Lungen guttun.

»Du musst tief atmen«, sagt Simon, »auch wenn deine Rippen schmerzen vom vielen Husten.«

Alles hier wirkt friedlich. Dabei war der pittoreske Sommerpalast des Dalai Lama im März 1959 Schauplatz einer der größten Tragödien Tibets.

Da der Terror der Chinesen in Osttibet immer brutaler geworden war, bevölkerten Zehntausende Flüchtlinge aus Amdo und Kham die Stadt. Auch die Khampa-Kämpfer waren bis vor die Tore Lhasas zurückgedrängt worden. Man befürchtete, die Kämpfe zwischen den Guerillas und den chinesischen Truppen würden nun auch hier entbrennen. Am meisten jedoch sorgten sich die Menschen um das Wohl des Dalai Lama, der sich zu dieser Zeit in seiner Sommerresidenz aufhielt.

Anfang März 1959 hatte das erst vierundzwanzigjährige Oberhaupt der Tibeter eine Einladung zu einer Theatervorstellung aus dem chinesischen Hauptquartier bekommen.

Die Bewohner Lhasas waren zutiefst beunruhigt, denn man wusste, dass mit diesem Vorwand mehrere hochstehende Lamas und Tulkus in Osttibet entführt und vergiftet worden waren.

Zu Tausenden strömten Jung und Alt zum Norbulinka Palast, um den Dalai Lama daran zu hindern, die Residenz zu verlassen. Die Lage war äußerst gespannt.

Unterdessen hatte der Dalai Lama mehrfach das Staatsorakel konsultiert, das ihm immer wieder von einer Flucht abgeraten hatte. Doch am 17. März 1959 sagte das Orakel: »Geh. Geh heute noch.«

Herr Phala, der Kanzler des Dalai Lama, der jeden Abend seinen Kontrollgang um die Mauern des Norbulinka-Palastes machte, schleuste den Dalai Lama zum Südtor hinaus. Als Tarnung hatte das Oberhaupt seine Brille abgesetzt und trug über seiner Mönchsrobe eine Chupa. Dass er zudem ein Gewehr bei sich trug, ließ ihn wie den Leibwächter einer hochgestellten Persönlichkeit aussehen.

Am Ufer des Kyichu-Flusses warteten bereits Einheiten der Khampa-Kämpfer, um das Oberhaupt der Tibeter überzusetzen und schließlich bis nach Indien zu bringen.

Am 20. März 1959 eröffneten die Chinesen ihr Bombardement auf die Sommerresidenz.

Das treue Volk, das den Dalai Lama hinter den Mauern des Palastes vermutete, bildete einen lebenden Schutzwall um die Residenz. Tausende Tibeter fanden im Kugelhagel den Tod.

Am nächsten Tag fühle ich mich kräftig genug, um nach Shigatse zu reisen. Ich muss dringend mit Kelsang die Lage besprechen.

»Statt des Kameramannes wird nun ein Bergsteiger aus Südafrika mit uns kommen.«

»Aus Afrika?«, fragt Kelsang erstaunt, »wird es ihm nicht zu kalt sein in unseren Bergen?«

»Keine Sorge. Er lebt in New York.«

»Habt ihr die Kameras?«

»Nein, wir warten noch auf sie. Ich denke, es wird Weihnachten werden.«

Und ich erzähle Kelsang vom größten religiösen Fest meiner Heimat, das vor allem den Kindern große Freude bereitet.

»Dann lass uns zum Fest der Kinder aufbrechen«, sagt er, »aber nur wenn du versprichst, einen großen Kuchen aus Lhasa mitzubringen.«

Tibet, am 23. und 24. Dezember 1999

Als Steffen aus Peking wiederkommt, ist er nicht nur aus seiner Akklimatisierung heraus, sondern hat auch noch einen chinesischen Reiseführer als Aufpasser an seiner Seite.

Zur Übergabe der Kameras treffen wir uns nachts auf seinem Hotelzimmer. Ich nehme nur eines der beiden Geräte an mich, das zweite behält er. Er wird versuchen, unserem Treck von der nepalesischen Seite des Himalaya entgegenzugehen.

Zum Abschied umarmen wir uns. Er ist ein guter Kameramann. Schade, dass wir als Team nicht richtig zusammengefunden haben. Die äußeren Umstände waren einfach zu schwierig.

Am Morgen des 24. Dezember besuche ich noch einmal Dolmas Teestube, um drei große Bleche mit Schokoladenkuchen in Auftrag zu geben. Die Alte stellt zum Glück keine Fragen und knetet neben Zucker, Nüssen und Schokolade auch ganz viel Liebe hinein in den Teig.

Als wir noch am selben Abend über die Schlaglöcher des *Friendship Highway* holpern, ist der Kuchen noch warm und verströmt in unserem klapprigen Taxi den Duft von Freude und Heimat. »Happy Christmas«, sagt Simon, und wir knabbern ein bisschen vom Rand. Der Rest wird für die ›große Karawane‹ verwahrt. Dann kurbelt Simon das Fenster herunter, und wir blicken hinaus in die Nacht. Die Sterne wirken so nah und der Himmel ist gewölbt wie eine schützende Glocke.

»Danke«, sage ich zu Simon, »danke, dass du das alles mitmachst mit mir.«

In Shigatse lassen wir uns von unserem Fahrer nicht am Rande der Stadt, sondern vor den Toren des Klosters Tashilumpo absetzen, um Kelsangs Versteck im Schutze der Dunkelheit zu Fuß aufzusuchen.

Auch die Flüchtlinge sind bereits eingetroffen. Doch die Gruppe ist drastisch geschrumpft: Von einundvierzig Leuten sind nur noch acht übrig geblieben. Der Rest ist einem anderen Guide gefolgt. Sie wollten nicht so lange auf die ›Frau aus dem Westen‹ warten.

Mit großen Augen schauen die Kinder uns an. Kichernd deutet ein Mädchen auf meine Füße. Und ich fühle mich in meinen kolossalen Bergstiefeln, in aufgeplusterten Daunen und mit dem riesigen Kuchen im Arm wie eine Außerirdische.

Kelsang jedoch ist guter Dinge und stellt uns seine Leute vor: Zwei junge Mönche aus Kham und ein dickleibiger Alter, dessen Körperfülle in seltsamer Korrespondenz zu seinem prall gefüllten Rucksack steht. Drei Mädchen im Alter von acht bis vierzehn Jahren und ein kleiner fünfjähriger Junge in Begleitung seiner Mutter. Die Frau wirkt seltsam schwermütig auf mich.

»Sie hat keinen Mann und eckt ständig bei der chinesischen Polizei an. Man sagt, ihr Mundwerk sei lose«, erklärt mir Kelsang, »solche Leute sind ständig Repressalien ausgesetzt. Deshalb bringt sie ihr Kind ins Exil.«

»Und die anderen Kinder? Gehen sie ohne die Eltern?«

»Sie werden ihnen heute noch Lebewohl sagen müssen.«

»Wann?«

»Sobald unser Lastwagen kommt, der uns in Richtung Berge bringt.«

»Darf ich so lange das Geschehen hier filmen?«

»Klar. Darum bist du doch den weiten Weg aus Deutschland gekommen.«

Die Väter schneiden Fellsohlen für die dünnen Schuhe zurecht. Die Mütter kümmern sich um die Rucksäcke der Kinder. Sie packen ein und wieder aus und wieder um und wieder ein. Sie möchten keinen Fehler machen. Dies ist der letzte Dienst an ihren geliebten Kindern. Wenn sie einander wiedersehen, werden die Kleinen vermutlich Erwachsene sein.

In den Reservesocken und in den Taschen der Wechselhosen haben sie Bonbons und getrocknete Aprikosen zum Trost für den Weg versteckt. In den kleinsten der Rucksäcke wandert ein Hündchen aus Plüsch.

Kelsang verteilt Einkaufstüten an seine Leute und zeigt ihnen, wie sie zum Schutz vor Nässe und Kälte das Plastik um ihre Socken wickeln sollen. Die Tüten werden über das Bein der Hose gezogen und unterhalb des Knies zu einer provisorischen Gamasche geschnürt. Aus alten Socken fertigen die Mütter Fäustlinge für ihre Kinder, aus Decken werden kleine Schlafsäcke genäht.

Dann ist die Arbeit getan. Doch der Lastwagen lässt auf sich warten. Es ist bereits zwei Uhr morgens, und Kelsang wird sichtlich nervös. Ich schlage vor, den Kuchen zu essen. Also schälen die Mütter ihre Kinder wieder aus den Schichten übereinandergezogener Pullover und Jacken heraus, und wir verteilen den Kuchen.

Kurze Zeit später sind alle beseelt von Zucker und Schokolade.

Und als es draußen allmählich hell wird, schlafen die Kinder glücklich in den Armen der Mütter. Das Christkind hat ihnen zu Weihnachten das schönste Geschenk des Lebens gemacht: einen weiteren letzten, einen allerletzten Tag mit den Eltern.

Nun müssen wir erneut auf die Dunkelheit warten.

Simon nutzt die Zeit, um sich mit dem Equipment vertraut zu machen, währenddessen ich mich mit unserer Gastgeberin unterhalte. »Hat es dir nicht das Herz zerrissen, deine Kinder ins Exil zu schicken?«, frage ich sie.

»Was ich fühlte, war nicht von Bedeutung. Wichtig war mir die Zukunft der Kinder. Ich selber kann weder lesen noch schreiben. Und ich wollte, dass meine Kinder zur Schule gehen können. So werden sie später einmal etwas Gutes für ihre Heimat tun.«

»Aber vermisst du sie nicht? Ist es nicht unerträglich, getrennt von den Kindern zu leben?«

»Oft sitze ich abends vor ihren Bildern und weine. Aber hier in Tibet hätte ich nichts tun können für sie. Ich bin ohne Mann.«

»Möchtest du deinen Kinder über meine Kamera einen Gruß nach Indien schicken? Ich könnte ihnen die Bilder nach Indien bringen.«

»Das funktioniert?«

»Klar, warum nicht. Du musst nur in dieses kleine Fenster reinsprechen.«

»Aber dann muss ich mich vorher noch kämmen.«

Der Morgen des 25. Dezember 1999

Anfangs bringt Yangtsen kein Wort heraus. Fünf Jahre hat sie ihre Kinder nicht mehr gesehen. Sie hat Angst vor den Gräben, die die Zeit geschlagen hat. Sie weiß nicht einmal, wie ihre Kinder jetzt aussehen.

»Sing ein Lied für sie«, schlage ich vor, »ein Lied, das sie von früher kennen. Ein Lied, das du gesungen hast, wenn sie am Abend nicht einschlafen konnten.«

Unsicher blickt Yangtsen um sich. Alle Blicke ruhen erwartungsvoll auf ihr.

»Wie wäre es mit dem Lied vom kleinen Vogel?«, meint Kelsang.

»Das Lied vom kleinen Vogel,« sagt Yangtsen, und ihre Augen füllen sich mit Tränen: »Ich habe es lange nicht mehr gesungen ... Das Lied vom kleinen Vogel.«

In ihrem Geist sucht sie nach den passenden Tönen. Da fängt Kelsang an, die Melodie zu pfeifen. Die anderen Flüchtlinge stimmen vorsichtig ein. Das Band in meiner Kamera läuft. Und schließlich beginnt Yangtsen zu singen ...

Hallo, kleiner Vogel, wo bist du gelandet?
Auf den Schultern einer einfachen Bäuerin ...

Für einen Moment streift mich wie der Luftzug einer sich öffnenden Tür die Erinnerung an meine eigene Mutter. Ich sehe ihre langen, goldenen Locken. Doch ihr Gesicht ist verschwommen. Ich habe es in meiner Kindheit verloren, und es ist nie wieder zu mir zurückgekommen ...

Hallo, kleiner Vogel, wo bist du gelandet?
Auf dem Ast eines Lebens, das auch der meine ist.
Lass uns die Zeit gemeinsam verbringen.
Lass uns gemeinsam glücklich sein.
In diesem Leben bin ich deine Mutter.
Im nächsten vielleicht dein eigenes Kind.

Da klopft es an die Tür unseres Verstecks, und herein tritt eine Frau, die sehr aufgeregt und außer Atem ist. Ihre Worte überschlagen sich, ich kann sie nicht wirklich verstehen, nur dass der Lastwagen nicht kommen wird. Sie spricht von Kontrollen und Razzien. Vielleicht wegen Macao?

Unruhe bricht unter den Flüchtlingen aus. Werden sie mit westlichen Journalisten erwischt, bekommen sie große Probleme. »Simon und ich müssen hier raus«, sage ich zu Kelsang, »je eher, desto besser.«

»Ja. Wir müssen uns trennen. Aber lass uns noch schnell einen Treffpunkt ausmachen.«

Hastig breitet Simon die Landkarte auf dem Boden aus: »Wo?«

»In Shelkar.«

Kelsang legt seinen Finger auf jenen Ort, der bekannt ist als Ausgangspunkt für die Mount-Everest-Besteigungen von der tibetischen Seite des Himalaya her.

»Nicht direkt in Shelkar«, rät Simon, »besser vier Kilometer davor.«

»Okay«, sagt Kelsang, »und lasst uns bei Dunkelheit treffen. Zwischen zwei und vier Uhr morgens.«

»An welchem Tag?«

»Morgen Nacht.«

»Wie finden wir einander?«, frage ich.

»Über Blinkzeichen mit unseren Taschenlampen.«

»Hast du genug Batterien?«

»Müsste reichen.«

»Wie kommen wir jetzt hier fort?«

»Mit einem Taxi. Yangtsen ist schon dabei, einen Wagen zu organisieren.«

»Was nehmen wir mit?«

»Euer Gepäck ... und das der Kinder. Falls wir zu Fuß nach Shelkar gehen müssen.«

Plötzlich habe ich eine Eingebung. Es ist eine verrückte Idee. Ich ziehe meine Bergschuhe aus und gebe sie Kelsang: »Nimm du meine Schuhe und gib mir deine. Auf dass wir einander wiedersehen.«

Wir wechseln die Schuhe. Und die seinen passen mir wie angegossen – und meine ihm. Das allein ist wie ein Versprechen.

Kurze Zeit später steht das Taxi vor dem Haus. Dass der Fahrer Chinese ist, scheint niemanden zu irritieren. Eilig verladen die Männer das Gepäck der Flüchtlinge und unser Equipment in das Fahrzeug. Bevor ich auf den Rücksitz des Wagens springe, greift Kelsang nach meiner Hand.

Er küsst sie und sagt nur: »Promise.«

»Promise«, sage ich, »versprochen.«

»Meinst du, der Wagen wird durchhalten?«, frage ich Simon, als wir die Stadtgrenze hinter uns lassen.

»Als Kind habe ich mit Matchboxautos gespielt. Heute spielen die Jungs mit chinesischen Plagiaten. Dieses Taxi hat was davon.«

Ich krame unsere Kamera aus dem Gepäck, um unseren Aufbruch aus der schlafenden Stadt zu filmen.

Etwa fünf Kilometer hinter der Stadtgrenze legt der Fahrer eine Vollbremsung hin: Fünf Männer sind plötzlich aus der Deckung der Nacht aufgetaucht, um den Wagen anzuhalten. Es sind keine Beamten in Uniform, sondern jene, die wirklich gefährlich sind. Die Geheimpolizei trägt in Tibet Zivil. Nun geht alles sehr schnell. Sie reißen die Tür unseres Fahrzeugs auf und fordern Simon auf auszusteigen.

»Mach alles, was sie dir sagen!«, rufe ich ihm noch nach, »nach dreimaliger Aufforderung dürfen sie schießen, wenn du nicht gehorchst!«

Auf Simons Platz setzt sich nun ein Beamter zu mir in den Wagen. Er ist Tibeter. »Verzeihen Sie die Unannehmlichkeit, aber wir müssen Sie auf das Polizeipräsidium von Shigatse bringen«, erklärt er mir in perfektem Englisch, das er vermutlich in Indien auf einer Schule des Dalai Lama erworben hat.

Shigatse, 25. Dezember 1999

Auf dem Boden des Verhörraumes verstreut liegt unser Gepäck: Simons und meine Bergausrüstung, das Film-Equipment und die Rucksäcke der Kinder. All das, was ihre Eltern liebevoll eingepackt haben, wird nun von drei chinesischen Beamten auseinandergerissen: Tsampa und Baleh, tibetisches Brot, Hosen und Schuhe zum Wechseln, Gebetsfahnen für den Grenzpass, und schließlich die Glücksamulette der Kinder zum Schutz für den Marsch ins Exil.

Zum wiederholten Male blättert der Polizeiboss durch meinen Pass. Da er selber nicht Englisch spricht, steht ihm der tibetische Dolmetscher zur Seite. Es ist Mitternacht.

Seit zwei Stunden werde ich nun verhört.

»Was hatten Sie mit den Kameras vor?«

»Ich wollte die Jahrtausendwende auf dem Mount Everest Base Camp filmen.«

»Warum?«

»Als Beweis dafür, dass ich wirklich dort oben war zu Silvester.«

»Was hatte das Gepäck tibetischer Kinder in Ihrem Wagen zu suchen?«

»Ich bin auf dem Weg einer Gruppe von Pilgern begegnet. Sie waren unterwegs zum Mount Kailash. Zu Fuß. Sie waren erschöpft und haben mich gebeten, wenigstens das Gepäck der Kinder bis nach Shelkar mitzunehmen.«

»Das ist lächerlich. Absolut lächerlich.«

»Warum?«

»Keiner würde je so etwas tun.«

»In Österreich schon. Man hilft einander in den Bergen.«

Verärgert verlässt der Polizeiboss den Raum.

Zu Beginn des Verhörs war er noch betrunken. Ein Vorteil für mich. So hatte ich Zeit, mir eine Geschichte zurechtzulegen.

»Und was ist das?«, fragt der Dolmetscher, der bei mir geblieben ist.

»Ein Satellitentelefon.«

»Ziemlich aufwendige Technik. Werden Sie das auch zum Base Camp hochschleppen?«

»Meine Großmutter ist eine ängstliche Frau. Ich muss mich jeden Tag bei ihr melden.«

»Ich rate Ihnen, endlich die Wahrheit zu sagen.«

Er setzt sich zu mir und bietet mir eine Zigarette an. Er ist ein smarter Typ, mit dem man unter moderateren Umständen sogar Spaß am Parlieren hätte.

»Ich möchte nur einen Zug. Ist das möglich?«

Er reicht mir seine Zigarette. Die Situation ist irgendwie zu intim für ein Verhör.

»Ich sage die Wahrheit«, flüstere ich.

»Wir wissen beide, dass es nicht so ist«, flüstert er zurück.

»So?«, frage ich müde. »Wie ist es denn?«

»Sie sind ein Freund der Tibeter.«

»Und Sie sind Tibeter.«

»Ja. Aber ich stehe auf der richtigen Seite.«

»Von Politik verstehe ich nichts. Ich bin zum Bergsteigen hierhergekommen.«

»Und wozu das Wörterbuch in Ihrem Gepäck? Warum lernen Sie diese Sprache?«

»Warum nicht? Ist es ein Verbrechen, seine ›Thukpa‹ auf Tibetisch zu bestellen?«

Der Dolmetscher reicht mir die Kamera: »Zeigen Sie mir doch mal, was Sie so gefilmt haben in Tibet.«

Ratlos zucke ich meine Schultern: »Ich habe keine Ahnung, wie man die Bänder abspielt. Wirklich nicht. Ich bin Amateur. Ich kenne gerade mal den Knopf, um eine Aufnahme zu starten. Zoomen kann ich übrigens auch.«

»Sie sind also zu keiner Kooperation bereit?«

»Ich könnte Ihnen zeigen, wie man den Akku wechselt, wenn das weiterhilft.«

»Keine Sorge. Wir werden es selber herausfinden.«

Er nimmt unsere Kamera und verlässt das Zimmer.

»Bist du das Material losgeworden?«, flüstert Simon mir aus der linken Ecke des Verhörraumes zu. Ich schüttle verzweifelt den Kopf. Nein. Ich habe es nicht geschafft, die Filmaufnahmen bei unserer Festnahme zu löschen. Ich war gelähmt von der Situation. Nicht handlungsfähig.

Ein schrecklicher Fehler.

In der rechten Ecke des Zimmers schläft unser chinesischer Fahrer.

Warum verhören sie nur mich? Warum nicht ihn oder Simon?

Immer noch durchstöbern die drei Beamten die Rucksäcke der Kinder. Wonach suchen sie?

Vielleicht nach einem Beweis, mit dem sie mich festnageln können. Ein einziger Brief, der im Gepäck der Kinder aus Tibet geschmuggelt werden sollte, würde dazu schon reichen.

Besondere Aufmerksamkeit erregen daher die kleinen, gefalteten Papieramulette, die mit bunten Bändern verschnürt sind. Die Mütter haben sie in die Seitentaschen der Rucksäcke gesteckt. Als die Beamten die Papierbriefchen aufreißen, fallen nur Samen und Körner heraus, die ein Lama zum Schutze der Kinder geweiht und mit sieben Knoten verschnürt hat.

Nun fischen sie aus dem kleinsten Rucksack das Plüschtier. Das Hündchen ist hellgelb mit Punkten. Es gehört dem Jungen mit der traurigen Mutter.

Der Beamte schüttelt das Stofftier. Schön ist es nicht. Aber es hat eine lustige Nase und Augen aus schwarzen Knöpfen. Sein Fell ist abgegriffen von den schmutzigen Fingern seines kleinen Besitzers. Ein chinesisches Fabrikat, geliebt von einem tibetischen Jungen.

»Bitte nicht«, murmle ich schwach, als der Beamte sein Messer aufklappt.

Drei Stunden später

»Diese Pilger, von denen Sie die ganze Zeit sprechen. Wo sind sie untergebracht?«

Ihr Ton wird von Stunde zu Stunde schärfer.

»Keine Ahnung. Vermutlich in einer Herberge.«

»Wo haben Sie diese Leute getroffen?«

»Vor dem Kloster Tashilumpo.«

»Und woher kamen sie?«

»Aus der Provinz Amdo. Die Frauen trugen ihr Haar in 108 Zöpfen.«

»Sie wissen, was die Zahl 108 bedeutet?«

»Es ist die Heilige Zahl des Buddhismus. In 108 Schriftrollen wurde die Lehre nach Tibet gebracht. Aus 108 Perlen sind eure Gebetsketten gemacht.«

»Sie sind gut informiert.«

»Eher belesen.«

»Wo stecken die Pilger?«

»Ich weiß es nicht.«

»Doch, Sie wissen es.«

»Ich habe nicht die leiseste Ahnung.«

»Hören Sie auf zu lügen!«

»Ich lüge nicht!«

Die Schreie einer Frau lassen mich zusammenzucken. Woher kommen sie?

Aus dem Zimmer nebenan?

Wieder schreit die Frau. Es kommt von draußen, vom Hof. Es klingt, als wehre sie sich.

»Wo halten sich diese Pilger auf? Sagen Sie es uns!«

Ich bleibe seltsam ruhig. Meine Psyche erstarrt in einem unerklärlichen Anfall von Phlegma. Nur mein rechtes Knie zittert.

»Wir werden es früher oder später ohnehin herausfinden.«

Mein Knie gerät außer Kontrolle. Es ist, als sammle sich all meine Angst in diesem einen Gelenk. Es dreht durch. Ich halte es mit meinen Händen fest.

Wer ist die schreiende Frau? Yangtsen? Wenn es ihnen gelungen ist, mein Filmmaterial zu sehen, ist diese mutige Frau verloren.

»Wo haben Sie die letzten Nächte gewohnt? Sie sind in keinem einzigen Hotel verzeichnet.«

»Ich habe im Freien übernachtet. Ich bin Bergsteigerin. Ich brauche kein Hotel . Okay!«

Ich springe von meinem Stuhl auf.

»Setzen Sie sich!«

Verwundert stelle ich fest, ...

»Setzen Sie sich!«

... dass ich um eine Kopflänge größer bin als alle anwesenden Beamten.

»Setzen Sie sich!«

Ich setze mich.

Die Schreie der Frau verstummen.

Der Polizeiboss, sein Dolmetscher und die drei eifrigen Jungpolizisten ziehen sich in eines der Nebenzimmer zurück. Wahrscheinlich beraten sie jetzt, wie sie weiter mit mir verfahren sollen.

Das Einzige, was ich in dieser desolaten, unsicheren Situation tun konnte, war Zeit zu schinden für Kelsang. Er müsste jetzt raus aus der Stadt sein mit seinen Leuten.

»Egal was passiert, ich werde dieses Ding mit dir durchziehen«, sagt Simon.

Ich schüttle den Kopf.

Der Dolmetscher kommt wieder und legt mir Stift und Papier auf den Tisch. »Fassen Sie Ihre Aussage schriftlich zusammen. Mit jedem Detail, wann und wo Sie sich seit Ihrer Einreise nach China aufgehalten haben. Wir werden Ihre Angaben überprüfen. Sollten sie nicht der Wahrheit entsprechen, werden Sie große Probleme bekommen.«

Nun muss ich scharf kombinieren. Sie haben auch mein Kassenbuch in ihren Händen und werden es mit Sicherheit sehr genau studieren. Dreimal Lhasa–Shigatse hin und retour, belegt mit Taxi-Quittungen für die Produktionsfirma ... wie erkläre ich das?

»Im Leben gibt es für alles Erklärungen«, sagt meine Großmutter immer.

Im Vertrauen auf diese Binsenweisheit beginne ich, meine Aussage niederzuschreiben.

Minibusse

Wir verließen unser Versteck erst gegen Morgen. Ich hatte beschlossen, mit der Gruppe per Minibus bis nach Lhartse zu fahren. Von dort aus würden wir auf ein illegales Fluchtfahrzeug umsteigen müssen. Denn für die legale Weiterreise fehlten uns die nötigen Papiere. Nur Pilgern und Händlern war es erlaubt, sich so nahe an die Grenze in Richtung Westen zu begeben.

Vor den Toren des Klosters starten die Minibusse und ziehen so lange ihre Kreise durch die Straßen der Stadt, bis sie randvoll mit Reisenden sind.

Kelsang verteilt seine Gruppe auf zwei Busse, damit man sie nicht auf den ersten Blick als Flüchtlingsgruppe erkennt.

Den Eltern schärft er ein, sich beim Abschied möglichst unauffällig zu benehmen. Jede vergossene Träne, jede überflüssige Geste würde den Verdacht der Polizei auf sie ziehen.

Und so stehen die Mütter und Väter am Rand der Straße und winken ihren Kleinen aufmunternd zu, als seien sie bloß auf dem Weg zu ihren Verwandten. Die Stirnen der müden Kinder kleben an den Fensterscheiben der Busse. Sie beschlagen von ihrem Atem und die Silhouetten der Eltern schwinden allmählich vor ihren Augen. Wie ein Traum zieht dieser Moment des Abschieds an ihnen vorbei.

Der Fahrer lässt den Motor an. Nur Kelsang steht noch in der offenen Tür.

Zum Abschied drückt ihm Yangtsen ein Päckchen mit dem restlichen Kuchen in die Hand. »Bei deinem nächsten Grenzgang komme ich mit, um meine Kinder zu besuchen«, flüstert sie.

»Du wirst sie kaum wiedererkennen, sie werden mächtig gewachsen sein.«

»Bitte komm wieder. Und bring gute Nachricht von ihnen.«

Sie winkt, als sich die Türen des Busses schließen. »Komm wieder«, flüstert sie.

Shigatse, 26. Dezember 1999

Jene aufbrausende Prinzessin, die einst einen lästigen Frosch gegen die Wand knallte, muss ähnlich verdattert gewesen sein wie ich in diesem Moment. Meine schriftliche Aussage hat das Polizeipräsidium von Shigatse in ein Fünfsternehotel verwandelt.

Nachdem sie meine Geschichte geprüft hatten, gab der Polizeiboss Simon und mir die Reisepässe zurück. Höflich entschuldigte sich der Dolmetscher erneut für die Unannehmlichkeiten. Die drei uniformierten Wühlmäuse packten unterdessen alles, was sie stundenlang auseinandergerissen hatten, sorgfältig wieder zusammen. Auch Kamera, Filmbänder, Ton-Equipment und Satellitentelefon. Alles wanderte wieder in unsere Rucksäcke zurück.

Dem Fahrer trug man auf, Simon und mich nach Shelkar zu bringen.

Im Hof des Polizeipräsidiums steht der Wagen zur Abfahrt bereit. Galant öffnet mir der Dolmetscher die Beifahrertür. »Sie sind nun frei zu tun, was Sie wollen. *Tashi Delek* fürs neue Jahr – alles Gute, Madam.«

Als wir die Stadt verlassen, schimmert ein Lichtstreifen am Horizont. Er ist so dünn wie der Strick eines Galgens. Die plötzliche Freiheit fühlt sich gar nicht gut an.

»Vielleicht haben sie Kelsang und die Flüchtlinge geschnappt und lassen uns deshalb gehen«, flüstere ich Simon zu.

»Nein. Sie lassen uns frei, weil sie keine Beweise gegen uns haben.«

»Warum haben sie nicht unseren Fahrer verhört? Es wäre ein Leichtes gewesen, ihn nach dem Versteck der Flüchtlinge zu fragen.«

»Sie wollen die ganz große Nummer.«

»Und die wäre?«

»Siehst du die Lichter hinter uns?«

Ich drehe mich um. In etwa 500 Meter Entfernung folgt uns ein Jeep. Und dicht dahinter noch einer. Ich zähle fünf Wagen.

»Sind sie das?«

»Klar. Wir sind nur als Köder freigesetzt worden. Verstehst du? Sie wollen uns zusammen mit den Flüchtlingen festnehmen. Dann können sie Kelsang an die Wand stellen und uns in einem Gefängnis verschwinden lassen.«

Die dunkle Wolke

In Lhartse angekommen, verteilte ich meine Leute auf zwei Teestuben. Dann machte ich mich zusammen mit dem alten, runden Khampa-Tibeter auf die Suche nach einem Fahrer, der uns über die Checkpoints hinweg in Richtung der Berge bringen sollte. Auf dem LKW-Platz fand der Alte einen Bekannten, der mit seinem Truck Zement in Richtung des Mount Kailash fahren sollte. Er war bereit, uns für vierhundert Yuen bis nach Shelkar mitzunehmen.
Eine kleine Summe für ein großes Risiko.

Der eisige Fahrtwind raubt ihnen beinahe den Atem. Die Zementsäcke, auf denen sie hocken, sind hart wie Stein. In der Ferne erheben sich dunkel die Berge, und Kelsang riecht schon den Schnee. Dies ist der kälteste Winter seit Jahren, sagen die Leute.

Plötzlich denkt er an Thinley, das kleine Mädchen, das er im Schnee zurücklassen musste.

Er hat Angst vor der Kälte, Angst vor dem Schnee und Angst vor der Begegnung mit seiner Geschichte. Er dachte, er hätte sein altes Leben abgeschlossen. Doch nun liegt es vor ihm wie eine offene Wunde. Der Geruch nach Diesel und Frost bringt alles zurück.

Wann wird er endlich zur Ruhe kommen?

»Nimm deine Söhne und geh«, hatte ihm der Onkel vor zwanzig Jahren gesagt.

Auf seiner Weide hatte das Bauholz für ein neues Zuhause bereitgelegen. Und die unverheirateten Frauen des Dorfes warfen ihm unmissverständliche Blicke zu. Aber Kelsang gab die Option auf das heimische Glück auf, nahm seine Söhne und ging, so wie der Onkel es ihm befohlen hatte. Zum Abschied schenkte ihm der Alte ein silbernes Amulett, auf das das mächtigste tibetische Glückszeichen geprägt war: der Unendliche Knoten.

Der Fahrer, der sie damals von Dhongo nach Lhasa mitnahm, wollte hundert Yuen pro Person – auch für die Kinder! Schließlich handelte er den Preis für die Söhne auf den Preis eines mittelschweren Gepäckstücks herunter. Jigme war sieben Jahre alt, sein jüngerer Bruder Dawa erst fünf.

Seine beiden Söhne waren die ersten Kinder, die er an seiner Hand über die Grenze brachte.

Und als sie nach all den Gefahren und Mühen endlich vor

dem Domizil des Dalai Lama standen, sagte Jigme: »Nun ist unsere größte Arbeit im Leben getan, Palaa.«

Und er dachte: »Ja, nun fängt eine neue Etappe in meinem Leben an.«

Doch als er die Schulen des Dalai Lama sah, trieb es ihn nach einigen Jahren wieder zurück nach Tibet, um auch den dritten Sohn, der bei Tashi Jinpa geblieben war, in eine bessere Zukunft zu holen. Aber sein Plan ging nicht auf, seine Exfrau war nicht bereit, Kelsang ihr jüngstes Kind anzuvertrauen.

Dafür sprach es sich in Dhongo herum, dass Kelsang Jigme den Weg ins Exil kannte.

Und die ersten Eltern kamen zu ihm mit der Bitte, ihre Kinder zum Dalai Lama zu bringen.

So wurde er schließlich ein Fluchthelfer. Er brachte sehr viele Menschen über die Grenze. Junge Menschen, die eine Zukunft suchten. Alte, die ihren Lebensabend in der Nähe des Dalai Lama verbringen wollten. Er begleitete Mönche und Nonnen, politisch Verfolgte, vor allem aber Kinder ins indische Exil.

Und sie alle haben eine gute Ausbildung in den Schulen des Dalai Lama bekommen.

Alle – außer Thinley, der Tochter seines Freundes Dartuk. Ihr Tod schwebt wie eine dunkle Wolke über seinem Leben.

Gut und Böse

Kurz bevor wir den Lhakpa-la erreichen, knallt es unter der Karosserie. Ein Reifen ist geplatzt. Auch unsere Verfolger halten nun am Fuße des Passes. Mit einem faulen Köder fängt man keine Fische, denke ich und danke dem Himmel für diese Panne, die im Grunde nicht ganz überraschend kommt. Unter dem Gepäck der Flüchtlinge liegt der Ersatzreifen.

Während sich unser armer chinesischer Fahrer in seinem dünnen Jakett bemüht, den Reifen zu wechseln, wandere ich ein Stück hinaus in das tibetische Hochland, um mich auf die gefrorene Erde zu knien. Das schwache Pulsieren der Sterne, die dem Morgen entgegendämmern, stimmt mich traurig. Simon ist mir gefolgt und reicht mir ein Taschentuch.

»Wir sind nur einzelne Rädchen in einem Gefüge«, sage ich, nachdem ich meine Nase geputzt habe, »kleine Figuren einer großen Geschichte, deren Lauf jemand anders lenkt. Aber wer?«

»Hoffentlich derselbe Perfektionist, der das Universum geschaffen hat.«

»Wenn dein Gott so perfekt ist, warum lässt er dann zu, dass die Bösen siegen?«

»Weil die Chinesen in Wahrheit nicht schlechter oder besser sind als wir. Sie spielen nur in dieser bestimmten Zeit einen bestimmten Part auf unserem Planeten. So wie du und ich. Du bist besessen von der Idee, mit deinem Film ein Unrecht aufzuklären. Und die dort unten in ihren Jeeps wollen dich daran hindern, weil dein Streben gegen ihr definiertes Recht verstößt.«

»Und er?«

»Du meinst unseren Fahrer? ... Na ja, die ganze Geschichte ist durch unsere Reifenpanne irgendwie ins Stocken geraten. Seine Aufgabe ist es, sie wieder zum Laufen zu bringen.«

Ein Lastwagen kriecht mit abgeblendetem Licht die Passhöhe hinauf. Unser Fahrer stellt sich ihm in den Weg und winkt mit ausgebreiteten Armen, doch der Laster bremst einfach nicht ab. Vielleicht hat der Fahrer Angst vor Straßenräubern. Im letzten Moment weicht unser Chinese dem wummernden Koloss aus.

»Das sind unsere Leute!« Wie von einer Tarantel gestochen springt Simon auf.

»Wo?«

»Siehst du es nicht? Dort oben auf der Ladefläche die bunten Flecken zwischen den Säcken!«

»Oh mein Gott, wir müssen sie warnen!« Ich renne in Richtung der Straße.

»Das Gepäck«, keucht Simon, »wir müssen ihnen das Gepäck geben.«

Das Rennen fällt schwer auf fünftausend Meter Höhe.

»Stop!«, brüllt Simon. »Stop!«

Doch der Lastwagen fährt weiter.

Wir rennen ihm hinterher ... vergeblich ... mit stoischem Gleichmaß rollt er aus unserer Reichweite.

»Shit.«

»Was ist?«

Simon deutet zum Fuß des Passes. Einer unserer Verfolgerjeeps hat sich aus dem Konvoi herausgeschält, um dem Truck in sicherem Abstand zu folgen. Mit verspiegelten Scheiben rauscht das schwarze Fahrzeug an uns vorbei.

Weinend klappe ich auf der Straße zusammen. Heulend setzt sich auch Simon zu mir.

Egal, was wir tun, es ist falsch. Es ist wie in diesen Alpträumen, in denen alles aus den Fugen gerät. Vergeblich versucht man sein Leben zusammenzuhalten, doch es zerbröselt einem zwischen den Händen.

Erstaunt schaut uns der chinesische Fahrer an. Schließlich tastet er seine Sakkotaschen nach einem Schnupftuch ab, kommt zögerlich auf uns zu und reicht es mir mit unbeholfener Geste.

Ausgerechnet ein Chinese will uns jetzt trösten. Dankbar lächle ich ihn an. Angestrengt versucht er, uns etwas zu erklären, aber wir verstehen ihn nicht. Er zeigt uns seinen Ausweis und beteuert, dass er gut ist – so will es mir jedenfalls scheinen – und die anderen böse. Aber wen meint er mit ›die anderen‹? Wir bringen es nicht aus ihm heraus.

Schließlich macht er uns mit Händen und Füßen klar, dass wir umkehren müssen.

Sein Reserverad ist offenbar nur ein chinesisches Plagiat.

Verfolger

Ein Fahrzeug verfolgte uns. Ich hatte es schon länger im Blick. In immer gleich bleibendem Abstand hielt es sich hinter unserem Lastwagen. Ich spürte ein Kribbeln in meinen Poren. Mein Körperhaar stellte sich auf. Zum ersten Mal auf dieser Tour witterte ich ernsthafte Gefahr.

Einer inneren Eingebung folgend nimmt Kelsang das Amulett des Onkels vom Hals und wirft es in weitem Bogen hinter den Wagen hinaus auf die Straße.

Der Unendliche Knoten soll helfen, die Verfolger abzuhängen.

Er soll den Schnee in den Bergen zum Schmelzen bringen, soll alle Hindernisse mit einem Schlag beseitigen. Er soll endlich die Wende bringen im Leben des Kelsang Jigme.

Dann klettert er über die Ladefläche zum Fahrerhäuschen und klopft gegen die Scheibe.

»Wir müssen runter vom Wagen, mein Freund. Stopp hinter der nächsten großen Kurve. Gib uns fünfzehn Sekunden, und wir sind nie in diesem Wagen gewesen.«

Als der Truck hinter der nächsten Kurve hält, springen die Flüchtlinge von der Ladefläche. Sie ducken sich tief im Straßengraben. Dreimal klopft Kelsang gegen das Blech.

Der Fahrer gibt Gas, und der Lastwagen verschwindet.

Kurz darauf fährt ein Jeep mit verspiegelten Scheiben an ihnen vorbei, dem vermeintlichen Fluchtfahrzeug folgend, das nun leer ist und ohne Beweise.

»Und nun?«, fragt der alte Khampa, der sich beim Sprung in die Tiefe seinen Knöchel verstaucht hat. »Es ist nicht mehr weit bis nach Shelkar. Dort kenne ich einen Bauern, der mir schon oft mit Proviant ausgeholfen hat.«

**Zwischen Lhartse und Kodari,
am 26. und 27. Dezember 1999**

Es gibt Orte, die den Charme eines im Packeis gestrandeten Öltankers haben. Sozusagen eine Mischung aus Kühltruhe und Autofriedhof. Lhartse ist ein Konglomerat aller Plätze dieser Welt, die man besser meiden sollte, wenn man seelisch labil ist.

Wir checken in einem chinesischen Hotel ein, und sofort ist das Haus von den Polizeijeeps umstellt. Doch niemand steigt aus. Hinter ihren verspiegelten Fenstern warten unsere Verfolger darauf, dass wir einen Fehler machen.

Das Zimmer hat kein Bad. Doch am Ende des Ganges befindet sich eine Toilette.

Es wird Zeit, meine Dalai-Lama-Bilder loszuwerden. Ihr Versteck werde ich irgendwann einmal als weißhaarige Großmutter meinen Enkeln verraten. Nicht einmal die drei Jungpolizisten in Shigatse fanden sie.

Aus dem engen Fenster der Toilette blicke ich hinaus auf die Gärten und Felder der Ortschaft.

Bilder ihres Dalai Lama zu besitzen ist den Menschen in Tibet verboten. Umso größer die Freude, wenn Touristen heimlich Fotos vom Dalai Lama als Geschenk aus dem Westen nach Tibet mitbringen.

Ich lasse seine Porträts fallen. Der Wind greift nach ihnen und trägt sie davon.

Die Sehnsucht zieht mich mit ihnen ins Freie. Das Fenster liegt tief, und es wäre einfach, hinauszuklettern und quer über die brachliegenden Felder des Ortes davonzulaufen.

Der Weg nach Shelkar ist nicht schwer zu finden. Ich könnte Kelsang wenigstens warnen. Wir würden die Flüchtlinge nach Lhasa zurückschicken und gemeinsam über den Grenzpass fliehen. Ohne Gepäck. Dann gäbe es keinen Film, aber auch keine Gefangenen.

»Und was ist mit mir?«, fragt Simon, als ich ihm meine Pläne anvertraue, »was geschieht mit mir, wenn du plötzlich verschwindest?«

»Komm doch mit.«

»Vergiss es. Sie werden uns eine halbe Armee hinterherschicken.«

»Aber ich muss! Ich habe Kelsang mein Versprechen gegeben.«

»Gib endlich auf, Maria. Wir sind ›totally fucked up‹. Du kannst nichts mehr tun, verstehst du das nicht?«

Es klopft an der Tür. Zwei Tibeter in Zivil stehen davor, es sind Polizisten. Wir haben mittlerweile ein Auge dafür.

»Packen Sie Ihre Sachen. Wir fahren weiter nach Shelkar«, sagt einer der beiden.

Unsere Fahrer sind zwei grobschlächtige Typen. Laut, ungehobelt und betrunken.

»Mal sehen, ob sie auch bestechlich sind«, sagt Simon und holt hundert Yuen aus seiner Börse. »Wir wollen nicht mehr Bergsteigen gehen, meine Freundin ist erschöpft von den langen Verhören.« Er reicht den Schein nach vorne. Der Fahrer wirft einen Blick darauf und verlangsamt das Tempo. Diese Wendung muss er erst mal mit seinem Kollegen besprechen.

Langsam rollen wir durch Pelbar, einen Vorort von Shelkar. Laut Reiseführer soll es hier eine hübsche, tibetische Herberge geben. Die Abendsonne taucht die Landschaft in warmes Licht, und alles scheint friedlich.

»Lass uns eine Nacht hierbleiben«, bettle ich, »nur eine Nacht. Ich muss Kelsang warnen!«

»Wenn du dein Leben riskieren willst, steig aus«, sagt Simon, »ich werde aber keinen Cent für diese Aktion herausrücken.«

Ohne Geld habe ich keine Chance, dieses Land zu verlassen. Also bleibe ich sitzen und fühle mich nicht besser als jene beiden Kerle da vorne. Sie verraten ihre eigenen Landsleute, ihre eigene Heimat, ihre eigene Seele. Ich werde mein Versprechen nicht halten und lasse Kelsang ins offene Messer laufen.

»Mang-wa«, sagt der Fahrer, und sein Kollege macht die für Feilscher so typische Geste. Sie wollen mehr. Simon reicht einen weiteren Geldschein nach vorne. Der Fahrer gibt Gas, und wir fahren weiter. Unaufhaltsam der Grenze entgegen. Kilometer für Kilometer kauft Simon mich aus diesem Land frei. Ich weiß nicht, ob ich ihn dafür lieben oder hassen soll. Als wir den Grenzort Kodari erreichen, ist es bereits Mitternacht. Die Friendship-Bridge, die Tibet und Nepal über den Grenzfluss verbindet, ist gesperrt. Unsere Fahrer übergeben uns dem schlaftrunkenen Nachtwärter eines chinesischen Hotels.

Es wirkt viel zu pompös für diesen armseligen Grenzort. Wir bekommen ein Zimmer im obersten Stockwerk, jeder Fluchtversuch aus dem Fenster ist zwecklos. Zumal wohin? Das reißende Gewässer des Flusses wäre nur mit Seilen zu überqueren.

Aus den goldenen Armaturen unseres Badezimmers fließt kein Wasser. In der Toilette steht eine stinkende Brühe. Wir haben Durst. Doch die Minibar ist leer. Die Telefonleitung zum Zimmerservice funktioniert nicht. Vermutlich sind wir die einzigen Gäste. Es sei denn, man checkt noch unser Überwachungspersonal ein.

Wir fühlen uns, als wären wir in der Kulisse eines Horrorfilmes gelandet, und werden nun endgültig paranoid. Ich verbarrikadiere unsere Tür, deren kupfernes Schloss klemmt, mit allem, was dieses Zimmer hergibt: mit Schränken, Tischen und Stühlen.

Meine Uhr zeigt zwei. »Jetzt sucht uns Kelsang da draußen«, sage ich zu Simon.

Pelbar, in der Nacht vom 26. auf den 27. Dezember

Dreimal kurz ... Pause ... einmal lang ... ist das vereinbarte Zeichen. Dreimal kurz ... Pause ... einmal lang ... lässt Kelsang die Taschenlampe aufleuchten. Dreimal kurz ... Pause ... einmal lang ... bekommt er keine Antwort. Dreimal kurz ... Pause ... einmal lang ... vielleicht ist es noch zu früh. Dreimal kurz ... Pause ... einmal lang ... er setzt sich auf einen Stein und wartet. Dreimal kurz ... Pause ... einmal lang ... und alle drei Minuten gibt er mit seiner Taschenlampe das vereinbarte Zeichen.

Auf diesem Stein hat er schon einmal gesessen. Vor vielen Jahren, als er seine Söhne nach Indien brachte. Damals war es Frühling, und sie spielten in der blühenden Wiese. Er saß auf dem Stein, rauchte eine Zigarette und versuchte zu erspüren, ob die Zeit reif war, über die Grenze zu gehen.

Dreimal kurz ... Pause ... einmal lang ... vielleicht ist ihr Fahrzeug kaputtgegangen. Dreimal kurz ... Pause ... einmal lang ... das Taxi sah nicht sehr stabil aus. Dreimal kurz ... Pause ... einmal lang ... vielleicht hat die Polizei sie geschnappt. Dreimal kurz ... Pause ... einmal lang ... vielleicht hat sie es sich anders überlegt. Dreimal kurz ... Pause ... einmal lang ... vielleicht ist es ihr doch zu gefährlich. Dreimal kurz ... Pause ... einmal lang ... um vier Uhr ist klar, dass sie nicht kommen wird.

»Geh so schnell wie möglich, verlasse das Land!«, sagt ihm nun seine innere Stimme.

»Geh so schnell wie möglich!«, sagt ihm sein Instinkt. Und das Kribbeln in seinen Poren sagt ihm: »Verlasse das Land sofort!«

Von jenem Stein, auf dem er sitzt, hat er Aussicht hinunter nach Pelbar. Die kleine, tibetische Herberge direkt am Friendship Highway ist Treffpunkt der Bergsteiger, die zum Mount Everest Base Camp hinaufwollen. Auf dem Dach des Gästehauses flattert zwischen den bunten Gebetsfahnen die chinesische Nationalflagge zum Gedenken an die Heimkehr Macaos. Über dem Eingang brennt einsam ein Licht und in der Küche lodert bereits das Feuer für den morgendlichen Tee.

»Vielleicht ist sie dort unten in einem der Zimmer«, denkt Kelsang plötzlich, »vielleicht liegt sie in ihrem Schlafsack und schläft. Der Wecker, den sie auf Mitternacht stellte, hat seinen Dienst versagt. Er ging, wie die Kameras, in der Kälte des Schneelandes kaputt.«

Kelsang stellt sich vor, hinunter nach Pelbar zu steigen, an der Tür der Herberge zu klopfen und den Wirt nach einer Deutschen zu fragen.

»Ah, die Inji-Frau mit den Zöpfen!«, wird der Wirt rufen und Maria aus ihrem Zimmer holen. Zerzaust und außer sich wegen des Missgeschicks mit dem Wecker steht sie vor ihm. Er greift nach ihren Händen. »Promise«, sagt er, und sie lächelt, »promise.«

Dann wecken sie Simon, packen schnell ihre Sachen und verlassen das Gästehaus noch vor Anbruch des Tages.

Er stellt sich vor, wie sie im Stall des Bauern die Yaks beladen mit ihrem schweren Gepäck. Yaks finden immer den Weg über den Pass, selbst wenn er unter einer dicken Schneedecke liegt. Im Schutze der Nacht bricht ihre kleine Karawane dann auf. Haben sie die Grenze erreicht, werden sie ihre Gebetszettel dem Wind übergeben und zum Dank für die gelungene Flucht eine Gebetsfahne aufhängen.

Dies wird sein Abschied von Tibet sein. Sein Abschied für immer.

»Ja«, denkt Kelsang, »sie ist bestimmt dort unten in einem der Zimmer.«

Er steht auf und steigt nach Pelbar hinab.

Zur selben Zeit an der Grenze in Kodari

Meine Uhr zeigt halb fünf, und ich spüre Kelsangs Enttäuschung in mir. Was denkt er? Was wird er jetzt tun? Ist er überhaupt zu dem Treffpunkt gekommen? Oder haben sie auch ihn längst erwischt? Hoffentlich verlässt er so schnell wie möglich das Land.

Schließlich halte ich die Spannung nicht länger aus. Ich muss etwas tun, mich ablenken, irgendwie! Ich stehe auf und schalte den Fernseher an, doch ich sehe nur weißgraues Flimmern.

»Das sind die Nachwehen des Urknalls«, murmelt Simon. Auch er kann vor Unruhe nicht schlafen.

»Was? Das Flimmern hier in der Kiste?«

»Ja, der Big Bang war so gewaltig, dass sein Hall bis heute noch sichtbar ist.«

Ich wickle mich in eine Decke und starre in das Echo des Urknalls, mit dem alles begann.

Könnte ich bloß die Zeit zurückdrehen, bis zu jenem Punkt, als alles noch eins war, bevor diese gewaltige Explosion Himmel und Erde teilte und die Entwicklung auf unserem Planten unaufhaltsam seinen Lauf nahm ... bis zu diesem fatalen Moment.

Könnte ich bloß die Zeit anhalten, damit nichts Schlimmes passiert!

»Geh! Und warte nicht länger auf mich«, murmle ich zum hundertsten Mal in diesen elenden Morgen.

Pelbar, in der Nacht vom 26. auf den 27. Dezember

Die Tür des Gästehauses steht offen. Er streift den Schnee von den Schuhen und tritt ein.

Aus der Küche kommt die alte Amalaa des Hauses in großen Pantoffeln herangeschlurft.

»Wohnt hier eine Inji-Frau? Oder ein Amerikaner mit langen blonden Locken?«

Die Alte schüttelte mürrisch den Kopf. »Den Westlern ist es im Winter zu kalt in den Bergen. Die kommen erst wieder im Frühjahr, um auf den Chomolungma zu steigen. Aber möchtest du vielleicht eine Tasse Tee? Ich stampfe gerade einen mit Butter.«

Da merkt Kelsang, wie durstig er ist. Und wie müde. Er folgt der Alten in ihre verrauchte Küche. Sie räumt ihm den

Platz am Ofen frei, Mantras murmelnd, wie einst seine Mutter.

Er setzt sich, lockert die Bänder von Marias Schuhen, zieht sie aus und streckt seine Zehen der Wärme entgegen.

Okay, denkt er, wenn sie heute nicht gekommen ist, dann kommt sie halt morgen.

Und während die Alte Butter, Tee und eine volle Prise Salz in ihrem länglichen Bottich stampft, schließt er beruhigt über die guten Aussichten für eine Weile die Augen. Die Wärme macht schläfrig, und Kelsang versinkt in wohlige Träume.

Er sieht sich mit ihr in Kathmandu im flirrenden Licht der Diskotheken tanzen. Mit vertauschten Schuhen und gewagten Verrenkungen!

»Aufwachen!« Jemand tritt ihm unsanft gegen die Füße. »Hey du, wird's bald!«

Kelsang blinzelt. Er ist umringt von drei Männern.

»Ich muss pissen«, sagt er schläfrig und wankt an ihnen vorbei zur Toilette. Sie halten ihn nicht zurück. Schnell verriegelt er die Tür zum Abort und dreht sich in Panik um. Kein Fenster. Kein Ausweg. Er holt alle nepalesischen Münzen und Geldscheine aus seinem Portemonnaie und versteckt sie im Toilettenkasten. Die Typen da draußen gehören zur zivilen Geheimpolizei.

Als er aus dem Klo tritt, stehen acht Männer vor ihm.

»Was machst du hier?«, fragt ihr Anführer.

»Ich bin auf Geschäftsreise.«

»Und was sind das für Geschäfte?«

»Ich handle mit Fellen und alten tibetischen Sachen. Ich bin hier, um nach guten Preisen zu suchen.«

»Wie heißt du?« Sie schließen einen Kreis um ihn.

»Dhondup Tsering«, antwortet Kelsang.

»Ausweis«, sagt der Boss des Einsatzkommandos. Er trägt einen Mantel aus Leder.

Kelsang reicht ihm den Ausweis. Er gehörte einst jenem Kaufmann aus Kham, dessen Stimme am Grunde des Gletschers für immer verstummte.

»Dhondup Tsering«, murmelt der Polizist abfällig und steckt den Ausweis in seine Manteltasche. »Ich will dir sagen, womit du handelst, nicht mit Fellen, sondern mit Flüchtlingen.« Er gibt seinen Kollegen ein Zeichen, und sie bringen den Fahrers ihres Lastwagens herein.

Der Mann sieht nicht gut aus. Seine Augen sind blutunterlaufen, die Lippen gesprungen und eine Wange geschwollen.

»Ist das der Anführer der Flüchtlinge?«, fragt man ihn.

Der Fahrer schüttelt den Kopf und bekommt dafür einen kräftigen Tritt in den Magen.

»Ich kenne ihn nicht«, schluchzt der Fahrer, »ich habe diesen Mann noch nie in meinem Leben gesehen.«

Wie mutig er ist, denkt Kelsang und dankt im Stillen dem Mann, der für seine Loyalität nichts als Prügel und Tritte erntet.

»Lasst ihn laufen«, sagt der Boss, »weit können die Flüchtlinge ohnehin nicht sein. Wir werden die ganze Gegend durchsuchen.«

Dann legen sie Kelsang die Handschellen an.

»Kann er nicht wenigstens seinen Tee noch trinken?«, fragt die Alte, »seht doch, wie müde und durstig er ist.«

»Er wird noch genug Gelegenheit haben zu ruhen«, sagt der Boss und stößt Kelsang zur Tür hinaus. Für ihn hat der Tag gut begonnen: Er hat gefunden, wonach er suchte.

Kathmandu, 30. Dezember 1999

»Wie geht es dir?«, fragt Jürgen.

Seine Frage kommt mit zwei Sekunden Verzögerung bei mir an, denn meine finanzielle Lage lässt nur noch die billigen Telefongespräche übers Internet zu.

»Wenn ich nachts nicht schlafen kann, schaue ich mir den Urknall im Fernsehen an«, antworte ich ausweichend.

»Wie war das zweite Verhör an der Grenze?«

»Sie haben dieselben Fragen gestellt. Ich hatte schon Übung.«

»Und dann? Haben sie euch einfach gehen lassen?«

»Zwei uniformierte Beamte haben uns hinunter zum Fluss gebracht. Und dann sind Simon und ich einfach über die Friendship-Bridge nach Nepal gegangen. Und dann waren wir frei.«

»Wann kommst du nach Hause, Maria?«

»Wenn ich Kelsang gefunden habe.«

»Wo willst du ihn suchen?«

»In den Bergen. Vielleicht hat er sich ohne Gepäck mit seiner Gruppe auf den Weg gemacht.«

»Komm zurück, Maria, bitte. Man macht sich hier große Sorgen um dich.«

Dann rufe ich meinen Redakteur in Mainz an. Er muss wissen, dass ich erst nach Deutschland zurückkommen werde, wenn ich einen Film über tibetische Flüchtlinge gedreht habe. Für dieses heikle Gespräch investiere ich allerdings lieber in eine klassische Festnetzverbindung.

»Müller, Redaktion 37°?«, meldet er sich, und ich bin überrascht, wie normal sich das Leben in Deutschland ohne die Zeitverzögerung anhört.

»Maria Blumencron hier.«

»Ah! Wir haben uns schon große Sorgen um Sie gemacht! Wie geht es Ihnen?«

Plötzlich bekomme ich Angst, dass die Chinesen dieses Gespräch abhören könnten – Chinas Arm nach Nepal ist lang –, und es fällt mir nichts Besseres ein, als meinem Redakteur ein Lied in den Hörer zu singen: »Im Märzen der Bauer die Rösslein einspannt ...«

Herr Müller hört andächtig zu. Dann räuspert er sich: »Und nun?«

»Ich werde nicht aufgeben«, sage ich, »ich probiere alles noch mal ... Im Märzen der Bauer die Rösslein ...«

»Lieber wäre es mir, Sie würden nach Hause kommen«, sagt Herr Müller.

»Kann ich auf Ihre Hilfe zählen?«

»Wir geben Sie nicht auf.«

»Haben Sie meinen Zeitplan verstanden?«

»Ja«, sagt Herr Müller, »ein Aprilscherz wäre programmtechnisch für uns auch noch in Ordnung.«

Polizeistation von Shigatse, 27. Dezember 1999

Sie brachten mich auf die Polizeistation von Shigatse. Es dauerte nicht lange, bis sie auch die Flüchtlinge in ihrem Versteck aufgestöbert hatten. Sie ließen die Gruppe vor mir niederknien. Auch die Kinder. Ihr Anblick tat weh. Mit großen Hoff-

nungen für unsere Zukunft waren wir aufgebrochen und nun so schnell mit all unseren Träumen gescheitert.
»Ist das euer Fluchthelfer?«, fragte man meine Leute.
»Nein«, sagte unser alter Khampa, und auch die anderen schüttelten tapfer den Kopf.
»Wir haben aber die Information bekommen, dass das euer Fluchthelfer ist.«
»Wir haben diesen Mann noch nie gesehen«, sagte der Alte und bekam dafür einen kräftigen Tritt in die Seite.
»Der Mann hat recht!«, rief die mutige Mutter des fünfjährigen Jungen. »Es waren zwei Fluchthelfer, die uns hierhergebracht haben. Sie stammen aus Amdo, haben langes Haar und tragen schwarz-grüne Chupas.« Sie schaut den Polizisten fest in die Augen. Es waren Tibeter. Und sie wagten es nicht, ihre Hand gegen diese mutige Frau zu erheben. Auch die Kinder verrieten mich nicht. Sie waren alle so mutig!

Zwei Armlängen misst der Umfang des Baumes, der im Innenhof der Polizeistation steht. Sie binden Kelsang bäuchlings an seinen Stamm.

Jedes Verhör beginnt mit Folter und Schlägen, um den Häftling mürbe zu machen. Sie treten ihn mit ihren Stiefeln, sie drücken ihre glühenden Zigaretten in seinen Handflächen aus.

Da der ›Job‹ mehrere Stunden in Anspruch nimmt, bearbeiten ihn mindestens vier Beamte im Wechsel. Das Schlimmste ist: Sie sind Tibeter. An der Brutalität ihrer Schläge kann Kelsang ermessen, wie weit sie dem Dalai Lama abgeschworen und ihre Seelen den Ideologien der chinesischen Regierung verschrieben haben. Es gibt Folterknechte, die ihm aus Überzeugung in die Nieren treten, und jene, die es bloß tun, um ihre Familie zu ernähren.

Ihr Anführer heißt Palden. Ihn fürchtet Kelsang am meisten, denn er übernimmt stets die letzte Runde. Kurz bevor Kelsang die Besinnung verliert, beginnt Palden mit seinen Fragen:

»Wie ist dein Name?«

»Dhondup Tsering.«

»Du lügst. Gib zu, dass du Kelsang Jigme bist.«

»Wer soll das sein? Ich kenne ihn nicht. Mein Name ist Dhondup Tsering.«

»Nein, du bist Kelsang Jigme, der Guide.«

»Ich bin ein Geschäftsmann aus Kham.«

»Nein. Du hast einen Teeladen in Nepal.«

Woher wissen sie das?, denkt Kelsang verzweifelt. Woher wissen sie das?

»Wie viele Kinder hast du gezeugt?«

»Ich bin nicht verheiratet.«

»Du bist geschieden und hast zwei Söhne. Einer dient bei der indischen Armee.«

»Okay, okay, ich gebe es zu!«, ruft Kelsang. »Ich bin kein Heiliger und habe so manche Frau in meinem Leben gehabt. Aber sollte ich irgendwo auf meinen Geschäftsreisen ein Kind gezeugt haben, dann führt mich jetzt zu der Mutter, damit ich die Verantwortung übernehmen kann.«

Er spürt die Anspannung in seinem Körper. Gleich treten sie wieder, gleich schlagen sie ihn mit ihren eisernen Ketten, gleich schütten sie eiskaltes Wasser auf ihn.

Nichts tut sich in seinem Rücken. Alles ist still. Wahrscheinlich richten sie ihre Pistolen auf ihn. Mit einem Kopf-

Kelsang Jigme mit drei tibetischen Nonnen kurz vor dem Grenzpass bei einer Rast.

Kelsang Jigme und ich.

vorige Seite:
Kelsang Jigme, der zehn Jahre lang als Fluchthelfer im Himalaya gearbeitet hat.

Seit mehr als 50 Jahren flüchten die Tibeter über den Himalaya ins Exil. Diese Flüchtlingsgruppe kam im November 2007 aus Tibet. Eine ganze Großfamilie hatte sich auf den Weg nach Indien gemacht.

linke Seite:
Am 15. April 2000 traf ich mit meinem Filmteam
eine Flüchtlingsgruppe aus Tibet:
Suja mit Dolkar und weiteren Flüchtlingen
im Schnee und bei der Rast.
Chime, Dhondup und Tamding.
Lakhpa und ich.

rechte Seite:
Die Flüchtlinge bei ihrem Abstieg nach Nepal.
Dolkar weint um ihre Mutter.
Little Pema.
Der Dalai Lama empfängt die Flüchtlinge
in Dharamsala, so auch Chime.

linke Seite:
Jetsun Pema, die Schwester des Dalai Lama, hat ihr Leben den Flüchtlingskindern aus Tibet gewidmet. Hier empfängt sie ›unsere‹ sechs Kinder im SOS-Kinderdorf Dharamsala. Die Hausmutter und fünf der Kinder.
Die Kinder, Suja und ich.

rechte Seite:
Etwa 16.000 Kinder leben in neun tibetischen Kinderdörfern. Suja ist den Kindern ein väterlicher Freund geworden.

Im März 2007 begegneten wir drei Nonnen, die auf dem Weg nach Tibet waren, um ihre Familien zu besuchen.
Eine der Nonnen hatte sich den Fuß verstaucht. Schmerzstillende Medikamente und Gebete halfen ihr über die Grenze.

Die drei Nonnen beim Aufstieg mit Kelsang Jigme, Karma und Kelsang, dem Jungen.

Der Weg über den Gletscher ist ein endloses Auf und Ab.

linke Seite:
Lothen Tsering und Kelsang, der Junge.
Die fünf Jungen bei unserer Begegnung am
17. März 2007: Lothen Tsering, Wanglo,
Kelsang, der Junge, Dorje und Rabgyal.
Die Jungen hatten an Fingern und Zehen Erfrierungen 1. bis 3. Grades erlitten.

rechte Seite:
Der 14-jährige Dorje mit halber Sonnenbrille
und einer Plastiktüte zum Schutz des linken
Auges.
Wanglo war schneeblind und hatte Erfrierungen
an seinen Fingern.

Christian konnte Rabgyals Finger und Zehen mit Wasserbädern vor der Amputation retten. Hier mit seinem Patienten.

Wir transportierten Rabgyal auf einem Pferd vom Berg herunter.

Suja brachte uns aus Kathmandu Medikamente in die Berge. Auf 4300 Meter Höhe richteten wir ein provisorisches Krankenlager ein.

Kelsang Jigme, der Khampa-Tibeter, und Karma Tamding, der Amdo-Tibeter, hissen an der tibetisch-nepalesischen Grenze auf fast 6000 Meter Höhe eine Gebetsfahne zum Gedenken aller Opfer, die auf ihrem Weg ins Exil zu Tode kamen.

»Reich der Mitte« lautet die Inschrift auf dem Grenzstein.

Kelsang Jigme verabschiedet die drei Nonnen.

Letztes Gruppenfoto am Grenzpass.

Dhondup war acht Jahre alt, als seine Mutter ihn ins Exil schickte.

Als sie sich nach sieben Jahren der Trennung wiedersahen, erkannte die Mutter den Sohn nicht mehr.

schuss richtet China seine Delinquenten hin. Das Geld für die Patrone wird von den Verwandten kassiert.

Wer wird seine Rechnung bezahlen? Schon hört er das Klicken des Abzugs im Rücken. Gleich wird ein Schuss diese Stille zerreißen. Den zweiten wird er hoffentlich nicht mehr spüren. Er betet, dass alles schnell geht und schmerzlos.

Doch hinter ihm bleibt es ruhig. Nichts tut sich. Endlos erscheinen ihm diese Sekunden.

»Erschießt mich!«, hört er sich plötzlich schreien. »Erschießt mich doch! Bitte erschießt mich!«

Stille. Kein Schuss zerfetzt sein Herz und die Lungen.

»Man sollte diese Ratte in eine Kühltruhe stecken«, sagt Palden, »lasst ihn eine Nacht frieren. Vielleicht ist er morgen gesprächiger.«

Die Sonne geht unter und mit ihr weicht die Wärme des Tages, die der Baum in sich gespeichert hat. Der harzige Geruch ist Kelsangs einziger Trost. Es riecht nach Heimat und Kindheit. Er hat Hunger. Unendlichen Hunger. Mit seinen Zähnen gelingt es ihm, ein Stückchen Rinde vom Stamm zu lösen. Das Holz schmeckt säuerlich, doch sein Aroma beruhigt den angeschlagenen Magen. Es ist ein karges Abendbrot. Die Knochen schmerzen von der Folter des Tages. Er weiß nicht, was jetzt noch zu retten ist. Wie viele Häftlinge starben schon an der Folter, die ihnen im Gefängnis widerfuhr? Gingen sie frei von Hass aus dem Leben, konnten sie wenigstens eine geläuterte Seele mit in ihr nächstes nehmen. Frei von Hass, denkt Kelsang und sieht plötzlich ein Gesicht vor seinem geistigen Auge auftauchen. Er spürt, wie in ihm eine Ahnung erwacht, ein dunkler Verdacht. Nur einer wusste von seinem Gang über die Grenze. Nur einer kennt seine ganze Geschichte. Nur einer weiß, dass sein ältester Sohn Jigme im Gletscherkrieg dient. Hat er den Verrat begangen? Wissen seine Peiniger darum alles? Dann haben sie auch die Frau geschnappt. Deshalb ist sie nicht zum Treffpunkt gekommen.

Ein plötzlicher Druck in der Blase lässt seinen Körper erzittern. Es ist kaum mehr zu halten. »Ich muss pissen!«, ruft er in die Nacht hinein.

Doch keiner antwortet ihm.

»Ich muss pissen!«, ruft er noch einmal und weint, weil niemand kommen wird, um seine Handschellen zu lösen.

»Ich muss pissen«, schluchzt er, »bitte.«

Heiß sind die Tränen, die über seine geschwollenen Wangen laufen. Und heiß ist das Wasser, das zwischen den Beinen zu Boden rinnt.

Er fühlt sich erbärmlich. Ein geschlagener Mann. Ein kleiner Held, beraubt um den Traum, einmal im Leben ein großer zu sein.

Das Wasser zwischen den Beinen gefriert. Er drückt seine Stirn in die Rinde des Baumes, um den wachsenden Schmerz in den Hoden zu betäuben. Er betet. Er betet nicht um sein Leben. Er betet darum, dass der Samen des Hasses in ihm nicht zu keimen beginnt.

Nepal, 31. Dezember 1999

In Kelsangs Schuhen beginne ich meinen Aufstieg zum Grenzpass, um ihn zu suchen. Simon ist in Kathmandu zurückgeblieben. Er leidet an Durchfall und Fieber.

Wegen des Morgennebels verzögert sich der Abflug meiner Propellermaschine. Es ist bereits Nachmittag, als ich endlich im Bergdörfchen Lukla lande. Kein Sherpa will um diese Uhrzeit noch nach Namche Bazar hochgehen. Sie schütteln nur lachend den Kopf: »It's crazy!«

Egal. Der Weg ist mir ja vertraut. Hier hat unsere Geschichte begonnen.

Kelsangs Turnschuhe sind nicht stabil genug für das schwere Gewicht auf meinem Rücken.

Ich habe Handschuhe und warme Socken für die Flüchtlinge dabei. Wenn Kelsang kommt, dann sicher ohne Gepäck.

Ich spüre weder Erschöpfung noch Schmerz. Nur die Verzweiflung über mich selbst. Alles kam so, wie das Orakel es vorhergesagt hatte. Warum habe ich dem Ratschlag der geistigen Welt nicht vertraut? Warum habe ich das Projekt nicht beendet, als es mir zwischen den Händen zu entgleiten begann? Die kaputten Kameras wären Grund genug gewesen, mehr noch die Tatsache, dass Kelsang in Lhasa polizeilich gesucht wurde.

Aber ich war schon längst zu weit gegangen. Ich konnte nicht mehr loslassen, konnte die Katastrophe noch nicht akzeptieren.

Kurz vor Mitternacht erreiche ich Namche Bazar. Auf den letzten, steilen Metern hat es zu schneien begonnen. Eine dicke Schicht Schnee ruht auf meinen Schultern, als ich die Tür zur Khumbu-Lodge aufstoße und plötzlich wie ein magersüchtiger Yeti inmitten einer Party amerikanischer Bergsteiger stehe. Sie verabschieden das alte Jahrtausend. Sie haben es erfolgreich und ohne größere Pannen zu Ende gebracht. Vielleicht haben sie den einen oder anderen Fehler begangen, aber die lasten nicht schwer auf ihrem Karma.

Ich hingegen bin noch nicht fertig mit diesem Jahrtausend, das mir kurz vor seinem Ende die Bilder dieser erfrorenen Kinder in mein Wohnzimmer geschickt hat. Warum habe ich sie nicht schnell wieder verdrängt aus meinem Leben? Warum habe ich nicht weiter zum Nachtfilm gezappt? Eine romantische Komödie oder ein amerikanischer Krimi hätten mich die toten Kinder vergessen lassen. Dann wäre mein Leben normal verlaufen. Ich wäre als mittelmäßig erfolgreiche Schauspielerin weiter durch die Vorabendserien der Privatsender gejoggt und hätte irgendwann einen Flirt verbindlich werden lassen. Ich bin längst in dem Alter, in dem man Lebensversicherungen abschließt, auf die Hochzeiten der besten Freunde eingeladen wird und sich ein solides Sofa anschafft. Was also habe ich hier zu suchen?

Die Jimmy-Carter-Suite ist über die Silvestertage belegt und überhaupt alle Zimmer des Hauses. Im Matratzenlager wäre noch ein Plätzchen für mich, da wo sich die Schlepper und Sherpa ausruhen.

Ich beschließe weiterzugehen.

»Nehmen Sie doch ein Stück von unserem Silvesterkuchen«, sagt eine freundliche Frau, die plötzlich mit einem Teller vor mir steht. »Sie sehen aus, als hätten Sie Schlimmes erlebt.« Sie fragt nicht, woher ich komme. Sie fragt auch nicht, wohin ich gehe. Sie reicht mir nur ein Stück Kuchen. Die Geste zählt viel in diesem Moment. Sie sagt mir, dass meine Seele nicht ganz verloren ist. Ich bringe kein Wort des Dankes heraus. Ich drücke nur kurz ihre Hand.

»Alles Gute«, sagt die Frau, und ich packe den Kuchen in meinen Rucksack.

In jenem Wald über Namche Bazar, den mir Kelsang als Heimat der Schneeleoparden und Bergaffen nahegebracht hat, schlage ich im Schutz einer Föhre mein Nachtlager auf. Ich lehne mich gegen den Stamm des Baumes und atme die Luft, die nach Wald und Schnee riecht. Der Kuchen schmeckt nach Schokolade und Möhren. Er schmeckt nach Kindheit und Heimat.

Ein Feuerwerk erhellt nun den Himmel. Im rötlichen Licht der fallenden Funken wirken die Siebentausender wie die Kulisse eines großen Abenteuerfilms. Doch die Rolle, die ich hier spiele, fühlt sich zu groß an für mein mediokres Talent. In weiter Entfernung krachen die Böller, und ich höre die Amerikaner singen: *Should auld acquaintance be forgot, and never brought to mind? Should auld acquaintance be forgot, and days of auld lang syne?*

Soeben hat ein neues Jahrtausend begonnen.

Zur selben Zeit in Tibet

Mein Leben stand still. Lebendig begraben lag ich in einem ›Tschinpessi‹, einem unterirdischen Gefängnis, mit eisernen Hand- und Fußschellen an den nackten Boden der Zelle gebunden.
Ich hatte schon reichlich Erfahrung mit chinesischen Gefängnissen gesammelt. Aber durch diese Art der Isolation war ich noch nie hindurchgegangen. Ständig lebt man in Angst. Nie

weiß man, wann sie zum nächsten Verhör kommen. Es kann im nächsten Moment geschehen oder erst in drei Stunden.

Unter der Erde zu liegen bedeutet für Kelsang, schon bei den Toten zu sein. Das Leben dringt nicht mehr zu ihm. Und nichts von ihm dringt hinaus in das Leben. Um ihn herum ist nur Dunkelheit. Der Verlust von Raum und Zeit zersetzt seine Seele. Um der geistigen Verwirrung zu entkommen, sucht er nach einem inneren Bild.

Om ah hung varja guru padma siddhi hung ... Om ah hung varja guru padma siddhi hung ...

Er hört das Mantra der Mutter in sich. Von Anfang an durchwirkte es sein Leben mit einem goldenen Faden. Vor den Verhören spricht er es gegen die Angst. Und während der Verhöre setzt er es den Schmerzen entgegen. Das Mantra der Mutter ist der Anker, der ihn vor der bodenlosen Dunkelheit bewahrt, vor dem Nichts, dem seelischen Abgrund.

Wie spät es wohl sein mag? Meist kommen sie morgens, wenn ihre Kräfte noch frisch sind.

Die Angst vor dem Morgen rumort in seinen Gedärmen. Zwei Löffel Tsampa pro Tag bekommt er zu essen. Das ist zum Leben zu wenig und zum Sterben zu viel – aber offenbar genug, um in die Hose zu kacken. Es ist die Angst, die den Darm so plötzlich entleert. Er kann es nicht halten. Es ist die Angst ... Wie erbärmlich es ist, in der eigenen Scheiße zu liegen. Wenn sie kommen, werden sie ihn einen dreckigen Barbaren schimpfen. Seine vollgeschissene Hose wird sie anwidern und ermuntern, ihn noch fester zu treten.

Om ah hung varja guru padma siddhi hung ... Om ah hung varja guru padma siddhi hung ...

Schritte ... da sind sie ... endlich hat das Warten ein Ende.

Wie viele sind es wohl heute? Drei Paar genagelte Stiefel marschieren über den Beton ... vielleicht sind es vier. Genau lässt es sich nicht sagen ... hoffentlich sind es nicht fünf. Sie poltern die Treppe zu seiner Zelle herunter. Gleich wird der Schlüssel ins Schloss gesteckt.

Die schwere Eisentür öffnet sich, ohne einen Laut von sich zu geben. Kelsang blinzelt.

Der Tag beginnt mit einem neuen Martyrium. Doch niemand wird etwas davon vernehmen.

Die größten Verbrechen im Schneeland werden unter der Erde begangen.

Nepal, 2. Januar 2000

Am dritten Tag meines Aufstiegs treffe ich drei Yaknomaden aus Tibet, auch Drogpa genannt. Die Geschäfte in Namche Bazar liefen gut für die Männer. Mit leeren Säcken und vollen Geldbeuteln sind sie nun auf dem Heimweg nach Tibet.

»Nehmt ihr mich mit?«, rufe ich ihnen zu.

Da ich weder ein Zelt noch einen Kocher zum Schmelzen von Schnee mitgenommen habe, wäre der Aufstieg alleine kaum möglich.

Die drei Männer begutachten mich grinsend. Ich biete Geld für ihr Geleit, doch die Jungs winken ab. »Eine Frau wie dich haben wir schon lange gesucht«, meint der älteste. »Wir würden die Ehe einem Geldgeschenk vorziehen.«

»Wir sind Brüder«, erklärt mir der zweite.

»That means much pun«, beteuert der jüngste.

»Pun?«, frage ich und provoziere heiteres Gelächter.

Natürlich ahne ich, was sie meinen: Heiratet eine Frau einen Drogpa, bekommt sie auch dessen Brüder mit in die Ehe. So bleibt immer ein Mann abwechselnd zu Hause, während die Brüder auf Wanderschaft gehen.

Einträchtig schreiten wir also in Richtung Grenze: Tsering, Tenzin, Tempa und ich. Das Thema Heirat ist zwar nicht wirklich ausdiskutiert worden, aber ich beschließe, ihr Angebot erst einmal zu ignorieren.

Die letzte Nacht in der Zivilisation verbringen wir bei einer jungen Sherpa-Frau, die mit ihrem taubstummen Bruder auf etwa 4000 Metern Höhe in einer zweistöckigen Hütte lebt.

Oben schlafen die Menschen auf Stroh und unten im Stall die Tiere. Es gibt ein Loch im Dach für den Abzug des Rauchs und ein Loch im hölzernen Boden zum Verrichten der Notdurft.

Die Frau und ihr Bruder sind arm, aber fröhlich. Bereitwillig richten sie uns einen Schlafplatz ein. Zum Abendbrot gibt es Tsampa und kohlschwarze Kartoffeln, die der taubstumme Bruder mit seinen verschorften Händen aus der Glut holt. Die Kartoffeln sind ein echtes Phänomen: verbrannt und halbgar zugleich. Das Tsampa ist mit Steinen und Stroh durchwirkt.

»Pucking?«, fragt mich der älteste Bruder, als wir unser spartanisches Mahl beendet haben.

Ich verstehe ihn nicht. »Pucking?«

»Ja, Pucking!«, ruft nun auch der mittlere und der jüngste nickt eifrig dazu. »Pucking, pucking! Much pun!«

Ich werfe einen ratlosen Blick zu der Sherpa-Frau, doch die

zieht den Kopf ein und verschwindet mit den schmutzigen Töpfen ins Freie. Der taubstumme Bruder folgt ihr ergeben. »Pucking«, sagt der Älteste noch mal und deutet auf unser Lager. Und plötzlich erinnere ich mich an die drei wichtigsten Eigenschaften der Drogpa, die mir Kelsang erklärt hat. Erstens: Nicht allen Drogpa ist zu trauen. Manche arbeiten der Grenzpolizei zu. Zweitens: Wie bei den Khampa lebt eine Frau oft mit ihrem Mann und seinen Brüdern zusammen. Das Wort Eifersucht existiert nicht in ihrer Sprache. Drittens: Sie können den Buchstaben ›F‹ nicht aussprechen.

Erwartungsvoll schauen mich die drei Brüder an: »Pucking?«

Die Hütte liegt einsam am tosenden Gewässer des Tsangpo. Niemand wird mich hören, wenn ich schreie. Und unsere Gastgeberin, die im eiskalten Wasser mit Sand ihre verbeulten Töpfe sauberschrubbt, um sich an dieser Geschichte nicht die Finger schmutzig zu machen, wird erst zurückkommen, nachdem die drei Männer ›much pun‹ mit mir hatten.

Ich ziehe mein rotes Taschenmesser mit dem weißen Kreuz hervor. Das Schweizer Fabrikat sollte zuverlässig funktionieren. Doch als ich die Klinge aufklappe, holen die Brüder ihr Werkzeug hervor: chinesische Ware, dreimal so groß. Intuitiv weiche ich in eine Ecke der Hütte aus und drehe mich hockend zur Wand, um den Männern meine Abneigung zu signalisieren. Und während sie heftig darüber diskutieren, ob sie von ihrer Beute ablassen sollen, lehne ich meinen Kopf gegen die undichten Ritzen der Hütte. Sie sind mit vergilbten Zeitungen überklebt, um den Wind abzuhalten. »Alles wird gut!« Ich brauche mehrere Sekunden, um zu begreifen, was ich da lese. »Alles wird gut!« ... steht auf dem vergilbten Papier einer

Zeitung. In ganz fetten Buchstaben. Und auf Deutsch. »Alles wird gut!« ... lautet die Überschrift eines Artikels über Nina Ruge. Wahrscheinlich ist es Einbildung, eine Halluzination in der Höhe ... nein, hier steht es tatsächlich: »Alles wird gut!« ... drei Worte, die mir im flachen Rheinland nur ein müdes Gähnen entlockt hätten, treffen hier in der Höhe direkt in mein Herz. »Alles wird gut!« ... Ich habe keine Ahnung, wie sich ein deutsches Boulevardblatt hierher in diese elende Hütte verirren konnte! »Alles wird gut!« Es liest sich wie ein tibetisches Mantra. Und plötzlich sehe ich einen Ausweg vor mir. Ich drehe mich zu den Drogpa um und frage sie mit fester Stimme: »Kennt ihr Kelsang Jigme, den Guide?«

»Ja, den kennen wir. Er ist schon oft diesen Pass hochgegangen.«

»Seht ihr die Schuhe an meinen Füßen? Es sind seine. Denn Kelsang Jigme ist mein Mann. Und ich bin seine Frau. Ich bin die Frau von Kelsang Jigme. Er wird euch umbringen, wenn ihr mir was tut.«

Zur selben Zeit in Tibet

Nach der Folter kommen die Fragen. Palden stellt Marias Bergschuhe vor ihm auf den Boden: »Schöne Schuhe. Westliches Fabrikat. Wie kommst du zu ihnen?«

»Ein Amerikaner hat sie mir geschenkt.«

»Ein Amerikaner?«

»Ich habe ihm Antiquitäten verkauft ... zu einem sehr guten Preis. Da hat er mir die Schuhe als Dreingabe überlassen. Die Amerikaner sind verrückt nach altem Zeug.«

»Man hat dich mit einer Frau aus dem Westen gesehen.«

»Ich kenne keine Frau aus dem Westen.«

»Ihr habt Bilder gemacht. Wofür? Für die Amerikaner?«

»Ich spreche nicht einmal Chinesisch. Wie soll ich dann Englisch verstehen?«

»Du bist ein Spion.«

»Ich bin Kaufmann aus Kham. Ich mache keine schmutzigen Geschäfte.«

»Du hast in Nepal Verbindung zu einer Inji-Frau aufgenommen und bist mit ihr nach Tibet gekommen. Sag uns die Wahrheit, dann bist du frei.«

»Ich habe nie etwas Falsches getan. Ich habe nie etwas Falsches gesagt. Ich habe immer die Wahrheit gesprochen.«

»Du wirst im Gefängnis sterben, wenn du nicht endlich sprichst.«

»Wir alle kommen und gehen.«

Nepal, 7. Januar 2000

Als ›Kelsangs Frau‹ bekomme ich sicheres Geleit hinauf auf den Pass. Die Drogpa-Brüder tragen meinen Rucksack und stecken meine kalten Hände in ihre dicken Felljacken, um sie zu wärmen. Gegen Abend erreichen wir Lunak auf 5100 Metern Höhe.

Normalerweise meiden die Drogpa die kleinen Refugien, die sich die Flüchtlinge aus Tibet über die Jahre aus Steinen gebaut haben. Vielleicht haben sie Angst, die steinernen Iglus könnten im Schlaf über ihnen zusammenbrechen und sie erschlagen.

Doch diese drei armen Burschen besitzen nicht einmal ein eigenes Zelt. Also bleibt uns nichts anders übrig, als eines der Häuschen zu beziehen. Am Scheitelpunkt unserer Höhle ist ein kleines Loch für den Abzug. Fasziniert schaue ich zu, wie Tsering mit Hilfe eines alten Blasebalgs ein Lagerfeuer aus getrocknetem Yakdung zum Knistern bringt. Tenzin bringt Schnee zum Schmelzen herein.

Das Licht des Mondes fällt durch die Ritzen. Und es scheint, als habe jeder Stein dieses Refugiums eine Geschichte zu erzählen über all die Menschen, die hier in diesem unwirtlichen Niemandsland Schutz gesucht haben vor Kälte und Schnee.

Ich spüre die Erinnerung dieses Ortes. Und sie macht mich sehr traurig.

Die Drogpa teilen ihr trockenes Tsampa mit mir. Ich habe Schokolade und Nüsse zu bieten.

Nach unserem Mahl beginnt Tsering zu singen: »Ich habe kein Pferd. Also werde ich mich auf die Suche machen. Es muss kein schönes Pferd sein. Ich habe ja auch keinen schönen Sattel. Aber wenn es gut läuft, werde ich glücklich sein.« Und seine Brüder schließen sich an: »Ich habe keine Frau. Also werde ich mich auf die Suche machen. Es muss keine schöne Frau sein. Denn auch ich bin nicht hübsch. Aber wenn wir einander von Herzen lieben, werde ich glücklich sein.«

»Warum weinst du?«, fragt Tenzin, als sie ihr Lied beendet haben.

»Ich werde Kelsang nie wiedersehen.«

Sie schauen mich an, und in ihren Blicken spiegelt sich echtes Bedauern.

»Wenn du willst, nehmen wir dich mit nach Tibet.«

»Das geht nicht. Ich war verhaftet. Vermutlich haben sie auch ihn erwischt.«

»Der Grenzpass ist ohne Kelsang Jigme nicht denkbar. Irgendwann wird er wiederkommen. Und dann werden wir ihm erzählen, dass seine Inji-Frau ihn hier oben gesucht hat.«

Der Mann in der Weide

Auch im Tschinpessi haben sie mich nicht zum Reden gebracht. Und so wurde ich dem Nyari-Prison in der Nähe von Shigatse überstellt. Auf dem weitläufigen Areal des Gefängnisses stand eine Weide.
Jeden Morgen wurde ich aus meiner Zelle geholt und an meinen Armen in die Äste des Baumes gehängt. Die Kälte meiner Heimat sollte meine Seele zermürben.

Der Winter hat die Äste der Weide kahl werden lassen. Doch schließt Kelsang die Augen, hört er die Blätter im Sommerwind rauschen. Wie damals, als er mit den Kindern des Dorfes vom höchsten Baum Dhongos aus die Ankunft der ›Grashüte‹ verfolgte.

Der Weidenbaum scheint Kelsangs ständiger Begleiter zu sein. In einem Weidenkörbchen wurde er als Baby von den bedächtigen Schritten des Pferdchens geschaukelt, das ihn Kora für Kora um das Kloster Yage trug. Als Junge baute er aus ihren biegsamen Ästen Pfeil und Bogen. Und später träumte er an ihren Stamm gelehnt von Lhamo Dolma, seiner ersten Liebe.

Als ihre Verbindung zerbrach, zerschnitt er mit demselben

Messer den weißen Armreif, den sie ihm als Zeichen der ewigen Liebe geschenkt hatte. Sehr langsam zerschnitt er ihn und unter bitteren Tränen. Es war, als zerschneide er sein eigenes Herz. Dann brachte er das kostbare Schmuckstück zum Schmied, damit er die Bruchstelle mit einem Scharnier aus Silber richtete.

Der geflickte Reif ihrer Liebe war schließlich sein Hochzeitsgeschenk an Lhamo Dolma. Sie trägt ihn bis heute. Denn das Leben hat ihr keine Tochter geschenkt, um den Reif der Ahnen weiterzugeben.

Ihm schenkte das Schicksal ein Töchterchen, aber es wollte nicht leben. Vielleicht ist das kleine Herz an der Trennung seiner Eltern gestorben.

Zu viele Risse, denkt Kelsang. Zu viele Wunden. Das Leben wird nicht mehr heil. Es ist Zeit, den Kampf um das bisschen Glück zu beenden. Der Wind rüttelt an seinem zitternden Körper. Die Arme und Schultern schmerzen so sehr. Tief schneiden die Fesseln ins Gelenk seiner erfrorenen Hände. Sein ganzes Gewicht hängt an ihnen. Sein Leben. Er will es nicht mehr. Besser ist es zu sterben, als für immer zu leiden.

Er ist das letzte Blatt der Weide. Soll es der Wind doch nehmen und endlich davontragen.

Niemand wird ihn vermissen. Sein Leben lang war er ein einsamer Mann. Er schließt die Augen und übergibt sich zum Sterben dem Wind. Doch der nimmt ihn nicht in seine Arme, trägt ihm stattdessen eine vertraute Stimme zu: »Vater, pass auf! Was wird aus uns, wenn du stirbst?«

Jigme ... das ist Jigmes Stimme, als er noch klein war. »Vater, pass auf! Was wird aus uns, wenn du stirbst?«, hat er bei ihrer Flucht gerufen, als sie über eine steile Klippe am Ufer des Flusses kletterten und sich unter seinen Füßen ein Stein löste. Beinahe wäre er in die Tiefe gestürzt. Jigme schrie vor Angst: »Vater, pass auf! Was wird aus uns, wenn du stirbst?« Da fanden seine Hände Halt an einer Wurzel, die aus dem Felsen ragte. Sie war seine Rettung. An ihr zog er sich hoch, vom Schwindel erregenden Abgrund weg, empor zu seinen erschrockenen Söhnen.

Jigme weinte vor Aufregung. Er musste ihn trösten. »Keine Sorge, mein Sohn. Dein Vater wird immer bei dir bleiben, mein Sohn.«

Jetzt sitzt Jigme dort oben auf dem Siachen-Gletscher vor Pakistan und hält die Stellung für Indien. Wie viele Soldaten starben bereits! Vor allem jene, die aus Südindien kamen. Denn sie vertrugen weder Höhe noch Kälte. Doch Jigme Tsering, der Tibeter, hält durch, wie sein Vater. Winter für Winter.

Und jeden Sommer, wenn die Passstraßen wieder geöffnet werden, kommt Jigme nach Hause, um seine schöne, junge Frau zu besuchen. Und Kelsang, den alten Vater, der die Schwiegertochter beschützt. Frauen müssen beschützt werden. Diese Lektion hat ihn das Leben gelehrt.

Jigmes Frau wünscht sich ein Kind und wartet sehnsüchtig auf den Sommer. Das Leben geht weiter. Immer weiter. Auch ohne ihn.

»Vater, pass auf! Was wird aus uns, wenn du stirbst?«

»Du bist jetzt groß«, antwortet Kelsang in den Wind, »du brauchst mich nicht mehr. Dein Vater ist müde vom Leben.«

Doch Jigmes Stimme lässt ihn nicht gehen.

»Vater, pass auf! Was wird aus uns, wenn du stirbst?«

Pempas Hütte

Um vier Uhr morgens brechen wir auf und erreichen gegen Mittag den Hauptgletscher.

Nun muss ich mich entscheiden: Entweder ich kehre um oder ich gehe mit den Drogpa tatsächlich nach Tibet. Sie werden den Grenzpass erst gegen Abend erreichen, und wenn ich dann erst alleine im Dunkeln absteige, wäre das zu gefährlich. Wie gerne würde ich über die Grenze gehen und versteckt unter den Nomaden leben. Aber das ›Jürgen-Implantat‹ in meinem Gehirn zwingt mich zurück in die Realität. »Ist das wirklich der Traum deines Lebens? Mit drei zahnlosen Brüdern in der Wildnis zu darben?«, höre ich den Freund im Geiste fragen. »In Österreich wartet deine zahnlose Großmutter auf dich. Und in Köln dein bissiger, zahnloser Freund.«

»Vielleicht trefft ihr ja Kelsang dort oben«, sage ich meinen drei Begleitern zum Abschied, »dann sagt ihm, ich warte auf ihn, in Pempas windschiefer Hütte.«

Pempas Gäste sind Drogpa-Nomaden, Flüchtlinge oder Heimkehrer, die wieder nach Tibet zurückwollen. Manchmal verirren sich auch Bergsteiger dahin. Als ich das 4300 Meter hoch gelegene Winterquartier erreiche, ist es schon dunkel. Durch den Lagerraum für das Futter der Tiere betrete ich die kleine Stube der Sherpa-Familie. Pempa, seine Frau Lhamo und ihre drei Kinder haben sich um einen kleinen Ofen geschart, den sie mit getrocknetem Yakdung füttern. Pempa bietet mir einen Platz an. Seine mürrische Frau hingegen blickt nicht einmal hoch, als ich mich zu der Familie setze. Wortlos reicht mir Pempa eine blecherne Schale. Aus dem Topf, der am Herd steht, schöpft er eine undefinierbare Brühe. Ich bedanke mich und beginne zu essen. Es schmeckt köstlich, aber ich weiß nicht wonach.

Als sich meine Augen an die Dunkelheit gewöhnt haben, merke ich, dass Lhamos linke Wange geschwollen ist. Vermutlich trübt ein eiternder Zahn die Laune der mürrischen Sherpa-Frau.

Ich hole eine Schmerztablette aus meinem Rucksack und zwanzig Minuten später entspannt sich Lhamos schmales Gesicht, das vom harten Leben in dieser Höhe gezeichnet ist.

Nach dem Essen beten sie ihr Abendgebet. Dann schlägt Pempa auf dem Stroh seiner Tiere mein Nachtlager auf.

Der Wind pfeift durch die Ritzen der Steine. Die letzte Glut im Ofen erlischt. Ich schließe meine Augen und bitte den lieben Gott, mir meinen Platz zu zeigen. Denn ich weiß nicht mehr, wohin mit mir. Ich weiß nicht, was tun mit meinem Leben. Dann schlafe ich ein.

Im Traum weiten sich die Mauern der windschiefen Hütte. Das Dach wird von der Kraft des Windes emporgehoben, und plötzlich stehe ich in einem riesigen Schloss. Ich laufe von einem Raum zum nächsten, und alle Türen öffnen sich wie von selbst.

Der letzte Saal ist der schönste. Denn er ist voll mit all dem, was ich in meinem Leben vergessen habe. Ich bin in meiner verlorenen Kindheit gelandet, und ein uraltes, geblümtes Sofa lädt mich zum Verweilen ein. Durch die hohen Fenster des Erkers blicke ich in einen verschneiten Park. Die Äste der Tannen biegen sich unter der Last des Schnees. In einem zugefrorenen See liegt eine goldene Barke, festgefroren im Eis.

Am nächsten Morgen bitte ich Pempa, noch eine weitere Nacht bleiben zu dürfen.

Und so gehen die Tage dahin. Ich bin nicht in der Lage abzusteigen. Ich will nicht zurück in mein Leben. Mit Mingma, dem achtjährigen Sohn der Familie, bringe ich die Yaks zu den noch nicht abgegrasten Plätzen. Gegen einen riesigen Stein gelehnt, der die Zeichen heiliger Mantras trägt, rauche ich jeden Abend eine Zigarette für Kelsang und stelle mir vor, sie mit dem tibetischen Freund zu teilen.

Eines Tages sehe ich vom Tal eine einsame Gestalt heraufkommen. Ein Mann mit einem schwarzen Anorak. Er trägt einen großen Rucksack und federt seine entschlossenen Schritte mit zwei Teleskopstöcken ab. Seine Mütze ist hellbraun. Lange blonde Locken quellen darunter hervor. Schritt für Schritt kommt er näher.

»Ich bin gekommen, um dich vom Berg herunterzuholen«, sagt Simon, als er endlich vor mir steht.

TEIL DREI

Das Mädchen Chime
2000 bis 2005

Prolog

Ihr ältestes Kind hat sie in einer Klinik zur Welt gebracht. Das zweite zu Hause. Und als sie zum dritten Mal schwanger wurde, ist sie wieder in die Klinik gefahren. Doch diesmal, weil ihr Mann das Baby nicht wollte.

Der Gang ist lang, und ihre Schritte hallen durch das hohe Gewölbe. Sie muss sich beeilen. Das Töten der Embryonen geht nach Termin.

Durch eine eiserne Tür betritt sie das Schattenreich, in dem ungeborene Seelen wieder nach Hause geschickt werden. Sie macht sich frei und steigt auf den Stuhl. Der Arzt zieht eine gelbe Flüssigkeit in die Spritze.

Plötzlich steht ein Gesicht vor ihrem inneren Auge. Es ist das Gesicht ihres ersten Kindes, kurz nach seiner Geburt. Es war noch zerknittert und rot. Ein Mädchen. Es schrie kraftvoll und zornig.

Erst im Arm der Mutter, mit ihrem Herzschlag, wurde es ruhig, und sie dachte: Was für ein schönes Kind. Und stark ist es auch.

Der Lama gab ihm den Namen Chime. Chime Yangzom, ›die Unsterbliche, die das Glück in den Händen hält‹.

Die Nadel der Spritze ist lang. Mit einem kleinen Stich wird das große Gesetz von Ursache und Wirkung durchbrochen.

Mit einem Mal hat auch das Kind in ihrem Bauch ein Gesicht: zerknittert und rot.

»Ich habe vergessen, zur Toilette zu gehen«, murmelt die Mutter und klettert vom metallenen Stuhl. Sie geht mit dem Kind unter ihrem Herzen davon.

»Das ging aber schnell«, wundert sich der Mann, als seine Frau aus der Klinik kommt.

Erinnerungen eines tibetischen Mädchens

Tseewa Amalaa, liebe Mutter,
nie habe ich dich weinen gesehen ... bis zu dem Tag, als Palaa uns verließ. Plötzlich warst du mit drei Kindern allein.
Wahrscheinlich aber wird dieser Brief niemals in deine Hände gelangen, aber meine Gedanken sind immer bei dir. Wenn ich an deine Hände denke, dann sind sie in meiner Erinnerung immer rau von der Arbeit. Wenn ich in den Mond schaue, dann sehe ich dein Gesicht darin.
Ich erinnere mich an deine schlaflosen Nächte. Im Schein der Kerzen hast du Taschen genäht und gestreifte Schürzen für verheiratete Frauen. Weinte das Baby, nahmst du es auf den Arm und trugst es summend durchs Haus. Deine Stimme war so warm wie der Regen im Sommer.
Eines Tages kam Onkel Nima zu Besuch, und als er sah, wie die Not dir deine Gesundheit nahm, bot er dir an, eines deiner drei Kinder nach Indien zu bringen.
Das Brüderchen war noch zu klein.
Also bist du mit Dolkar und mir zu unserem Lama gegangen.

»Kuschola, ehrwürdiger Lama«, sagtest du zu ihm, »ich habe zwei Töchter und liebe sie beide gleichermaßen. Aber eine von

ihnen muss gehen. Sage mir, welches meiner beiden Kinder ich zum Dalai Lama nach Indien schicken soll.«
Der Lama griff zu seiner Gebetskette. Zitternd erwarteten wir sein Urteil.
Seine Augen waren vom Alter ganz hell, fast gebrochen und grau, und er sagte: »Du darfst deine Töchter nicht auseinanderreißen, die Seelen der beiden Mädchen gehören zusammen.«

Von nun an hörte ich dich jede Nacht weinen.
Abends versteckte ich alle Messer im Haus, damit du dir nicht das Leben nimmst.

Chime Yangzom

»Tatsächlich, Chime?«, frage ich meine älteste Patentochter. »Du warst doch selbst noch so klein damals. Wie hast du es geschafft, in dieser Situation an deine Mutter zu denken?«

»Ich war so beschäftigt mit dem Schmerz meiner Mutter, dass ich gar keine Zeit hatte, über meine Gefühle nachzudenken«, antwortet Chime, »sogar beim Abschied fürchtete ich mich mehr vor den Tränen der Mutter als vor meinen eigenen.«

Der Abschied

Vierzehn Flüchtlinge waren wir zu Beginn unserer Reise: sieben Erwachsene, drei Jugendliche und vier Kinder. Ein Lastwagen hatte uns zu den Bergen gebracht. Wir standen am Rand einer abgelegenen Straße, und es war Zeit, unseren Müttern Lebewohl zu sagen.

»Pass gut auf deine kleine Schwester auf«, hast du zu mir gesagt. »Tröste sie, wenn sie dich braucht. Achte darauf, dass sie nichts Schlechtes lernt, und hilf ihr, ein guter Mensch zu werden. Versprichst du mir das?«
Ich nickte und versuchte zu lächeln. Tränen hätten alles nur noch schlimmer gemacht. Dass es schwieriger war zurückzubleiben, ahnte ich bereits.
Dolkar weinte. Sie war noch klein und brauchte deine tröstenden Worte: »Ich werde euch besuchen. Nächstes Jahr zu Losar werde ich euch beide besuchen.«
Auch die anderen Mütter gaben ihren Kindern zum Abschied dieses Versprechen. Heute weiß ich, dass sie es taten, um die Trennung überhaupt möglich zu machen.

Da leuchteten am Horizont plötzlich Scheinwerfer auf. Und Onkel Nima rief: »Wir müssen weg! Wir müssen schnell weg von der Straße!«, und er trieb die Flüchtlinge ins offene Feld.
Ein kleines Mädchen begann zu weinen. Sie wollte nicht weg von der Mutter. Sie schrie und tobte und schmiss sich zu Boden.
Onkel Nima hob es auf seine Schultern und trug es eilig davon.
Ein fremder Mann nahm Dolkar und mich an die Hand. Er war sehr kräftig und eine große Narbe leuchtete auf seiner Stirn.
»Keine Sorge«, sagte er zu dir, »ich bringe deine Mädchen da rüber.« Dann drehte er sich um und ging mit uns beiden davon.
Dolkar hatte Mühe, so schnell zu laufen. Die Furchen des Ackers waren sehr tief. Sie fragte: »Ist unsere Ama noch da?«
Ich drehte mich nach dir um, aber ich konnte dein Gesicht nicht mehr sehen. Nur noch den dunklen Umriss deines Körpers.

Kurz darauf war das Starten eines Motors zu hören. Und ich wusste, dies ist der Lastwagen, der die Mütter nach Lhasa zurückbringt. Noch einmal drehte ich mich um und sah, wie die Rücklichter im Dunkel verschwanden.

»War Nima eigentlich ein richtiger Onkel von euch, Chime? Oder nanntet ihr ihn nur so?«

»Er war kein leiblicher Onkel, aber er hatte die Kraft, ein wirklicher Onkel zu sein. Ich weiß nicht, was aus Dolkar und mir geworden wäre, hätte uns Onkel Nima nicht nach Indien gebracht. Er war wohl einer der wichtigsten Menschen in meinem Leben. Ich weiß nicht, wo er sich heute aufhält. Ich weiß nicht, ob er noch lebt. Ich weiß nicht einmal, ob ›Nima‹ sein richtiger Name war. Ich weiß nur, dass er es war, der Dolkar und mich aus der Armut herausgeholt hat.«

Onkel Nima

»Onkel Nima, wann sind wir endlich in Indien?«, fragte ich in der zweiten Nacht unserer Flucht. »Wann dürfen wir endlich was spielen? Wann bekommen wir etwas Gutes zu essen? Unsere Beine sind müde. Wir haben keine Lust weiterzugehen.«
»Siehst du dort hinten den Zauberberg?«, sprach Onkel Nima zu mir, »seine Schneefelder glitzern im Dunkel. Und weißt du warum? Weil hinter dem Berg unser Ziel liegt.«
Und er erzählte uns Kindern Geschichten vom Dalai Lama und von all den heiligen Orten, an denen Buddha gewirkt hat. Er erzählte von schönen Frauen in bunten Saris und bärtigen Männern mit Turbanen auf dem Kopf. Er erzählte von den

weißen Palästen der Maharadschas. Von Mangobäumen und solchen, die selbst im Winter nicht aufhören zu blühen. Er erzählte von einem Märchenland, in das wir Kinder nun bereit waren zu gehen.

»Doch sobald einer von euch anfängt zu jammern«, fügte Onkel Nima seiner Erzählung hinzu, »werden sich hinter dem Zauberberg noch weitere Schneeberge vor unser Ziel türmen. Also seid tapfer und hört auf zu weinen.«

Onkel Nima konnte den Pfiff der Murmeltiere nachahmen. Aber er tat es nicht bloß zum Spaß. Der Pfiff des Murmeltiers war das vereinbarte Zeichen, uns sofort auf den Boden zu werfen und uns ganz stillzuhalten, bis Onkel Nima uns erlaubte, wieder aufzustehen und weiterzugehen.

»Wovor verstecken wir uns?«, fragte ich ihn.

»Vor den Ferngläsern der chinesischen Grenzpolizei.«

»Und warum?«

»Weil es für Tibeter verboten ist, ihre Heimat zu verlassen.«

Gerne hätte ich mehr von Onkel Nima erfahren. Doch die Luft war kalt, und der eisige Wind, der von den Bergen herabwehte, machte das Sprechen sehr schwer.

»Wusstest du damals von den Gefahren des Weges, Chime? Vom Schnee, den Eisabbrüchen und dem chinesischen Militär?«

»Nein. Woher auch? Vermutlich wusste nicht einmal meine Mutter, wie schwer der Weg ins Exil ist. Vor der chinesischen Polizei hatte ich auch keine Angst, denn meine Mutter hatte nie schlecht über die Chinesen gesprochen. Im Gegenteil! Sie hatte mich sogar auf eine chinesische Schule geschickt. Ich erinnere mich noch gut, wie sie mich jeden Abend vor dem Schlafengehen chinesische Vokabeln abfragte. Sie fand es wichtig, dass ich diese Sprache lerne. Nein, ich hätte damals nie geglaubt, dass die chinesische Polizei auf tibetische Flüchtlinge schießt.«

Little Pema

Meist gingen wir nachts, um die Checkpoints der chinesischen Polizei zu umgehen. Onkel Nima führte die Gruppe an, und den Abschluss bildete jener Mann, der uns beim Abschied an seine Hand genommen hatte. Sein Name war Suja, und er war der stärkste Mann der Gruppe.
Das schwächste von uns Kindern hieß ›Little Pema‹. Sie war noch etwas jünger als Dolkar. Gerade mal sechs.
Little Pema hatte einen schlechten Vater in Tibet zurückgelassen. So wie unser Vater ein Spieler war, war Little Pemas Vater ein Trinker. Kam er morgens nach durchzechter Nacht nach Hause, schlug er seine Frau und das Kind. Nur wenige Monate vor der Flucht hatte der Vater in einem seiner Wutanfälle den rechten Fuß von Little Pema zertrümmert. Ein dicker Verband hielt die Bruchstelle zusammen. Und das Gehen fiel Little Pema sehr schwer.
»Passt auf und achtet auf jeden einzelnen eurer Schritte«, warnte uns Onkel Nima, denn der Weg wurde allmählich enger und enger. Links von uns wuchs eine steile Felswand hinauf in den Himmel. Und rechts von uns fiel sie in schier unergründliche Tiefe hinab.
Doch Little Pema war müde vom nächtelangen Gehen und schloss einfach die Augen.

»Pema!«

Wir alle zuckten zusammen.

Das war die Stimme von Suja. »Pass auf!«, rief er.

Little Pema, die gefährlich nah am Abgrund aufgewacht war, erschrak. In der Tiefe war das Rauschen eines mächtigen Flusses zu hören. Sie riss sich zusammen und trottete brav in der Mitte des Weges weiter. Doch nach wenigen Schritten fielen ihr wieder die Augen zu.

Da machte der Weg eine scharfe Kurve nach links, doch Little Pema ging geradeaus weiter. Im letzten Moment bekam Suja sie noch zu fassen. Im letzten Moment, bevor Little Pema in den Abgrund gestürzt wäre.

Er war sehr böse mit ihr und schimpfte sie aus. Little Pema weinte bitterlich über die harten Worte. Aber von nun an ist sie nie wieder eingeschlafen beim Gehen.

Ich muss schmunzeln, als ich Chimes Zeilen lese. »Suja kann sehr jähzornig sein. Stimmt's?«

»Ja! Er wird schnell wütend und hat oft mit uns geschimpft. Aber hinterher tat es ihm immer sehr leid, und er hat sich jedes Mal bei uns entschuldigt. Wir nannten ihn unseren ›Shūshu‹ – das ist das chinesische Wort für ›Onkel‹. Erst später, als ihr zu unserer Gruppe gestoßen seid, wurde irgendwie ›Suja‹ daraus.«

»Er wirkte auf uns, wie ein großer Soldat, als wir euch in den Bergen trafen. Deshalb nannten wir ihn ›soldier‹. Und aus ›Shūshu‹ und ›Soldier‹ wurde schließlich der Name ›Suja‹.«

Suja

Suja wurde von Tag zu Tag wichtiger für uns Kinder. Denn Onkel Nima ging es nicht gut. Er war nach der Durchquerung eines Flusses erkrankt und konnte sich nur noch um den Weg, nicht aber um seine Flüchtlinge kümmern.
Und so bat er Suja, auf uns aufzupassen.
Jeden Morgen ließ Suja uns in einer Reihe aufstellen und steckte jedem von uns fünf kleine Süßigkeiten in die Tasche. »Verwahrt sie gut«, sagte er, »und immer, wenn ihr müde seid und nicht mehr weiterkönnt, esst ihr eines davon.«
Er zeigte so viel Liebe beim Verteilen der Süßigkeiten, dass es jedes Mal etwas ganz Besonderes war.
Kamen wir an ein Wasser, wusch er einem Kind nach dem anderen das Gesicht und cremte unsere Wangen zum Schutz vor der Sonne und Kälte mit Yakbutter ein.
Als wir in ein entlegenes Talstück kamen und uns nicht mehr vor der Polizei zu verstecken brauchten, sang Suja chinesische Lieder für uns. Obwohl er Tibeter war, kannte er keine tibetischen Lieder, sondern nur die unserer Besatzer. Und so konnten wir am Ende unserer Reise ins Exil auch ein Dutzend chinesischer Lieder auswendig.
Wurden wir müde, erfand Suja Spiele. Er ging voran und sagte ein Wort, zum Beispiel, ›Yakkeulenfleischfresser‹. Und der Zweite wiederholte es, dann der Dritte – bis es das Ende unserer Kette erreicht hatte. Oft war dann ein ganz neues Wort geboren.
Suja schaffte es, aus unserer beschwerlichen Flucht ein großes Erlebnis für uns Kinder zu machen. Die gigantische Weite der

Landschaft war unter seiner Obhut nicht länger bedrohlich für uns. Und seit Suja uns erzählt hatte, dass die Sterne am Himmel in Wahrheit unsere Mütter seien, die auf uns aufpassten, hatten wir nicht einmal mehr Angst vor der Nacht.

»Wer hat eigentlich das Lied ›Leuchtender Stern‹ in eure Gruppe gebracht?«

»Das war Dhondup. Er hatte es von seiner Mutter. Anfangs sprach Dhondup kein Wort und war sehr verschlossen. Erst als wir anfingen, Lieder zu singen, ist Dhondup aufgetaut.«

Dhondup

Wir waren drei Mädchen und eine Nachtigall. Denn der einzige Junge unter uns konnte am schönsten singen. Er hieß Dhondup und litt am meisten unter der Trennung von zu Hause, denn er vermisste Mutter und Vater. Als einziges von uns Kindern kam Dhondup aus einer Familie, die nicht zerbrochen war.
»Warum haben deine Eltern dich weggeschickt?«, fragte ich ihn einmal.
»Damit ich, wenn ich groß bin, Minister werde«, antwortete er, und wir Mädchen wurden vor Ehrfurcht ganz stumm.

»Meinst du, dass das stimmt, Chime? Dhondup hat mir auch so etwas Verrücktes erzählt. Er sagte, er ist nach Indien gegangen, um Premierminister der tibetischen Exilregierung zu werden.«

»Ja, er meint das völlig ernst, und das schon seit Jahren!

Er schaut sich im Fernsehen Parlamentsdebatten an, um von der Rhetorik unserer Politiker zu lernen.«

»Als ich Dhondup das erste Mal sah, dachte ich: Dieses Kind hat eine sehr alte Seele.«

»Glaubst du an so was, Maria? Du bist doch gar keine Buddhistin.«

»Ich glaube, dass Seelen von Leben zu Leben wandern, um immer größer und reiner zu werden. Und ich glaube, dass verwandte Seelen einander über viele Leben hinweg immer wieder begegnen.«

Die Frau aus dem Westen

Als der Weg immer weiter und das Essen immer weniger wurde, begann ich nachts seltsame Dinge zu sehen, und die Berge verwandelten sich. Manchmal sahen sie aus wie riesige Portionen von Eiscreme. Und manchmal schienen es große Gebäude zu sein, in denen Hunderte von Kindern herumliefen und spielten. Und irgendwann begannen die Berge zu sprechen. Sie sprachen mit deiner Stimme zu mir, Amalaa! Es waren Erinnerungen. Erinnerungen an früher. Ich hörte dich eine Einkaufsliste diktieren für unseren Gang zum Markt. Ich hörte dich im Gespräch mit den Nachbarn. Dann wieder fragtest du mich chinesische Vokabeln ab. Je weiter wir uns von Tibet entfernten, desto näher war deine Stimme an meinem Ohr.

»*Nun ist es nicht mehr weit bis zur Grenze*«, *sagte Onkel Nima, als die Flecken aus Firn und Eis zu einem großen Schneefeld zusammenwuchsen.*

In der Mittagssonne wurde der Schnee ganz weich, und wir Kinder versanken darin bis zur Brust. Suja nahm Dolkar auf seinen Rücken. Auch Dhondup und Little Pema wurden von zwei jungen Männern getragen. Nur für mich war kein Rücken mehr frei. Ich wurde sehr müde. Und durstig. Unendlich durstig. Ich hätte einen ganzen See leertrinken können. Alles um uns herum war so weiß, und meine Augen brannten vor Schmerz.
Einer der Flüchtlinge konnte nicht weiter und ließ sich in den Schnee fallen. Suja gab ihm einen kräftigen Tritt: »Steh auf!«, rief er, »sei ein Mann! Siehst du das kleine Mädchen, das auf seinen eigenen Beinen über die Grenze geht? Willst du vor ihr wie ein Feigling krepieren?«
Als der Mann jammernd im Schnee liegen blieb, zog Suja sein Messer und hielt es ihm an die Kehle: »Wenn du wirklich sterben willst«, drohte er ihm, »dann erledige ich das jetzt für dich. Ein schneller Schnitt durch die Kehle ist schmerzfreier, als hier langsam und elend zu erfrieren.«
Ich hatte so große Angst. Ich dachte: Jedem, der nicht mehr weiterkann, wird nun die Kehle durchgeschnitten, und ich bin die Nächste!
Und so kämpfte ich mich Schritt für Schritt weiter.
Als wir die Grenze überschritten hatten, wurde es bereits Abend, und von den Gipfeln der Berge fiel dichter Nebel herab.
Plötzlich hörten wir Rufe. Sie kamen von weiter unten, aus Nepal.
Wir hielten inne, konnten aber lange nichts sehen.
Da bemerkten wir fremde Gestalten im Dunst. Sie waren groß und trugen sehr dicke Jacken. Und plötzlich stand eine Frau vor mir. Eine Frau aus dem Westen. Sie hatte lange Haare, wie du! Und sie sagte »Tashi Delek«, wie du!

Und als sie sich herunterbeugte, um mir einen Kuss auf die Stirn zu geben, dachte ich nur noch ein einziges Wort: Amalaa.

»Bist du sicher, Chime? Ich kann mich nicht erinnern, dich auf die Stirn geküsst zu haben.«

»Doch! Ganz sicher! Du hast mich auf die Stirn geküsst.«

»Aber wir mussten doch filmen. Ich wollte unbedingt diesen Moment einfangen, als ihr Kinder da oben von der Grenze herunterkamt.«

»Nein, du hast nicht gefilmt. Du hast gefragt: ›Wer ist der Guide?‹ Dann hast du Onkel Nima begrüßt, dann hast du mir einen Kuss auf die Stirn gegeben – und dann habt ihr begonnen zu filmen.«

Berlin, 2. Mai 2001

Wo fehlts nicht irgendwo auf dieser Welt?
Dem dies, dem das, hier aber fehlt das Geld.

Faust, der Tragödie zweiter Teil, 1. Akt. Vorgetragen werden die Verse von Goethes großem Weltgedicht von einem der renommiertesten Theaterregisseure Deutschlands, bei ihm habe ich mich vor einigen Jahren als Schauspielerin beworben. Ob sich Peter Stein an unsere Begegnung an der Berliner Schaubühne noch erinnert?

Er sagte mir damals, ich hätte nicht die geringste Chance auf eine Rolle in seiner geplanten Inszenierung von Goethes Faust, denn die österreichische Färbung in meiner Aussprache sei viel zu markant für deutsches Theater der A-Kategorie.

In der Nacht nach dem Vorsprechen habe ich von meiner Mutter geträumt. Ein Kind, das von seiner Mutter getrennt wird, geht ein Leben lang über brüchigen Fels. Jeder Misserfolg endet mit einem Sturz ins Leere.

> *In Bergesadern, Mauergründen*
> *Ist Gold gemünzt und ungemünzt zu finden,*
> *Und fragt ihr mich, wer es zutage schafft:*
> *Begabten Manns Natur- und Geisteskraft!*

Peter Steins Lesung ist Auftakt der diesjährigen Axel-Springer-Preisverleihung für junge Journalisten. Mein Film ›Flucht über den Himalaya‹ ist eine von zehn nominierten Reportagen, deren Autoren nun der Reihe nach einem erlesenen Publikum vorgestellt werden. Begonnen wird mit den hinteren Plätzen, ganz nach dem Motto: Die Letzten werden die Ersten sein. Wer zum Schluss übrig bleibt, ist der Gewinner.

Ich hätte mir gerne ein Kleid aus dunkelroter Seide für diesen festlichen Anlass gekauft. Aber Suja hat mir gemailt, dass er dringend Geld braucht für ›unsere Kinder‹.

Sie leben seit ihrer Flucht in einem tibetischen SOS-Kinderdorf in Nordindien. Im Gegensatz zu einem deutschen Kinderdorf, wo nicht mehr als zehn Kinder in einer Hausgemeinschaft leben, muss eine tibetische Hausmutter bis zu vierzig Kinder betreuen. Deshalb habe ich Suja gebeten, sich um ›unsere Kinder‹ zu kümmern. Er nimmt sie jedes Wochenende und in den Ferien zu sich. Er ist auf der Flucht ihr ›zweiter Vater‹ geworden.

In Tibet arbeitete Suja als ›Wujing‹ für die chinesische Militärpolizei. Die Aufgaben eines Wujings können sein, verdächtige Personen zu verhaften, zu verhören, zu foltern und gegebenenfalls zu exekutieren. Da Suja die Sprache der chinesischen Besatzer ebenso perfekt wie Tibetisch spricht, wurde er als Dolmetscher bei den Verhören tibetischer Häftlinge eingesetzt. Und so hat er viel Folter gesehen in seinem Leben. Einem alten Mönch, der im Grenzgebiet mit verbotenen Büchern des Dalai Lama erwischt wurde, wanden seine Kollegen blanken Draht um die losen Zähne und setzten ihn unter Strom. Der ausgemergelte Körper zuckte wie ein sterbender Fisch. Blut und Speichel floss aus seinem Mund, und Suja merkte, wie er innerlich zu beten begann. Er betete darum, der Alte möge besser sterben, als diese Qualen ausstehen zu müssen. Doch der Alte starb nicht, auch nicht beim nächsten oder übernächsten Mal. Je höher seine Kollegen den Regler des Generators schoben, desto mehr verwandelte sich Suja in einen mitfühlenden Menschen. Nachts schmuggelte er Brot und Eier in die Zelle des Alten.

»Ich bitte dich, werde mein Lehrer!«, bat Suja den Mönch, als der Vertrauen gefasst hatte. Denn er kannte nur die chinesische Geschichte seiner besetzten Heimat.

»Es gibt nur einen Weg für dich, die Wahrheit über Tibet zu erfahren«, sprach der Alte zu Suja, »und der führt über die Berge zum Dalai Lama.« Und so machte sich Suja auf den Weg ins Exil. Neben den Grenzstein schrieb er in den Schnee: »Auf Wiedersehen, China. Ich bin weg. Für immer.«

Der Gruß war in chinesischen Schriftzeichen verfasst. Die tibetische Schriftsprache lernte Suja erst im Exil.

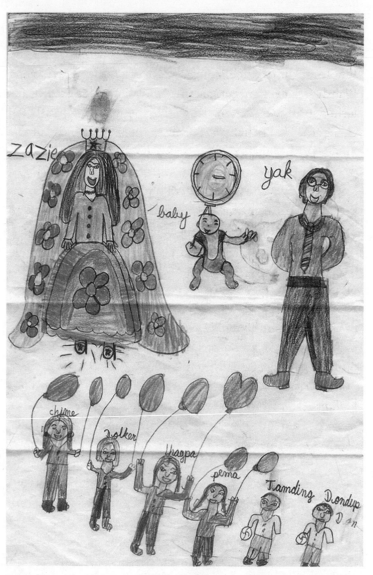

Erster Brief meiner Patentochter Dolkar nach ihrer Flucht aus Tibet

Die ersten fünf Nominierten sind abmoderiert. Die Chance, den Hauptpreis für junge Fernsehjournalisten zu gewinnen, steigt. Zum Glück weiß hier niemand im Saal – denn Peter Stein erinnert sich natürlich nicht an mich –, dass ich in Wahrheit gar keine Journalistin bin, sondern eine Schauspielerin der C-Kategorie, die sich wegen eines erfrorenen Mädchens auf eine langwierige Suche machte.

Die Sechs

Die Frau aus dem Westen hieß Maria. Sie war in die Berge gekommen, um einen Film über Flüchtlingskinder zu drehen. Sie hatte einen tibetischen Führer bei sich, einen Kameramann aus Österreich und einen Beschützer aus Deutschland.
Sie hießen ›Big Pema‹, ›Richy‹ und ›Yak‹.
Und dann war noch ein kleiner Junge bei ihr, dem sie einen Tag vor uns begegnet war. Es war Tamding. Weißt du noch, Ama? Wir waren Tamding in Lhasa begegnet, als du uns das erste Mal zu Onkel Nimas Haus gebracht hast. Eigentlich sollte Tamding mit unserer Gruppe nach Indien kommen. Doch sein Vater wollte nicht so lange warten und vertraute den Sohn schließlich einem anderen Fluchthelfer an.
Tamding hatte damals noch langes, struppiges Haar und eine echte Chupa aus Fell. Nun sah seine Frisur aus wie ein abgeerntetes Feld, und seine abmagerte Gestalt steckte in einer zerschlissenen Mao-Jacke.
»Was ist mit deinen Haaren geschehen?«, fragte ich.
»Ich war im Knast«, sagte Tamding, »dort haben sie mir die Haare gestutzt.«

»Du warst im Gefängnis?«

»Sie haben mich bei meinem ersten Versuch, über die Grenze zu kommen, erwischt.«

»Haben sie dich geschlagen?«

»Nein. Aber ich musste zuschauen, wie sie die Erwachsenen schlugen.«

Dhondup freute sich sehr über das fünfte Kind in unserer Gruppe. Jetzt war er nicht mehr der einzige Junge unter drei Mädchen.

Zwei Tage später fanden wir beim Abstieg noch einen weiteren Jungen. Er war von seinem großen Bruder über die Grenze gebracht worden, und der kannte den Weg nach Indien nicht. Maria nahm auch dieses Kind mit in unsere Gruppe.

Wieder rieb sich Dhondup die Hände und rief: »Nun sind wir drei Jungs und drei Mädchen! Und wenn wir groß sind, hat jeder eine zum Heiraten.«

»Wie heißt du?«, *fragten wir das sechste Kind, doch es wollte nicht mit uns sprechen. Es wollte auch nicht essen oder trinken. Und so nannten wir es den ›stummen, traurigen Jungen‹.*

Doch am dritten Tag sagte er plötzlich: »Habt ihr denn keine Augen im Kopf? Ich bin kein Junge! Ich bin ein Mädchen! Mein Name ist Lakhpa, Lakhpa Tsamchoe.«

So waren wir schließlich zwei Jungen und vier Mädchen und alle nannten uns von nun an nur noch ›die Sechs‹.

Maria und Yak bauten ein Zelt für uns, in dem Richys Film-Equipment untergebracht war. Im Schein unserer Taschenlampen bestaunten wir heimlich die fremdartigen Sachen.

»Wofür ist diese Stange mit dem runden Tier, das aussieht wie

eine Katze?«, fragte ich Tamding, der uns anderen gegenüber bereits einen Wissensvorsprung hatte.
»Das ist das Mikrofon. Das graue Fell schützt es vor den Winden. Und mit der langen Stange fängt Maria unsere Worte ein.«

Berlin, 2. Mai 2001

»Vermisst du deine Mama?«, frage ich Dolkar.

»Sehr«, sagt das Kind und beginnt zu weinen.

»Weine nicht«, tröstet Chime ihre kleine Schwester, »das hat keinen Sinn. Wir werden unsere Amalaa bald wiedersehen. Das hat sie uns doch versprochen. Oder?«

Nachdem ein kurzer Ausschnitt meines kleinen Anfängerfilms gezeigt wurde, wird die Gewinnerin des Abends auf die Bühne gebeten. Der Reißverschluss meiner Stiefeletten schließt nicht mehr richtig, und die einzige lochfreie Hose aus meinem Schrank schlottert um die spitzen Hüftknochen. Auf meinem verwaschenen T-Shirt hat eine Panne mit meiner Parfumflasche einen hässlichen Fleck hinterlassen. ›Free Soul‹ steht quer über meine Brust geschrieben. Zum Glück habe ich heute meinen BH nicht vergessen.

Das Standbild hinter mir zeigt eine Aufnahme von Dhondup. Seine Lippen sind verschorft vom rauen Klima der Höhe. Sein Blick erzählt von Erschöpfung und Schmerz. Acht Jahre war er alt, als er seinen Eltern Auf Wiedersehen sagen musste. Er trug eine rote Jacke und einen kleinen Rucksack aus bunt gewebter Wolle. Zuunterst versteckt lag ein Foto. Es zeigt ihn mit seinen Eltern vor einem blühenden Oleanderstrauch.

Damit du uns nie vergisst, hat seine Mutter auf die Rückseite geschrieben.

Die Zuschauer klatschen. Und ich denke an meinen Freund Kelsang. Während ich hier oben im Scheinwerferlicht stehe, sitzt er vermutlich in einem dunklen Verlies. Vielleicht legen sie ihm gerade einen blanken Draht um die Zähne. Vielleicht hängt er mit seinen Armen an der Decke eines Verhörraumes. Vielleicht schlagen sie ihn mit ihren elektrischen Schlagstöcken.

Ich habe alles über die Foltermethoden der Chinesen gelesen.

Die Moderatorin Maria von Welser überreicht mir das Preisgeld. Und dann soll ich sprechen. Aber mir fällt nichts ein, das diesem Moment angemessen wäre. Wie soll ich mich freuen, wenn Kelsang noch leidet? Wie soll ich mich freuen, wenn ich nicht einmal weiß, ob er überhaupt noch lebt?

Tibet, im Frühjahr 2002

Ich hatte die Kälte, den Hunger und die Schmerzen im Weidenbaum überlebt.
Nun ließ man mich für längere Zeit in Ruhe. Ein halbes Jahr lang wurde ich zu keinem Verhör mehr geholt. Dies war mein Sieg der Beharrlichkeit über die Brutalität. Schließlich verlegten sie mich in ein Gefängnis in meiner Heimatprovinz Kham.

Achtzig Gefangene werden in den Osten Tibets transportiert, zusammengepfercht wie Hühner hocken die Häftlinge auf der Ladefläche des Militärlastwagens. Mitten unter ihnen Kelsang. Es gibt keine Plane, welche die dünn bekleideten Männer vor dem eisigen Fahrtwind schützt oder vor den Blicken der Menschen. Wie Schauobjekte werden sie durch das Land gefahren: Ausgemergelt, unrasiert, mit struppigem Haar und zerschlissenen Kleidern. Manche Gesichter sind von den Spuren schwerer Folter gezeichnet. Ihr Anblick sagt den Schaulustigen: So sehen jene aus, die Hochverrat an China begangen haben, weil sie versuchten, das Land zu verlassen.

Die meisten Gefangenen stammen aus der Provinz Amdo und wurden bei illegalen Grenzgängen erwischt.

Am schlimmsten ergeht es jenen, die versuchten, Botschaften aus Dharamsala nach Tibet zu bringen. Mit Büchern und Schriften des Dalai Lama im Rucksack werden einfache Pilger und Grenzgänger zu potentiellen Terroristen.

Kelsang hat bei jedem seiner Grenzgänge verbotene Bücher aus Indien nach Tibet gebracht. Sie fanden immer reißenden Absatz. Heute, wo die meisten Haushalte über einen Fernseher verfügen, sind Videos noch beliebter. Mit den bewegten Bildern brachte Kelsang den Menschen ihr vertriebenes Oberhaupt nach Tibet zurück. Ihn leibhaftig zu sehen, bei guter Gesundheit und bester Laune war vor allem für die Alten und Kranken beglückend, die den Dalai Lama in diesem Leben vermutlich nie wiedersehen werden.

In seinem kleinen Zimmer in Lhasa hatte Kelsang ein Loch in den Boden gegraben, in dem er die geschmuggelten Videokassetten versteckte. Er schloss das Loch mit Mörtel und Lehm und stellte sein schmales Bett darüber.

Nahm ein Mittelsmann mit ihm Kontakt auf, grub Kelsang die verbotene Ware wieder aus. Er steckte das Video unter den weiten Ärmel seiner traditionellen Chupa und ging damit auf den Barkhor. Im ewigen Strom der Pilger, die den Jokhang mit ihren Gebeten umkreisen, würde sich der Empfänger durch ein mit dem Mittelsmann vereinbartes Zeichen bemerkbar machen. Hatte Kelsang ihn bemerkt, ging er auf den Fremden zu und begrüßte ihn wie einen Freund. Vertraulich fasste man sich an den Händen. Und während sie über das Wetter oder die bevorstehende Ernte plauderten, wanderte unter den weiten Ärmeln der Chupa das verbotene Video von einem zum anderen. Manchmal wanderte auch etwas zurück: ein Geldschein oder ein Apfel. Manchmal bekam er bloß einen Händedruck zum Dank.

Vom Erlös dieser Arbeit konnte sich Kelsang nicht einmal eine Tasse Buttertee kaufen. Aber gut so. Er wollte nie am Dalai Lama verdienen. Es wäre genauso gewesen, als verkaufe er Gott.

Als er das letzte Mal im Dezember 1999 nach Lhasa gekommen war, stand die Tür zu seinem Zimmer sperrangelweit offen. Seine gesamte Habe war aus dem Schrank gerissen. Doch das geheime Versteck unter dem Bett hatten jene, die nach ihm suchten, nicht entdeckt. Er sah die Zerstörung in seiner ärmlichen Behausung und floh.

Vermutlich hat das Zimmer längst einen neuen Mieter gefunden. Vielleicht werden seine vier Wände jetzt vom fröhlichen Geplapper einer Familie erfüllt. Oder von den Geräuschen der Liebe. Eines ist sicher, sein altes Zimmer wird seinen neuen Bewohnern gewiss Glück bringen. Denn in den

Fundamenten vergraben liegen die verbotenen Worte des Dalai Lama.

Seine Hände sind bloß mit Seilen gefesselt. Es wäre nicht schwierig, sich zu befreien. Es wäre auch möglich, vom Lastwagen herunterzuspringen. Warum bloß bringen sie ihn in seine Heimat Kham? Vielleicht wollen sie ihm seine ehemalige Frau gegenüberstellen.

»Wer ist das?«, werden sie fragen.

Und Tashi Jinpa wird sagen: »Das ist Kelsang Jigme. Ich habe drei Söhne mit ihm. Aber er ist schon lange nicht mehr mein Mann.«

Das Auftauen erfrorener Finger schmerzt mehr als ihr langsames Einfrieren. Diese Regel der Berge gilt auch für sein Herz.

Einer der Gefangenen sieht aus wie ein Lama. Seine Augen sind so klar wie ein See. Vielleicht spiegelt sich die Zukunft darin.

»Kannst du mir das Orakel machen?«, flüstert Kelsang ihm zu.

»Was möchtest du wissen, mein Bruder?«

Er spricht den Dialekt der Amdo-Tibeter. Die Amdo sind Meister im Hellsehen.

»Ich möchte von diesem Wagen springen. Denn dort, wo man mich hinbringt, bin ich verloren.«

Der Lama taucht tief, dorthin, wo alle Schicksale miteinander verwoben sind, in den Urgrund des Seins.

»Du bist zu schwach«, sagt der Lama, »sieh dich doch an. Du bist durch schwere Folter gegangen. Du wirst den Sprung in die Freiheit nicht schaffen. Besser ist es, nach Kanze zu gehen. Vertraue mir, die Zeit der Tränen ist bald vorüber.«

Köln, 3. März 2002

Frühnebel liegt auf der glatten Oberfläche des Sees. Noch träumen die Schwäne im Wasser. Tau liegt auf den Gräsern. Es ist ein guter Tag, um einen Sohn zu gebären. Ich habe auch schon einen Namen für ihn: Simon, nach meinem blonden Beschützer in Tibet.

»Wollen Sie eigene Kinder?«, fragte mich vor neun Monaten eine junge Journalistin, die ein Porträt über mich machen sollte.

»Nein. Wozu auch?«, antwortete ich, »ich habe sechs tibetische Kinder in Indien.«

In der darauffolgenden Nacht wurde ich schwanger.
Den Vater des Kindes hatte ich ein Jahr zuvor kennengelernt. Im Fitnessstudio, wo ich für meinen zweiten Grenzgang trainierte.

»Wie heißt du?«, fragte er mich.

»Maria ... Und du?«

»Jörg.«

»Alle wichtigen Männer meines Lebens heißen Jürgen oder Jörg.«

»Das trifft sich ja prächtig.«

»Weißt du überhaupt, was dein Name bedeutet?«

»Nicht wirklich.«

»Der heilige Georg hat die Königstochter vom bösen Drachen befreit. Als Belohnung wollte ihm der König seine Tochter zur Frau geben. Doch Georg zog weiter. Es ging ihm um den Kampf und nicht um die Beute. Im Buddhismus heißt das: Der Weg ist das Ziel. ›Jörg‹ und ›Jürgen‹ sind Ableger dieses selbstlosen Patrons.«

»Okay. Und jetzt?«

»Könnte ich heute bei dir übernachten? Ich müsste dringend mal ausschlafen.«

»Bist du obdachlos?«

»Nein. Ich habe nur Angst alleine zu Hause.«

»Wovor? Vor Gespenstern?«

»Nein. Vor den Chinesen.«

Als ich dann wenige Tage später in den Himalaya aufbrach, um meinen Film über tibetische Flüchtlinge zu drehen, besorgte sich Jörg hohe Bergstiefel, eine Daunenjacke und eine Sturmmütze, um mir Hals über Kopf hinterherzureisen. Er assistierte meinem Kameramann, zauberte mit einem kleinen Sonnenreflektor Licht in den Film und half mir, sechs Kinder zu trösten, die jede Nacht nach ihren Amalaas weinten. Sie konnten das ›ö‹ in seinem Namen nicht aussprechen und machten aus ›Jörg‹ einfach ›Yak‹. Da erwischte ich mich bei dem Gedanken, dass dieser ›Rheinländische Yak‹ auch ein brauchbarer Vater sein könnte.

Doch zurück in Deutschland gingen wir wieder getrennte Wege.

Dann schickte uns die kleine Dolkar einen schicksalweisenden Brief aus Indien.

Genau genommen war es ein Bild, das sie für uns beide gezeichnet hatte. Ein rundes Baby hing zwischen ›Yak‹ und ›Zazie‹, wie die Kinder mich damals nannten, an einer Waage.

»Was will sie uns damit bloß sagen?«

Und er schaute mir etwas zu tief in die Augen.

Ein Schwan kommt majestätisch ans Ufer geschwommen, steigt aus dem See und plustert sich aufgeregt vor mir auf. Irgendetwas beunruhigt mich.

Nicht der Schwan. Auch nicht die bevorstehende Geburt. Etwas anderes erfüllt mich mit Sorge: Zu lange habe ich nichts mehr von meinem besten Freund Jürgen gehört.

Vorgestern hatte ich beim Auspacken meiner Umzugskartons alte Fotos gefunden und ihn spätabends noch angerufen. »Hey, Jürgelchen!«, rief ich in den Hörer hinein, »wenn du nicht lachst, siehst du aus wie ein Prinz. Möchtest du nicht doch mal zum Zahnarzt gehen?«

»Ich bin aber kein Prinz«, sagte Jürgen sehr ernst. »Ich bin nichts weiter als der lästige Frosch. Schmeißt du mich gegen die Wand, ist hinterher nichts.«

»Im Nichts ist alles enthalten.«

»Du hast deine Wahl getroffen. Dein Leben ist gut. Du brauchst mich nicht mehr.«

»Beziehungen sind zerbrechlich. Beste Freundschaften nicht.«

Der Schwan legt sich zu meinen Füßen und ist plötzlich ganz still. Auch das Baby in meinem Bauch rührt sich nicht mehr. Die letzten Tage war es unentwegt in Bewegung. Doch plötzlich ist es ganz still. Sogar der Nebel steht reglos über dem Wasser, als wäre er vor Kälte gefroren.

Eine dumpfe Gewissheit ergreift meine Seele. Ich wähle Jörgs Nummer: »Bitte hol mich vom Aachener Weiher ab, ich glaube, Jürgen ist tot.«

Sein kornblumenblaues Auto steht vor der Haustür. Ich klingele Sturm. Doch er öffnet nicht.

Das Baby drückt sich bereits kräftig ins Becken, als ich zu Jürgens Wohnung hochsteige.

Ich suche ihn vergeblich in seinem Bett. Ich suche ihn vergeblich im Bad, in der Küche.

»Geh nicht hinein«, sagt Jörg und versperrt mir den Weg ins Wohnzimmer.

»Lass mich! Lass mich zu ihm.«

Und Jörg lässt mich gehen. Zu meinem Freund Jürgen.

Er liegt auf dem Sofa. Und es sieht aus, als schlafe er nur.

Der beste Freund meines Lebens ist kurz vor der Geburt meines Sohnes gestorben.

April 2002 in Tibet – Der tibetische Doktor

Selbst im Gefängnis in Kham versuchte man vergeblich, mir meine Identität nachzuweisen. Im Registerbuch tauchte der Name ›Kelsang Jigme‹ mit dem passenden Geburtsdatum nicht auf. Irgendwann in den sechziger Jahren, als jeder Bewohner registriert werden musste, hatte man einen kleinen Fehler begangen, der mir nun, viele Jahre später, das Leben rettete. Wieder hatten sie keine Beweise, dafür aber die Macht der Schläge.

»Man wird dich hier zu lebenslanger Haft verurteilen. Du weißt, was das bedeutet?«

»Dass ich nicht so schnell wieder hier rauskomme.«

»Es bedeutet, dass du nie wieder hier herauskommst. Eine

lebenslange Haftstrafe kann nicht mehr heruntergestuft werden.«

Kelsang sinkt zu Füßen eines uniformierten Beamten nieder. »Ich bitte Sie, geben Sie mir eine limitierte Haftstrafe!«

»Wir haben Beweise, dass du mit einer deutschen Journalistin zusammengearbeitet hast.«

»Ich spreche nicht einmal Chinesisch. Wie sollte ich die Sprache der Inji verstehen?«

»Wir werden dir die Beweise hier auf den Tisch legen.«

»Ich bitte darum. Vielleicht wissen Sie mehr als ich.«

»Willst du für immer im Gefängnis bleiben?«

»Ich möchte nur das, was mir zusteht.«

»Das kannst du haben«, sagen sie und stoßen Kelsang zu Boden ...

Die Wolken werden sich auflösen.
Eines Tages wird wieder die Sonne scheinen.
Gutes wird dir geschehen.
Wenn nicht jetzt, dann doch in der Zukunft.

Die Zelle, die Kelsang mit einundzwanzig Häftlingen teilt, verfügt nur über einen einzigen Eimer zum Urinieren. Kelsang verrichtet sein Geschäft in der Nacht. Denn seit dem letzten Verhör will sein Urin nicht mehr fließen. Jeder Tropfen, der sich durch die verletzte Harnröhre quetscht, schmerzt bis ins Mark. Tropfen für Tropfen. Es dauert Stunden, den Drang abzubauen. Um sich wach zu halten, singt Kelsang ein Lied. Er hat es selber erfunden.

Der große Eissturm wird sich legen.
Dann schmilzt auch der Schnee in den Tälern dahin.
Gutes wird dir geschehen.
Wenn nicht jetzt, dann doch in der Zukunft.

Am nächsten Morgen findet man ihn bewusstlos neben dem Eimer. Ein Arzt wird aus der nahe gelegenen Klinik gerufen. Er ist Tibeter und nicht mehr der Jüngste.

Er erinnert Kelsang entfernt an jenen freundlichen Doktor, der sich vor vielen Jahren um seine sterbende Tochter bemüht hatte.

»Sie scheint zu schwach für dieses Leben zu sein«, hatte der Arzt damals gesagt. Und echtes Bedauern hatte in seiner Stimme gelegen.

»Was ist geschehen?«, fragt der Doktor, während er Kelsangs Schambereich abtastet.

»Ich bin in eine Schlägerei auf dem Gefängnishof geraten«, antwortet Kelsang. Ihr Gespräch wird von einem Beamten protokolliert.

Der Doktor schaut ihn aufmerksam an.

»Machen Sie sich bitte auch oben frei«, sagt er schließlich.

Und während er Kelsangs Herzschlag abhört, murmelt er leise: »Eine weitere Schlägerei werden Sie nicht überleben.«

Und echtes Bedauern liegt in seiner Stimme.

Nach jeder Nacht kommt der Tag.
Nach jedem Regen richtet das Gras sich von neuem auf.
Gutes wird dir geschehen.
Wenn nicht jetzt, dann doch in der Zukunft.

»Du hast Glück«, sagt der Wärter, als er Kelsang wenige Tage später aus der Zelle herausholt, »Glück, dass du Freunde hast, die für dich bezahlen.«

Am Ende des langen Ganges wartet ein altes Pärchen auf ihn. Der gebeugte Mann stützt sich auf einen Stock. Das Haar der Frau ist unter dem roten Kopftuch schlohweiß.

»Wangdu«, flüstert Kelsang und sinkt in die Arme seines Cousins. »Lhamo Dolma.«

»Wir sind gekommen, um dich nach Hause zu holen«, sagt seine Liebe.

Graz, im Dezember 2003 – In Sprachlosigkeit gefangen

›Help-TV‹ heißt die österreichische Talkshow, die mich in das Landesstudio von Graz gebeten hat. Ein fünfzehnjähriges Mädchen, das kurz nach der Geburt als Findelkind ausgesetzt wurde, hofft über einen Aufruf im Fernsehen die leibliche Mutter zu finden. Meine Aufgabe ist es, den philosophischen Überbau dieser Sendung zu liefern.

Die österreichische Talkmasterin Barbara Stöckl stellt mein Buch ›Flucht über den Himalaya‹ vor, das ich kurz nach der Geburt unseres Sohnes geschrieben habe. Mit dem Kind an der Brust war es manchmal schwer, die Geschichte tibetischer Mütter niederzuschreiben, die ihre Kinder für immer fortschicken müssen.

Jetsun Pema, die jüngere Schwester des Dalai Lama, sagte mir einmal im Interview: »Es ist nicht so, dass diese Mütter ihre Kinder nicht lieben. Sie schicken sie fort, weil sie ihre Kinder lieben und das Beste für sie wollen.«

»Inwiefern hat die frühe Trennung von der Mutter auch Ihr Leben bestimmt?«, fragt mich die Talkmasterin nun. Sie hat sehr genau gelesen. Nur zwei kleine Sätze geben, zwischen all den anderen Zeilen, einen versteckten Hinweis auf meine eigene Geschichte:

Als ich zweieinhalb war, habe ich meine Mutter zum letzten Mal gesehen. Sie ging aus dem Zimmer, und ich wusste, sie würde nie mehr wiederkommen.

Ich gerate ins Schleudern. Und das live. Es ist offensichtlich, dass dieses Ereignis mein Leben geprägt hat. Ich bin bis ans Ende der Welt gereist, um herauszufinden, warum Mütter ihre Kinder fortschicken ... vermutlich um eine Antwort auf mein eigenes Leben zu finden.

»Haben Sie Ihre Mutter jemals wiedergesehen?«, fragt die Moderatorin weiter.

»Als Kind habe ich mir immer vorgestellt, sie sitzt im Schulbus und beobachtet mich. Oder sie steht vor dem Schultor und wartet auf mich. Ich habe immer davon geträumt, meiner Mutter irgendwann wiederzubegegnen. Aber offenbar habe ich zu lange damit gewartet. Sie ist drei Monate vor meinem achtzehnten Geburtstag gestorben.«

Nach der Sendung spüre ich den Boden unter meinen Füßen nicht mehr. Dass ich ihn ausgerechnet in ›Help-TV‹ verlor, ist Ironie meines seltsamen Schicksals. Mein Leben lang war ich in Sprachlosigkeit gefangen.

Man schwieg über meine Mutter, als ich ein Kind war. Als ob sie nie dagewesen wäre. Und ich habe nicht gewagt, Fragen zu stellen.

Einmal, ich war noch klein, lockte mich meine Freundin, ein Nachbarskind meiner Großmutter, in das abgedunkelte Schlafzimmer ihrer Eltern, um mir etwas ›sehr Geheimes‹ zu zeigen. Sie öffnete die Schublade zum Spiegeltisch ihrer Mutter. Darin lagen Zeitungsausschnitte mit den Fotos einer sehr schönen Frau. Sie hatte lange, blonde Locken, trug einen schwarzen Umhang und einen schwarzen Hut. Sie saß traumverloren vor einem großen Gemälde.

»Das ist deine Mutter«, flüsterte mir meine Freundin zu, »sie ist eine berühmte Malerin.« Meine Freundin ging schon zur Schule. Ich selbst war noch im Kindergarten.

»Kannst du mir vorlesen?«, flüsterte ich mit zitterndem Herzen.

Und dann las eine Siebenjährige einer Sechsjährigen vom spannenden Leben ihrer verschollenen Mutter vor.

Wenige Jahre später wurde meine Mutter zur ›wildesten Gräfin Kitzbühels‹ stilisiert.

Schließlich sorgte ihre Heirat mit David Cameron, dem Exmann von Hildegard Knef, für Schlagzeilen in der österreichischen Presse. Gegenüber den Journalisten erklärte meine Mutter: »Ich wünsche mir so sehr ein Kind! Ich wünsche mir, endlich Mutter zu werden.«

Ich war zwölf Jahre alt, als ich diese Worte in der Klatschspalte einer österreichischen Tageszeitung las und begann ernsthaft, an meiner Existenz zu zweifeln. Es ist ein seltsames Gefühl, nicht wirklich vorhanden zu sein – ähnlich einem Wolkenwesen am Himmel, das im nächsten Moment von den Winden der Höhe auseinandergerissen wird.

Ich war auf dem Weg zum Supermarkt, als ich erfuhr, dass

meine Mutter gestorben war. Näheres konnte ich in der Zeitung nachlesen.

Zwei Tage nach der Talkshow bekomme ich einen Anruf aus Österreich. Es ist die jüngere Schwester meiner Mutter. Sie hat mich zufällig im Fernsehen gesehen.

»Es ist Zeit, einander kennenzulernen«, höre ich eine fremde Stimme am anderen Ende der Leitung sagen. »Es ist endlich Zeit, miteinander zu reden.«

Sie heißt – wie ich – Maria.

Tibet, im März 2004 – Auf Wiedersehen, Tibet

Ein Jahr lang blieb ich bei Wangdu und Lhamo Dolma. Im Krankenhaus bekam ich meine Behandlungen und meine Medizin umsonst. Es war, als läge eine schützende Hand über meinem Leben.

Schließlich fühlte ich mich stark genug, um nach Lhasa zu gehen.

»Bleib doch«, bat mich Lhamo Dolma, »jetzt sind wir endlich zusammen!«

»Ich kann nicht, Lhamo-la. Mein Leben bliebe stehen hier in Dhongo. Jenseits des Himalaya warten meine Söhne auf mich.«

Wir wussten, es war ein Abschied für immer.

In Lhasa verdingte ich mich in einem Steinbruch, um Geld für meine Flucht zu verdienen. Dabei traf ich einen alten Freund. Sein Name ist Tashi, ›Tashi, der Guide‹.

»Warum schuftest du im Steinbruch?«, fragt Tashi, »du bist Fluchthelfer. Du kannst dir deinen eigenen Grenzgang finanzieren, indem du Leute mit über den Pass nimmst.«

»Ich besitze weder Schuhe noch Jacke. Sie haben mir alles genommen im Gefängnis.«

»Lass uns gemeinsam eine Gruppe nach Indien bringen und die Einnahmen teilen.«

»Ich wollte aufhören mit diesem Job.«

»Du kannst nicht alleine über die Grenze, Kelsang. So vieles hat sich verändert in den letzten vier Jahren.«

Tashi holt seine Zigaretten aus der Manteltasche und bietet dem Freund eine an. Dankend lehnt Kelsang ab: »Ich rauche nicht mehr.«

Aus einer kleinen Dose streut er zwei Häufchen Tabak auf den Handrücken und zieht das braune Pulver in seine Nase. Es lindert die Schmerzen im Kopf, die ihn seit den Verhören quälen.

»Okay«, sagt Tashi, »dann gehe ich mit dir. Ich werde dich über die Grenze bringen.«

Die Chinesen haben eine Militärstraße bis zum Rastplatz der Grenznomaden gebaut. Auch hier boten einst kleine Unterschlüpfe aus Stein heimlichen Grenzgängern Schutz.

Nun müssen Kelsang und Tashi den Ort im Dunkel umwandern. Versteckt hinter einem Bergrücken beobachten sie eine Kolonne von Lastwagen.

»Was haben sie vor?«, fragt Kelsang den Freund.

»Sie bauen die höchstgelegene Polizeistation unseres Landes. Sie wollen den Grenzpass unter ihre Kontrolle bekommen.«

»Alley«, flüstert Kelsang, »dann müssen wir in Zukunft neue Fluchtwege finden.«

Mit wachsender Höhe schwindet Schritt für Schritt die Heimat, und in Kelsangs Herzen erwacht zaghaft die Vorfreude auf sein neues Leben, doch kurz vor der Grenze streckt noch einmal das alte die Hand nach ihm aus. Schwieriger als einen geliebten Menschen zurückzulassen ist es für die Seele, sich vom vertrauten Leid zu befreien.

Die Vergangenheit zieht wie ein unsichtbarer Faden an Kelsang. Sie zieht ihn zurück nach Tibet. Es ist, als sitze seine Seele noch immer in einem Tschenpessi unter der Erde gefangen.

»Du musst weiter, mein Freund«, sagt Tashi.

»Ich kann nicht mehr. Mein Körper schmerzt. Alles tut weh.«

»Versuch es! Du darfst nicht aufgeben, so knapp vor dem Ziel!«

»Es macht keinen Sinn für einen alten Mann, noch einmal neu anzufangen.«

»Kelsang Jigme, steh auf! Lass nicht zu, dass die Chinesen über dich siegen!«

Tashi zieht den erschöpften Freund aus dem Schnee und hilft ihm, diese letzten Schritte über die Grenze zu gehen. Schon ist vom Pass das Flattern der Gebetsfahnen zu hören.

»Auf Wiedersehen, Tibet«, flüstert Kelsang in die mondlose Nacht.

Am nächsten Tag treffen sie beim Abstieg drei Drogpa. Mit leeren Säcken und schnellen Schritten kommen sie ihnen aus Nepal entgegen.

»Ihr habt es aber eilig!«, ruft Tashi.

»Ja!«, entgegnet der jüngste, »wir haben vor kurzem geheiratet!«

Als die drei Brüder näher kommen, kneift der älteste von ihnen die Augen zusammen: »Bist du nicht Kelsang Jigme? Natürlich, er ist es!«

»Ja, ich bin Kelsang Jigme. Mein Haupt ist nur etwas weißer geworden.«

»Seit vier Jahren halten wir Ausschau nach dir!«, ruft der mittlere Bruder, »deine Frau hat dich hier oben gesucht.«

»Meine Frau?«

»Ja! Deine Frau aus dem Westen!« ereifert sich der jüngste. »Sie trug wie eine Khampa-Frau zwei Zöpfe und deine Schuhe.«

»Sie war hier oben, um mich zu suchen?«

»Damals weinte sie viele Tränen um dich. Ein halbes Jahr später haben wir sie wieder gesehen. Da trug sie hundertacht Zöpfe, wie die Frauen in Amdo, und hatte drei neue Männer dabei: zwei Inji und einen Tibeter.«

»An deiner Stelle würde ich mich sputen«, rät ihm der älteste Bruder, »du weißt ja, Frauen warten nicht gerne.«

Am nächsten Tag erreichen Kelsang und Tashi den großen Felsen, den die Götter in der Mitte gespalten haben. Wie ein Siegestor steht er in der Landschaft und öffnet den Weg in das blühende Land der Sherpa.

Zwischen den grünen Matten aus Wacholder und Flechten

schmelzen in der warmen Mittagssonne die letzten Flecken Schnee dahin. In zartestem Violett und sattem Gelb strecken sich die ersten Frühlingsblumen der Sonne entgegen. Eine Herde schwarzer, langhaariger Yaks bewegt sich grasend über die Wiese. An seinen Hirtenstab gelehnt wacht ein alter Sherpa über die Herde, gemächlich seine Wollspindel drehend.

»Hey, Pempa!«, ruft Kelsang, »wie die Jahre vergehen. Mir scheint, dein Rücken ist noch krummer geworden.«

Sherpa Pempa legt die Hand schützend über die Augen. »Ist das Kelsang? Ist das Kelsang Jigme? Tatsächlich! Du bist ja ganz weiß! Was ist nur aus deinem schönen schwarzen Haar geworden?«

»Man wird nicht jünger, mein Freund!«

Neben Pempas Hütte steht nun ein gezimmertes Haus mit richtigen Fenstern und Türen.

»Mein Sohn Mingma hat diese Herberge für Bergsteiger gebaut«, erklärt Pempa, als er Tashi und Kelsang in seine frisch gestampfte Stube hereinbittet. Seine Frau Lhamo bietet den willkommenen Gästen Bier in Flaschen an, und Mingma reicht die Menükarte zum Bestellen der Speisen. Hinter einer Verkaufsvitrine liegen verstaubte Snickers und Kekse.

»Deine Frau war hier«, erzählt Lhamo, als sie alle gemütlich an ihrem Herd beisammensitzen.

»Hatte sie tatsächlich hundertacht Zöpfe?«

»Beim ersten Mal hatte sie zwei Zöpfe und beim nächsten Mal hundertacht.«

»Ist sie nach Tibet gegangen?«

»Nein, nur hoch in Richtung der Grenze. Aber sie hat sechs tibetische Kinder gefunden und mit sich genommen.«

Wiedersehen mit Kelsang – Indien, im September 2004

Dreizehn Stunden dauert die Fahrt. Neun davon sind gerade, vier kurvig bis zum Erbrechen und zwei davon sehr nahe am Abgrund. Hoffentlich ist der indische Fahrer nicht zu bekifft. Zum Glück fahre ich die Strecke von Delhi nach Dharamsala diesmal nicht alleine. Jan und Tao begleiten mich.

Jan ist mein junger Assistent und Tao mein neuer Cousin. Seit meinem österreichischen Fernsehauftritt füllt sich mein Leben mit Familie und Freunden.

›Achtung vor dem bisschen Hund‹ stand warnend auf dem Schild am Tor, durch das ich das seltsame Reich meiner mir unbekannten Tante betrat. Schwanzwedelnd sprang der wahrhaft kleine Hund an mir hoch, ein Perlhuhn stolzierte zwischen den Bäumen umher, an denen bunte, tibetische Gebetsfahnen flatterten.

»Da bist du ja«, sagte Tante Maria und stellte mir ihre drei Söhne vor: Tao, Tassilo, Timmi.

Timmi spielte mit meinem Sohn Simon, Tassilo half seiner Mutter beim Kochen und Tao, der genauso aussieht wie ich, überließ mir schließlich sein Bett. Kurz bevor ich die Augen schloss, entdeckte ich in der Mitte der Zimmerdecke statt einer traditionellen Stuckrosette den ›Unendlichen Knoten‹. Ich habe das stärkste tibetische Glückszeichen an den Anfang meiner Homepage gestellt. Tao hat es an die Decke seines Zimmers gemalt.

Fünfunddreißig Jahre war ich von diesem Teil meiner Familie getrennt. Und dennoch sind unsere Seelen ähnliche Wege gegangen.

Kelsang ist aus Tibet zurückgekommen. Die Nachricht erreichte mich am 27. März 2004. Dies war der Tag, an dem mein Leben wieder leicht wurde. Vier Jahre hatte Kelsangs Verschwinden mein Gemüt wie eine düstere Wolke verdunkelt. Wie wird es nun sein, ihm gegenüberzustehen? Wie wird er auf mich reagieren? Wegen meines Projektes ist Kelsang in die Hände der chinesischen Polizei geraten. Vielleicht ist er böse auf mich, verbittert über die verlorenen Jahre. Vielleicht ist sein Herz voller Vorwürfe gegen mich. Am Schluss jeder Geschichte, die das Glück hat, zu Ende erzählt zu werden, steht immer die Wahrheit.

»Warum ist meine Mutter gestorben?«, fragte ich meine Tante Maria, als wir uns unsere erste gemeinsame Zigarette teilten.
»Willst du es wirklich wissen?«
»Natürlich!«
»Sie hat die Trennung von dir nie verkraftet.«
»Aber sie ist doch aus meinem Leben gegangen.«
»Nein. Die Geschichte war anders. Aber dazu ist es jetzt noch zu früh.«

Wie Sterne blinken die Lichter von McLeod Ganj zwischen den dunklen Hängen der Dhauladhar-Berge. Die Siedlung der Tibeter schwebt über dem indischen Städtchen Dharamsala wie eine Fata Morgana. Unten leben die Inder. Oben die gesponserten Tibeter.

Manchmal kracht es zwischen den beiden.

Für mich ist Dharamsala der widersprüchlichste Ort dieser Welt. Heilig und schmutzig zugleich. Erste Anlaufstelle für Flüchtlinge aus Tibet und Auffanglager für Sinnsuchende dieser Welt. Hier kann man unglaublich hart daran arbeiten, sich selbst ein paar Millimeter näherzukommen. Hier finden junge Tibeter, die vom goldenen Westen träumen, und junge Menschen, die dem vermeintlichen Gold des Westens den Rücken gekehrt haben, zusammen.

Ich suche Kelsang. Die Rollläden der Geschäfte und Teestuben werden bereits geschlossen, die Lichter gehen aus, die Hunde rotten sich zu ihrem nächtlichen Konzert zusammen.

Und ich habe meine Ohrstöpsel in Deutschland vergessen.

»Lasst uns noch etwas spazieren gehen«, sage ich zu Tao und Jan. »Irgendwo dort oben am Hügel müsste er wohnen.«

Durch eine enge, matschige Gasse steigen wir hinauf zum letzten brennenden Licht. Eine steile Treppe führt auf das flache Dach eines Hauses, auf das noch ein weiteres Häuschen gebaut ist. Vor der Tür stehen fünf Paar Schuhe. Sie gehören zwei Männern, einer Frau mit zierlichen Füßen und zwei kleinen Mädchen. Die Tür steht offen, der Vorhang des Eingangs bewegt sich im Wind.

Von drinnen ist das Geräusch eines Fernsehers zu hören.

»Kelsang?«, flüstere ich in die Nacht.

Wenige Sekunden später steht er vor mir. Er zittert vor Aufregung, als wir einander umarmen. Ich bin dankbar. Vier Jahre habe ich auf diesen Moment gewartet.

Kelsang bittet Tao, Jan und mich ins Haus seines ältesten Sohnes Jigme.

Jigme ist ein sehr ernsthafter, junger Mann. Seine junge Frau heißt ebenfalls Kelsang. Gemeinsam heißen die beiden ›Kelsang Jigme‹.

Während Kelsang in Tibet verschollen war, haben Kelsang und Jigme zwei Töchter bekommen, Tenzin Künzel und Tenzin Woser. Aus der dreiköpfigen Familie war bei Kelsangs Rückkehr plötzlich eine fünfköpfige und Kelsang stolzer Großvater geworden.

»Ich habe übrigens auch ein Kind bekommen«, sage ich zaghaft.

Es ist leichter, diese Nachricht in eine große Runde hineinzugeben, als es Kelsang alleine unter vier Augen zu sagen. Ich spüre, wie er in sich zusammenfällt.

»Ist es ein Junge oder ein Mädchen?«, fragt er schließlich und wagt nicht, mich dabei anzusehen.

»Ein Junge. Er ist jetzt zweieinhalb Jahre alt.«

Nun rechnet Kelsang innerlich nach, wann ich meinen Sohn empfangen habe. Alle schweigen. Jeder im Raum weiß Bescheid: Mein Leben ging weiter. Kelsangs Leben blieb stehen.

»Es tut mir leid«, sage ich und greife nach seiner Hand.

»Dann hätte ich wohl besser eine gestreifte Schürze für dich gekauft«, sagt Kelsang, lächelt tapfer und holt ein Geschenk aus dem Wandschrank.

»Als mein Vater hörte, dass du nach Dharamsala kommst,

war er den ganzen Tag auf den Beinen, um ein Geschenk für dich zu suchen«, sagt Jigme und schmunzelt.

Kelsang legt eine Kette in meine Hände. Sie ist aus Silber mit einem riesigen Amulett, in dessen Mitte ein prachtvoller Amethyst eingelassen ist.

Dies ist das Geschenk eines Mannes, der liebt.

Die Schwiegertochter bringt zwei Kannen Tee aus der Küche.

Ich nehme den süßen, Kelsang jenen, der salzig ist.

Als die Sonne hinter dem dampfenden Horizont der indischen Tiefebene auftaucht und der Klang des Muschelhorns die Mönche und Nonnen des Exils zum Morgengebet ruft, ist es Zeit, ins Kinderdorf zu gehen, wo Chime, Dolkar, Dhondup, Little Pema, Lakhpa und Tamding voller Ungeduld auf mich warten.

Epilog

Tseewa Amalaa, liebe Mutter,
Jahr für Jahr haben Dolkar und ich auf deinen versprochenen Besuch aus Tibet gewartet. Nachdem fünf Jahre verstrichen waren, wurde mir klar, dass du niemals kommen wirst.
Auch die anderen Kinder warteten vergeblich. Keine Mutter, kein Vater hat bis heute den Weg über die Grenze gefunden. Als wir kleiner waren, waren wir noch traurig darüber. Vor allem zu Losar, wenn das Heimweh immer am stärksten ist. Heute bin ich sehr froh darüber, dass du die Reise über den Himalaya

nicht angetreten hast. Denn Jahr für Jahr wird es gefährlicher, den Grenzpass zu überschreiten. Immer wieder hört man von Schüssen der chinesischen Polizei. Die Berge, die zwischen uns liegen, scheinen immer höher und unüberwindbarer zu werden.

Darum möchte ich dir so gerne sagen, Amalaa, mach dir keine Sorgen um uns. Dolkar und mir geht es gut in unserem neuen Leben, und wir studieren hart in unserer schönen Schule. Viele Menschen kümmern sich hier um uns: die Lehrer, unsere Hausmutter und Suja, der uns jedes Wochenende und während der Ferien zu sich holt. Sein Zimmer ist klein, nur ein Bett steht darin, und trotzdem ist genug Platz für uns Kinder da. Nachts schlafen wir Mädchen im Bett und Suja mit den beiden Jungs darunter. So verwandelt er sein kleines Zimmer in einen Mädchen- und einen Jungenschlafsaal. Zu Losar schmückt Suja es immer mit bunten Lampions und Girlanden. Dann flechten wir Mädchen lange Zöpfe aus Teig, welche die Jungs in siedendes Öl tauchen. Kabzes zu backen hat Suja von seiner Mutter in Tibet gelernt. Und er hat dieses Wissen an uns weitergegeben.

Einmal, als wir Kinder schon schliefen, kamen spätabends Freunde von Suja zu Besuch. Ich erwachte von den Stimmen der Männer. Sie tranken Bier und unterhielten sich.

»Du bist wirklich nicht zu beneiden mit all diesen Kindern«, sagte einer der Freunde, und ein anderer fügte hinzu: »Sie machen nur Arbeit, sie kosten nur Geld. Kein Wunder, dass du keine Frau findest, mit all diesen Kindern.«

Da wurde Suja wütend, und ich hörte ihn sagen: »Ihr Dummköpfe, ihr habt keine Ahnung! Ich bin so glücklich, diese Kinder zu haben. Mit dem Segen dieser Kinder hat sich mein Le-

ben verändert. Ich bin ein reicher Mann mit diesen sechs Kindern.«

Da wurden die Freunde sehr still. Ich weinte heimlich, als ich Suja so sprechen hörte. Ich weinte bis spät in die Nacht. Denn in Tibet hatten Dolkar und ich keinen solchen Vater gehabt. Durch Suja wuchsen wir über die Jahre zu Brüdern und Schwestern zusammen. Und wir gaben einander das Versprechen, nie mehr wieder auseinanderzugehen.

Dann lernte Suja ein sehr schönes Mädchen kennen. Sie hieß Dolma. Wir Kinder dachten: Nun holt Suja uns bestimmt nicht mehr zu sich. Doch Dolma hatte ein großes Herz und zwei kleine Zimmer.

Von nun an lebten wir Kinder und Suja während unserer Ferien bei ihr.

Der Sommer bringt in Indien den Regen. Und mit ihm kam immer Maria. Einmal nahm sie uns in den Ferien mit nach Ladakh, in das ›Land der hohen Himalaya-Pässe‹. Sie sagte: »Wenn ihr schon eure Eltern nicht wiedersehen könnt, dann lasst uns an die Grenze von Tibet reisen, um wenigstens einen Blick in eure alte Heimat zu werfen.« Auch Suja und Dolma kamen mit und Pu Kelsang, ein Freund von Maria, der gerade aus Tibet geflüchtet war. Wir besuchten alte buddhistische Klöster und fuhren über einen schneebedeckten Pass in die Hochebene von Tschangtang. Die Berge und die sich stets wandelnden Farben der Wüste, die Zelte der Grenznomaden und der frisch gestampfte Buttertee, den sie uns reichten, all das ließ uns Tibet nah sein. Am Ende unserer Reise zeigte uns Maria einen tiefblauen See, an dessen gegenüberliegendem Ufer das Schneeland liegt. Und wir Kinder standen am Ufer und dachten: Wie kann es sein, dass unsere Heimat so nah ist und gleichzeitig so fern? Da legte Pu Kelsang seine Kleider ab und stieg in das eiskalte Wasser des Sees.

»Was macht Pu Kelsang da?«, fragten wir Kinder erschrocken, doch Suja beruhigte uns: »Habt keine Angst. Das Wasser dieses Grenzsees gilt als heilig. Benetzt man kranke Stellen des Körpers damit, werden diese heil.«

TEIL VIER

Kelsang, der Junge
2006 bis 2007

Prolog

Am 30. September 2006 wird der Grenzpass zum Schauplatz einer großen Tragödie, als eine dreiundsiebzigköpfige Gruppe von Flüchtlingen und ihre Fluchthelfer unter den Beschuss der Grenzpolizei geraten. Einundvierzig Flüchtlingen gelingt es, über die Grenze nach Nepal zu entwischen. Dreißig Flüchtlinge werden verhaftet, darunter vierzehn Jugendliche und Kinder, das jüngste ist fünf Jahre alt.

Der zwanzigjährige Kunsang Namgyal erleidet zwei Schusswunden in die Beine. Er soll wenige Tage später an den Folgen seiner Verletzungen gestorben sein.

Die siebzehnjährige Nonne Kelsang Namtso stirbt noch vor Ort – an einer einzigen Kugel der Bewaffneten Chinesischen Volkspolizei (PAP).

Bergsteiger aus aller Welt, die zum Gipfel des Cho Oyu unterwegs waren, werden Zeuge der Todesschüsse. Dem rumänischen Bergsteiger Sergiu Matei gelingt es zu filmen. Seine Bilder gehen um die Welt.

Kelsangs Freund Tashi hatte sich mit zehn Flüchtlingen der Karawane angeschlossen. Vier Kinder musste er schutzlos im Schnee zurücklassen, um sein eigenes Leben zu retten. Er lebt seither versteckt im Exil und wagt sich nicht mehr nach Tibet zurück.

Die chinesische Polizei hat ihre Sicherheitskontrollen auf der tibetischen Seite des Himalaya so verschärft, dass kaum ein erfahrener Fluchthelfer noch diese Route über die Grenze nimmt. Der ›Pass der Geschichten‹ wird bald nur noch Geschichte sein. So dachten wir jedenfalls ...

Tibet, im Januar 2007 – Kelsang, der Junge

Mit fünfzehn Jahren war Kelsang, der Junge, zum ersten Mal über die Grenze gegangen, um im Exil eine Zukunft zu finden. Als er in Indien die Schulen des Dalai Lama sah und all die Möglichkeiten, die sie jungen Menschen boten, ging er wieder nach Tibet zurück, um seine Freunde zu holen. So wurde Kelsang, der Junge, ein Fluchthelfer – der jüngste des Himalaya.
Lothen, der Nomadendichter

Sie werfen ihn in die Zelle, als wäre er ein Sack Mehl. Die eiserne Türe fällt zu, bewusstlos liegt der Neue auf dem Boden. Lothen kniet sich zu ihm. Das Gesicht des Neuen ist zerschlagen, die Augen verquollen, sein Haar vom Blut ganz verklebt. Lothen reißt ein Stück Stoff aus seinem Hemd, holt Wasser und wäscht den Schmutz der Verhöre aus dem Gesicht des Neuen. Es ist jung und sehr schön. Der Neue ist kaum älter als er, vielleicht neunzehn Jahre alt. Misstrauisch beobachten die anderen Häftlinge, wie Lothen den Jungen vorsichtig zu seiner Pritsche schleppt. Sie halten ›den taubstummen Tölpel‹ für einen Spion.

In Tibet traut kaum ein Tibeter dem anderen. Jüngst hat die chinesische Volkspolizei kostenlos Mobiltelefone an die Bevölkerung dieser Grenzregion verteilt. So können Verräter und Kollaborateure die Behörden schnell und effizient gegen ein Kopfgeld auf illegale Grenzgänger aufmerksam machen. ›Neues Empfangszentrum im Schneeland‹ lautet der sarkastisch gemeinte Name des Gefängnisses, das aufgegriffene Flüchtlinge wie Lothen mit Schlägen, Tritten und Folter ›zurück in Tibet willkommen‹ heißt. Lothen gibt vor, taubstumm zu sein. So entgeht er den brutalen Verhören der Polizei.

Er wacht über den schwachen Atem des Jungen und betet, das Heben und Senken der Brust möge nicht aufhören. Da öffnet der Junge die Augen, und ihre Blicke treffen sich. Lothen lächelt. Der Junge lächelt. Dann schließt er die Augen und schläft wieder ein. Es wird Abend, und mit der Dunkelheit kommt auch die Kälte. Als der Junge zu zittern beginnt, legt sich Lothen zu ihm und nimmt ihn unter seine dünne Decke. Am nächsten Tag geht es dem fremden Jungen schon besser. Lothen gibt ihm etwas Tee zu trinken.

»Wie heißt du?«, fragt ihn der Junge, doch Lothen schweigt. »Wie ist dein Name?«, fragt der Junge weiter, doch Lothen stellt sich taub.

»Da kannst du lange auf Antwort warten«, lästern die anderen Männer. »Er ist unser taubstummer Tölpel. Selig, wer dumm ist, wie er.«

In der zweiten Nacht flüstert der Junge: »Stimmt es, was die anderen über dich sagen? Kannst du wirklich nicht hören?« Lothen lässt seine Augen geschlossen.

Als der Junge kräftig genug ist zu essen, füttert ihn Lothen mit der versalzenen Suppe der Wärter, die den Hunger nicht stillt, den Durst aber mehrt.

Eines Nachts träumt Lothen vom Grasland. Sein Vater sitzt zwischen den Blumen auf einem Stein und schaut in die Ferne. Sein Haupt ist schon weiß vom Alter, doch seine Nase läuft wie die eines fünfjährigen Jungen. Er weint um seinen verlorenen Sohn.

»Palaa!«, ruft Lothen verzweifelt. Da verblasst das Bild. Sanft streift der Wind über das Grasland, das nun öd ist.

»Palaa!«

»Scht.« Lothen schlägt seine Augen auf. Die Hand des Jungen ruht auf seiner Schulter, und sein Gesicht ist ganz nah: »Scht. Du weckst noch die anderen.« Lothen lächelt. Der Junge lächelt. Durch das vergitterte Fenster fällt das fahle Licht des Mondes auf sie.

»Ich habe vom Grasland geträumt«, flüstert Lothen, »und von meinem Vater. Ich habe mich nicht verabschiedet von ihm.« Der Junge greift nach seiner Hand. »Irgendwann wirst du wieder zurückkehren. Irgendwann kehren wir alle nach Hause zurück.«

»Warum haben sie dich so zugerichtet?«, fragt Lothen den Jungen. »Weil sie mich auf dem Rückweg nach Tibet erwischt haben.«

»Du warst schon in Indien? Beim Dalai Lama?«

Der Junge nickt. »Schon öfter.«

»Du kennst den Weg?«

Der Junge nickt.

»Zeigst du ihn mir?« Der Junge nickt.

»Wie heißt du?«

»Man nennt mich Kelsang, der Junge.«

Nepal, im Januar 2007 – Wenn die Würfel fallen

Die Chinesen haben eine siebzehnjährige Nonne erschossen, die nichts anderes wollte, als den Dalai Lama zu sehen. Sie hatte kein politisches Motiv, ihre Heimat zu verlassen. Sie war eine einfache Pilgerin. Wenn ein Hund getötet wird, sind die Leute zu Tränen gerührt. Aber was ist mit diesem Mädchen? Ich werde die Flagge des Schneelandes auf dem Grenzpass hissen, um den Chinesen zu sagen: Das war kein Tier, das war ein Mensch! Und sie ist nicht alleine. Viele tausend Tibeter stehen hinter ihr. Ich möchte zeigen, dass wir Tibeter eine starke Gemeinschaft sind. Die Sache ist längst nicht beendet. Sie wird nie vergessen sein.

Kelsang Jigme

Mein Freund Kelsang wird noch einmal zur Grenze hochgehen. Und ich möchte mit. Mein Leben ist gerade recht turbulent, und existentielle Fragen ordnen sich in der dünnen Höhenluft besser. Andere gehen in so einer Situation zum Therapeuten, ich gehe eben hoch an die Grenze.

Kelsangs Lama hat den Zeitpunkt für unsere Reise bestimmt. Und da ich ihm versprochen habe, mich diesmal dem Ratschlag der geistigen Welt zu fügen, sitzen Kelsang und ich am frühen Morgen des 12. Januar in Nepals Hauptstadt Kathmandu am Flughafen und warten auf den Start unserer Propellermaschine nach Lukla. Es ist Jörgs Geburtstag. Er wird ihn zusammen mit unserem Sohn Simon ohne mich feiern.

Wegen dichten Nebels wird der Flug auf Mittag verlegt.

Bis dahin hat sich der Dunst zwar tatsächlich verzogen, allerdings in Richtung Himalaya. Nun hüllt er die Landepiste von Lukla in sein milchiges Weiß. In berechtigter Hoffnung, der Nebel würde sich gänzlich auflösen, wird unser Flug auf den Nachmittag verschoben. Doch der Nebel denkt nicht daran, sich dem göttlich vorgegebenen Zeitplan unseres Grenzgangs zu fügen.

Am nächsten Tag erleben Kelsang und ich am Flughafen dieselbe Geschichte noch einmal. Am Morgen ist die Startpiste in Kathmandu vernebelt und nachmittags die Landepiste in Lukla. Am dritten Tag bitte ich Kelsang, mir seine Lebensgeschichte zu erzählen, und hole mein kleines Aufnahmegerät hervor. Schon lange hatte ich vor, das Leben dieses ungewöhnlichen Mannes niederzuschreiben. Nie war Zeit, die Fakten zu sammeln. Am fünften Tag ist Kelsang am Ende seiner Geschichte angekommen. Noch immer sitzen wir am Terminal des Flughafens und das Flugzeug nach Lukla ist nicht startklar. Dafür halte ich zehn kleine Tonbänder mit einer großen Geschichte in meinen Händen.

Wir gehen gemeinsam zum Lama und lassen uns noch einmal die Würfel werfen. Der Hellsichtige bestimmt einen neuen Tag für unseren Aufbruch in die Berge. Am 1. März sollen wir unsere Reise antreten. Nun bin ich wirklich ratlos. Der 1. März ist Jürgens Todestag. Ich denke, er wird es mir nicht übelnehmen, wenn ich wieder keine Blumen an sein Grab bringe. Aber was ist mit Simons Geburtstag? Unser Sohn wird am 6. März 2007 fünf Jahre alt.

Wie soll ich unserem Kind erklären, dass ich an seinem Geburtstag nicht da sein werde? »Am besten gar nicht«, meint Jörg, als ich ihn in Deutschland anrufe. »Wir verlegen Simons

Geburtstag in diesem Jahr einfach auf den 6. April. Er kennt sich mit den Monaten ohnehin noch nicht aus.«

Gute Idee. Dann legen wir auch Jürgens Todestag um. Und zwar auf den 1. April. Jürgen liebte es, böse Scherze über scheinbar unantastbare, tragische Dinge des Lebens zu machen. Er war der beste Mensch, den ich je kennengelernt habe – und der sarkastischste. Als ich vor sieben Jahren auf der Suche nach einem Titel für meinen Fluchtfilm war, lautete sein Top-Favorit: »Der längste Schulweg«. Und er meinte es ernst. Er sagte, dieser Titel sei doch zutiefst buddhistisch, denn er fasse das Ziel dieser Kinder und ihren beschwerlichen Weg in drei Worte zusammen.

Jörg informiert den Kindergarten, dass man Simons Geburtstag in diesem Jahr statt am 6. März am 6. April feiern möge. Das allerdings kommt bei der anthroposophisch ausgerichteten Einrichtung gar nicht gut an. Sie finden es ehrlich gesagt unmöglich. Also bestelle ich mir ein Satellitentelefon, damit ich Simon am 6. März wenigstens anrufen kann.

Tibet, im Februar 2007 – Der kleine Cousin

Noch vor dem Losar-Fest wurde Kelsang, der Junge, entlassen. Auch mich, den ›taubstummen Tölpel‹, ließen sie gehen. Kelsang, der Junge, fuhr in sein Heimatdorf, um zwei weitere Freunde und seinen kleinen Cousin zu holen. In Lhasa wollten wir uns wieder treffen, um gemeinsam über die Grenze zu gehen.

Lothen

Am Abend vor ihrem vereinbarten Treffen besucht Lothen den Jokhang-Tempel, um für eine glückliche Flucht zu beten. »Ist es richtig zu gehen?«, fragt er sich, als er dem heiligsten Buddha-Bildnis des Schneelandes einen weißen Seidenschal opfert. Ich werde nichts hinterlassen als eine stumme Lücke, die mit China gefüllt wird.

»Ohne Bildung haben wir der Unterdrückung des tibetischen Volkes nichts entgegenzusetzen«, hat ihm Kelsang, der Junge, eines Nachts im Gefängnis zugeflüstert, als sie ihre Flucht nach Indien besprachen. »In dem Maße, in dem unsere Kultur hier allmählich verblasst, erblüht sie im Exil. Dort liegt unsere Zukunft. Wir müssen uns stark machen, um China die Stirn bieten zu können.«

Unter den Bäumen des Norbulika-Parks, an jenem Ort, an dem am 10. März 1959 der Volksaufstand der Tibeter gegen die chinesische Besatzung begann, treffen sie einander wieder. Zwei Freunde sind mit Kelsang, dem Jungen, gekommen. Sie heißen Rabgyal und Wanglo. Rabgyal ist ein feingliedriger Junge mit hübschen, intelligenten Zügen. Wanglo wirkt bäuerlich und etwas linkisch, doch sein aufrichtiges Lächeln verspricht Loyalität. Die Jungen mögen einander auf Anhieb.

»Und wo ist dein kleiner Cousin?«, fragt Lothen den Freund.

»Er ist zu Losar mit drei Freunden nach Lhasa abgehauen. Er wollte nicht mehr zur Schule gehen. Ich muss ihn finden. Ohne ihn gehe ich nicht über die Grenze.«

»Und wie willst du das anstellen?«

»Ich werde alle Lokale der Stadt abgehen. Ich schätze, er sucht einen Job als Küchenjunge oder als Kellner. Hoffentlich hat ihn kein Wirt unter Vertrag genommen.«

Kurz darauf durchkämmen vier Jungen jede Bar, jede Kaschemme, jedes Restaurant, jede Momo-Bude, jede Teestube nach dem Ausreißer. Nach drei Tagen geben sie die Suche nach dem kleinen Cousin auf.

»Ich würde mich gerne aufwärmen und endlich etwas Richtiges essen«, sagt Lothen. »Ein Bekannter aus meinem Dorf hat am Barkhor ein Restaurant eröffnet. Er macht uns bestimmt einen guten Preis.« Als sie das kleine Lokal betreten, hocken vier Straßenjungen Zigaretten paffend und große Reden schwingend um den wärmenden Ofen herum. Es sind Dorje und seine drei Freunde. Kelsang, der Junge, packt seinen kleinen Cousin am Ohr. »Was tust du hier? Und nimm gefälligst die Zigarette aus dem Mund, wenn ich mit dir rede!« Dorje zittert am ganzen Leib.

»Hat dich mein Palaa geschickt?«

»Nein. Aber er hat mir erzählt, dass du die Schule verlassen hast.«

»Sie sprechen nur Chinesisch. Wie soll da noch einer mitkommen? Ich habe kein Wort verstanden. Und die Lehrer schimpfen uns Tibeter dumme Barbaren.«

»Genau deshalb bin ich hier. Du wirst mit mir nach Indien gehen. Ich bringe dich auf eine richtige tibetische Schule.«

»Nach Indien?«, rufen die drei anderen Jungen begeistert. »Nimmst du uns auch mit?«

»Wie alt seid ihr denn?«, fragt Kelsang, der Junge, »drei, vier oder vielleicht auch schon fünf?«

»Zehn, elf und zwölf!«, rufen sie empört aus einem Munde.

»Vergesst es. Was wir hier vorhaben, ist kein Kinderausflug.«

»Ich gehe nur, wenn meine Freunde auch mitkommen dürfen«, sagt Dorje trotzig und zieht seine Stirn wütend in Falten. Sein störrisches Haar, vom Schmutz und Staub der Straße verklebt, steht ihm zu Berge.

»Und wer soll das bezahlen, wer soll Anoraks, Proviant und Schuhe kaufen? Du vielleicht?«

»Bitte«, fleht Dorje. »Sie sind noch kleiner als ich. Ich kann sie unmöglich alleine lassen in Lhasa. Willst du, dass sie hier auf der Straße verkommen?«

Zur gleichen Zeit in Nepal – Der große Schnee

Die Jahresdurchschnittstemperatur von Kathmandu wird in den Nepal-Reiseführern mit 18,7 Grad Celsius angegeben. Als am 15. Februar 2007 in Nepals Hauptstadt Schnee fällt, gilt dies als Kuriosum. Das letzte Mal schneite es hier in den vierziger Jahren des alten Jahrhunderts. Zwei Tage lang wirbeln dicke Flocken um die hinduistischen Heiligtümer und den weiß getünchten Stupa von Bodnath, in dessen Fundamenten angeblich Überreste Buddhas begraben sein sollen. Wie mag es auf 5700 Meter Höhe aussehen? Vor meinem geistigen Auge türmen sich die Schneemassen an der Grenze wie aufgeschlagene Sahne. Ich bin nicht besonders trainiert, und Kelsang ist nicht mehr der Jüngste. Seit der Folter, die er im Gefängnis durchlitt, ist seine Gesundheit nie ganz wiederhergestellt worden. Ich rufe Christian Gatniejewski an. Er ist von Beruf Rettungsassistent und ein Bergsteiger aus Berufung. Er kennt das Gebiet und hat sich auch mit den Fluchtwegen der Tibeter beschäftigt.

Wir haben uns vor einigen Jahren in Leipzig kennengelernt, als ich dort mein erstes Buch zu dem Thema vorstellte. Nach der Lesung stand plötzlich ein sympathischer, langhaariger Mann vor mir und sagte: »Wann immer du mich brauchst, ich werde dir helfen.« Nun ist es so weit.

»Kommst du mit?«, frage ich Christian, nachdem ich ihm von Kelsangs Plan, eine Fahne an der Grenze zu hissen, erzählt habe. »Am 1. März soll es losgehen.«

»Was, schon in zwei Wochen!« Und nach einer langen Pause sagt Christian schließlich: »Okay, ich bin dabei.«

In Kathmandu treffe ich noch einen weiteren alten Bekannten, mit dem ich schon lange zusammenarbeiten wollte, Karma, ein smarter Fluchthelfer aus der Provinz Amdo. Er hat Erfahrung mit Yaks, und die werden wir brauchen im Schnee. Karmas Vater, der ebenfalls in Kathmandu lebt, ist gar nicht begeistert von den Grenzgängen des Sohnes. Denn Karma bringt immer nur Flüchtlinge aus Tibet, aber niemals Geld nach Hause.

»Das letzte Mal hat man mir in Lhasa zwei Kinder mit auf den Weg gegeben«, erzählt Karma. »Ich habe noch Schuhe für sie gekauft und Proviant. Sie haben sich die ganze Tour über beschwert, weil es nur Tsampa zu essen gab. In Kathmandu habe ich Fotos von den Kindern gemacht und sie nach Tibet gebracht, um mir von den Eltern den Lohn abzuholen. Da offenbarte mir der Vater, dass er das Fluchtgeld längst dem Vermittler gezahlt habe. Doch der war aus Lhasa weggezogen. Und niemand wusste, wohin.« Er seufzt: »Zu viele Betrüger und Spitzel arbeiten heute in dem Geschäft. Man kann kaum noch den eigenen Leuten trauen.«

Karma ist wirklich ein Pechvogel. Als ich vor sieben Jahren

Onkel Nimas Gruppe mit den Kindern in den Bergen traf, kam Karma mit seiner Gruppe zwei Tage später über den Grenzpass. Beim Abstieg hatte ich in Pempas Hütte reichlich Yakfleisch und Kartoffeln für die verhungerten Flüchtlinge gekauft, und die Sherpa-Frau Lhamo kochte ein wahres Festessen für sie. Als dann Karma mit seinen erschöpften Leuten Pempas Hütte erreichte, rief Lhamo: »Was für ein Pech!, nun ist alles gegessen, kein Chang ist mehr da, und die Injis mit der dicken Geldbörse sind fort.«

Als Letzter im Bunde schließt sich Deepak, ein nepalesischer Kameramann, unserer kleinen Karawane an. Wir sind also zu fünft, als wir vom Sherpa-Dorf Lukla aus mit dem Aufstieg zum Grenzpass beginnen.

Unterdessen in Tibet – Die Warnung des Hirten

Kelsang, der Junge, hatte für sein hartes Leben ein zu weiches Herz. Als Dorjes kleine Freunde so bitterlich weinten und flehten, nach Indien mitkommen zu dürfen, gab er ihnen sein Wort, sie beim nächsten Grenzgang zu holen. Und damit sie unterdessen nicht in den Straßen von Lhasa verlorengingen, suchte er Arbeit für sie und ein Zuhause. Er wollte die Kinder nicht eher zurücklassen, bis sie ein Dach über dem Kopf hatten. Ein freundlicher Wirt nahm alle drei unter Vertrag. Nun war auch Dorje bereit, mit seinem großen Cousin nach Indien zu gehen.

Statt ihr Geld in billige Anoraks zu investieren, rät Kelsang, der Junge, seinen Freunden, Chupas zu kaufen, die mit der

Wolle von Schafen gefüttert sind. »Nichts schützt besser vor Kälte und Wind«, sagt er. Die traditionellen Mäntel werden mit bunten Tüchern gebunden. Und damit Dorje sich nachts nicht vor wilden Tieren zu fürchten braucht, lässt Kelsang ihm ein Revers aus künstlichem Leopardenfell nähen. Rabgyal ersteht eine Sturmmütze mit dem Motiv einer riesigen Spinne darauf. Lothen entscheidet sich für ein schwarzes Modell mit Totenköpfen. Nun fühlen sie sich wie fünf junge Krieger. Sie sind eine eingeschworene Bande, als sie Lhasa verlassen.

Im Schutze der Dunkelheit tauchen sie in die Weite einer steinernen Wüste. Die Beine sind ihre Pferde, die sie nachts über Schutt und Geröll hinwegtragen. Doch gegen Morgen, als die Sonne aufgeht, schwindet die Euphorie. Die Eintönigkeit der Landschaft ermüdet die Sinne.

Sie treffen einen Hirten, dessen Gesicht so ausgemergelt ist wie die Euter seiner Ziegen. Ein rotes Wollband hält seine vom Staub und vom Alter ergrauten Haare zusammen. Zwischen den Steinen suchen die Tiere nach dünnen Grashalmen und Wurzelwerk. Er bewirtet die Jungen zum Frühstück mit ranzigem Tee. Sein Tsampa, das mit dem Sand der Hochebene durchsetzt ist, knirscht zwischen den Zähnen.

»Kehrt um«, warnt er seine Gäste, »geht nach Hause zu euren Eltern. Ihr seid noch zu jung. Dieser Weg wird euch direkt in das Maul der ›Hungrigen Tigerin‹ führen.«

Gestärkt von der Gabe des Hirten und seinen Warnungen trotzend wandern sie weiter. Allmählich gewöhnen sich ihre Augen an die karge Landschaft. Die Wolken, die der Wind über den Himmel treibt, werfen eigenwillige Schatten auf dem Ödland. Und die Sonne des Abends verzaubert die Berge. Dann gesellt sich der Mond zu den Freunden. Erschöpft liegen sie zwischen zwei runden Hügeln. Der gefrorene Boden ist ihnen ein willkommenes Bett. Einer klemmt die Füße des anderen in seine Achselhöhlen, um sie zu wärmen. So liegen sie Kopf an Fuß in ihre dicken Chupas gehüllt unter den Sternen.

Ein Seufzen lässt Lothen hellhörig werden: »Rabgyal? Rabgyal, bist du das?« Nichts regt sich. Und Lothen schließt wieder die Augen. Doch nach einiger Zeit ist ein leises Wimmern zu vernehmen.

»Rabgyal, was ist mit dir?«, fragt Lothen noch einmal. »Kann es sein, dass du weinst?«

»Ich hatte meine Mutter vor Augen«, flüstert Rabgyal mit zitternder Stimme. »Aber ich kann mir kein Lächeln mehr vorstellen auf ihrem Gesicht.«

»Du wirst deine Mutter anrufen, sobald wir in Nepal sind«, flüstert nun Kelsang, der Junge, der hellhörig wie ein Wachhund dem Gespräch der Freunde gelauscht hat. »Du wirst sie anrufen und sagen: ›Amalaa, ich bin zum Dalai Lama gegangen. Ich bin ins Exil gegangen, um jemand zu werden, jemand, auf den du stolz sein kannst. Jemand, der eine Fußspur auf diesem Planeten hinterlässt. Und wenn ich einmal zurückkehren werde, dann bestimmt nicht mit leeren Händen ...‹« Da bricht die Stimme des jungen Fluchthelfers, geschüttelt vom eigenen Heimweh.

Am Morgen tritt die Sonne an das Lager der fünf jungen Krieger und tröstet sie mit ihrer großzügigen Wärme.

Unterdessen in Nepal

Zweihundert Kilogramm Equipment sind auf achtzehn Gepäckstücke verteilt. Drei Sherpa werden uns helfen, es zu tragen. Ich habe zweiundzwanzig Kilo auf dem Rücken, meine armen Freunde fast dreißig.

Auf dem Weg nach Namche Bazar findet Kelsang einen langen Bambusstab. »Das ist der Mast für unsere Fahne!«, ruft er und bindet ihn an seinen Rucksack, in dem er die tibetische Nationalflagge verwahrt. Er will sie genau an jenem Ort hissen, an dem die junge Nonne Kelsang Namtso am 30. September 2006 gestorben ist. Sein Freund Tashi hat ihm die Stelle beschrieben. Das Mädchen starb vor seinen Augen.

Mit dem Setzen der Flagge möchte Kelsang der chinesischen Regierung sagen: Ihr könnt uns in den Gefängnissen zu Tode foltern. Ihr könnt uns in den Bergen erschießen. Aber nie werdet ihr die Stimme Tibets zum Schweigen bringen! Ein düsteres Motiv für einen Aufstieg im strahlenden Sonnenschein.

Im Sherpa-Dorf Namche Bazar erwartet uns eine böse Überraschung. Seit dem großen Schneefall ist keine einzige Yakkarawane mehr über die Grenze gekommen. Der Marktplatz der Drogpa ist leer. Der Pass wird zurzeit nicht begangen.

In ihren dünnen Turnschuhen begleiten uns unsere drei Sherpa noch bis auf 3800 Meter. Dann müssen sie umkehren. Es fehlt neben dem Equipment für Schnee auch die Erfahrung. Zwei Tage lang suchen wir vergebens nach professionellen Trägern. Keiner ist bereit, mit uns zu gehen. »Der Winter sitzt noch fest in den Bergen«, sagen die Einheimischen und zeichnen ein trübes Szenario, »es ist unmöglich bei diesen Schneeverhältnissen, dort hochzukommen.«

»Wir sind zu früh«, meint Christian besorgt, »wir sind mindestens drei Wochen zu früh!« Und ich beginne langsam, auf die Prophezeiungen von Kelsangs Lama zu fluchen.

»Zweifle nicht«, bittet mich der Freund, der meine Gedanken errät. »Auch Rückschläge führen zum Ziel.« Und er erzählt uns die Geschichte eines tibetischen Geschäftsmanns, der mit einer großen Idee sieben Mal scheiterte und alle seine Ressourcen verlor. »Seinen Ruf, sein Geld und schließlich sogar seine Familie. Er legte sich ins Gras, um zu sterben. Da sah er einen Käfer, der versuchte, einen Halm hochzuklettern. Sieben Mal fiel er zu Boden. Doch er rappelte sich ein achtes Mal auf, um es erneut zu versuchen. Und diesmal schaffte er es, die Spitze des Grashalms zu erreichen. Als der Geschäftsmann den unermüdlichen Käfer sah, stand er auf, versuchte noch einmal sein Glück und wurde zum erfolgreichsten tibetischen Geschäftsmann aller Zeiten.«

Karma hat drei Männer gefunden, die bereit sind, uns bis zu Pempas Hütte zu bringen. Bevor wir aufbrechen, packt Christian fünf Paar Schneeschuhe aus, welche unter den Bergschuh gebunden die Trittfläche des Fußes vergrößern und so das Laufen über den Schnee erheblich erleichtern. Das Gelächter unter den Tibetern ist groß. Noch nie haben sie Vergleichbares gesehen.

»Ausprobieren«, befiehlt Christian, und etwas widerwillig steigen die Männer in die hochalpinen Ausrüstungsgegenstände. Kelsang stolpert bereits bei den ersten drei Schritten. »Habe ich diesen Dreck auf meinen eigenen Schultern hier hochgeschleppt?«, fragt er mürrisch, klopft sich aus seinem metallenen Döschen zwei Brisen Schnupftabak auf den Handrücken und zieht das hellbraune Pulver verärgert in seine Nase.

Zur selben Zeit in Tibet – Die Hungrige Tigerin

Zwei Tage und drei Nächte irren sie durch die steinerne Wüste und finden kein Wasser. Vereinzelt nur ein paar schmutzige Flecken Schnee. Der Durst wird allmählich zum Feind. »Es gibt eine Waffe, ihn zu bekämpfen«, sagt Kelsang, der Junge, und die Freunde schauen ihn hoffnungsvoll an. »Denkt an rauschendes Wasser! Rauschendes, kristallklares Wasser!«

Am Abend des dritten Tages entdecken sie endlich den Fluss und rennen erleichtert zum Ufer. Doch bevor sie es erreicht haben, halten die Jungen vor Entsetzen inne. Die ›Hungrige Tigerin‹ hat den Fluss unter Kontrolle. Mit geladenen Flinten bewachen grün gekleidete Soldaten das Ufer. Die Jungen sind so gut wie entdeckt, es ist nur eine Frage von Sekunden, ehe sie in den Lauf ihrer Gewehre blicken werden. Da zieht ein Wind aus dem Tal herauf und mit Wucht über das Militärlager hinweg. Er rüttelt wie wild an den Zelten und reißt sie aus ihrer Verankerung. Während die ›Söhne der Tigerin‹ gegen den entfesselten Sturm kämpfen, ziehen sich die fünf Jungen im Schutze des Windes hinter die Hügel zurück. Sie rennen den ganzen Tag und die ganze Nacht. Vergeblich suchen sie einen Zugang zum Wasser. Als nur noch der Morgenstern am Himmel steht, ist ihr Durst nicht mehr auszuhalten. Sie steigen hinab zum Fluss und betreten klopfenden Herzens das Jagdrevier der ›Hungrigen Tigerin‹.

Unterdessen in Nepal – Mingmas Herberge

Erst denke ich, dieses gezimmerte Haus dort vorne am Hügel sei eine Fata Morgana, ein Traumbild, geboren aus der halluzinogenen Wirkung der dünnen Höhenluft. Doch dann läuft uns Mingma entgegen und ruft voller Freude: »Tashi Delek! Welcome! Herzlich willkommen! Bonjour!«

»Was ist mit der Hütte deines Vaters geschehen?«, frage ich Pempas Sohn.

»So viele Bergsteiger kommen nun schon seit Jahren zu uns. Also habe ich ein Gästehaus gebaut.«

»Du?«

»Ja, ich alleine. Mit meinen eigenen Händen.« Vor sieben Jahren, als Mingma noch ein kleiner Junge war, gingen wir gemeinsam mit den Yaks seines Vaters auf die Weide. Nachts verwandelte sich Pempas windschiefe Hütte in meinen Träumen in ein uraltes Schloss. Nun hat Mingma das ärmliche Haus seines Vaters in eine richtige Herberge verwandelt. Er strahlt mich an und wartet auf sein verdientes Lob.

»Wow!«, rufe ich mit einem Funken Wehmut im Herzen. Die ehemals abgelegene Fluchtroute der Tibeter hat sich, seit das Gebiet keine Sperrzone mehr ist, in ein beliebtes Ausflugsziel verwandelt. Wie ein Kartenhaus bricht die Illusion von unserer ›einmaligen Expedition‹ in sich zusammen. Doch letztlich sind wir an diesem Abend alle sehr froh, in einer warmen Stube Rührei mit Käse serviert zu bekommen, statt auf einem Heuhaufen hockend halbgare Kartoffeln weichzukauen. Noch einen Vorteil bietet die Gastronomie auf 4300 Meter Höhe. Nachdem uns zwei Träger verlassen, weil sie nicht so lebensmüde sind, mit zur Grenze zu gehen, bleibt der dritte hier oben bei uns in der Hütte – wegen der Schnapsflaschen in Pempas Vitrine.

Zur selben Zeit in Tibet – Das Haus der Tigerin

Das Ufer war frei von Soldaten. Nachdem wir ausreichend getrunken hatten, beschloss Kelsang, der Junge, den Fluss an dieser Stelle zu durchqueren. Noch war es dunkel. Wir legten unsere Kleider ab, und Rabgyal fror ganz erbärmlich. Mit Bestürzung sahen wir, wie dünn unser Freund war. Er bestand nur aus Haut und Knochen. Und seine Zähne klapperten gespenstisch in dieser eiskalten Nacht.

Am Horizont kündigt ein schmaler Streifen aus Licht den Morgen an. Wanglo, der Älteste und Größte von ihnen, steigt als Erster ins Wasser, an seiner Hand der kleine Dorje. Kelsang und Lothen nehmen den schmächtigen Rabgyal in ihre Mitte. Die Kälte des tosenden Flusses raubt ihnen die Sinne. In der Strömung droht Rabgyal den Boden unter den Füßen zu verlieren. Auch Lothen gerät ins Schwanken. Dorje weint vor Aufregung und Schmerz.

»Haltet durch, gleich ist es vorbei«, tröstet Kelsang, der Junge, den kleinen Cousin. In der Mitte des Flusses stoppt Wanglo plötzlich die Überquerung.

»Was ist?«, ruft Kelsang, »sollen wir hier zu Eiszapfen gefrieren?«

Stumm deutet der Freund zur Biegung des Flusses, an dessen Ufer ein Militärlager liegt. Schwarz heben sich die Zelte gegen den Himmel ab, an dem die Sterne bereits zu verblassen beginnen.

»Scheiße!«, flucht Kelsang, der Junge, »wie konnte mir das nur passieren?«

Noch scheint alles zu schlafen. Nichts regt sich im Camp.

»Sie werden uns abknallen wie Hunde!«, schluchzt Rabgyal.

»Wir müssen weiter!«, ruft Kelsang zu Wanglo, »wir können nicht mehr zurück.« Schritt für Schritt kommen sie dem Ufer näher. Da tritt ein Soldat aus einem der Zelte. Wie ein schwerer Stein fällt die nackte Angst in die Magengruben der Jungen. Der Mann streckt sich. Er geht ein paar Schritte bis zum Zaun des Geländes und lässt seine Hose herunter.

»Weiter, Wanglo!«, zischt Kelsang. Erst pinkelt der Soldat gegen den Drahtzaun. Dann hockt er sich nieder, um seine Notdurft zu verrichten. Nur noch sein Kopf ist hinter den gefrorenen Gräsern zu sehen. Die Angst betäubt ihre Schmerzen. Ihre Nerven sind zum Zerreißen gespannt. Über die Böschung des Flusses hinweg lässt der Soldat seinen Blick über den Horizont schweifen, der sich allmählich blutrot färbt. Lothen betet zum Dalai Lama um Schutz ... Der Soldat lässt sich Zeit. Lothen betet zum Dalai Lama um Schutz ... Da treffen sich ihre Blicke. Sie schauen einander direkt in die Augen. Lothen betet zum Dalai Lama um Schutz ... Der Soldat scheint ihn nicht wirklich zu sehen. Lothen betet zum Dalai Lama um Schutz ... Regungslos bleibt er hinter den Gräsern hocken. Lothen betet zum Dalai Lama um Schutz ... und behält den Soldaten im Auge, wie einen angriffslustigen Schneeleoparden. Man muss sich von einem Raubtier ganz langsam entfernen. Lothen betet zum Dalai Lama um Schutz ... Das Ufer ist nicht mehr weit. Schon klettert Wanglo über die Böschung und reicht Dorje seine helfende Hand. Kelsang, der Junge, zieht den zitternden Rabgyal an Land. Lothen betet zum Dalai Lama um Schutz ... Der Soldat hockt immer noch da, als wäre er in der Kälte des Morgens erfroren. Lothen greift nach den Armen der Freunde und entsteigt als Letzter dem Fluss. Er betet zum Dalai Lama um Schutz.

»Geht weiter«, murmelt Kelsang, der Junge, »lauft hinter den Hügel und dreht euch nicht um.« So, wie sie sind – nackt und mit dem Gepäck auf ihren Schultern – klettern die Jungen über die Anhöhe. Lothen betet zum Dalai Lama um Schutz ... Bevor sie in die Senke abtauchen, dreht sich Lothen noch einmal um. Der Soldat ist hinter dem Stacheldrahtzaun verschwunden.

Unterdessen in Nepal – Drei junge Nonnen

Es hat zu schneien begonnen. Unser Kameramann Deepak ist krank und unser einziger Sherpa ein Trinker. Er entwickelt jedoch ein ausgeprägtes Interesse an unserer Technik und bedient nach einer kurzen Einführung das Ton-Equipment wie ein alter Profi. Wir nennen ihn Peno-Sherpa, und alle lieben ihn. Als wir nach einem Akklimatisierungstag zu einer kleinen Erkundungstour aufbrechen, befindet sich eine Schnapsflasche in Christians Gepäck. Denn Peno-Sherpa ›funktioniert‹

nur mit einem gewissen Alkoholspiegel im Blut. Gegen Nachmittag erspäht Kelsang mehrere Gestalten im Schnee. Drei dunkelrote Flecken kommen uns langsam durch das dichte Treiben der Flocken entgegen.

»Drei Anis!«, murmelt er, ›drei Nonnen‹.

Eine von ihnen hat offenbar Probleme mit ihrem Bein.

»Tashi Delek!«, ruft Kelsang, als wir einander gegenüberstehen, »kommt ihr aus Tibet?«

»Nein!«, antworten sie, »wir wollten nach Tibet zurück. Aber der Schnee hat uns zur Umkehr gezwungen.« Sie sind jung, knapp über zwanzig, und sie heißen alle drei Tsering, Tsering Bhuti, Tsering Dolma und jene, die hinkt, heißt Tsering Thakla. Sie hat sich beim Aufstieg den Fuß verstaucht.

»Ihr seid ganz alleine da hochgewandert?«, fragt Kelsang erstaunt.

»Wir gingen mit einem Drogpa. Aber als sich Tsering Thakla den Fuß verletzte, ist er ohne uns weitergegangen.«

In Pempas Herberge wird es an diesem Abend richtig gemütlich.

Der Hausherr schenkt großzügig Chang ein, während seine Frau Lhamo eine riesige Keule getrocknetes Yakfleisch vom Balken der Decke herunterholt.

Die Hoffnung auf eine baldige Schneeschmelze hat sich heute zerschlagen. Was zusehends schmilzt, ist die Aussicht, die tibetische Flagge auf dem Grenzpass zu hissen. Doch Kelsang nimmt es gelassen. Er, dem die Nähe rot gewandeter Frauen vertraut ist, fühlt sich sehr wohl in Gesellschaft der Nonnen.

Tsering Thakla, Tsering Bhuti und Tsering Dolma stammen aus einer sehr armen Gegend in Tibet. Hätten sie geheiratet und Kinder bekommen, dann würden sie nun gebückt über die kargen Felder des Dorfes wandern, um verkümmerte Kartoffeln aus der unfruchtbaren Erde zu ziehen. Sie hätten weder lesen noch schreiben gelernt und wären den Launen ihrer arbeitslosen Männer ausgesetzt. Diesem Schicksal sind sie entgangen, indem sie als junge Mädchen über den Grenzpass kamen. Im Exil entschieden sie sich, das rote Gewand zu nehmen und in ein Kloster einzutreten. Das größte Glück ihres Lebens besteht von nun an darin, den Belehrungen ihres Tulkus zu folgen. Doch die Sehnsucht nach ihren Eltern nagt Jahr für Jahr mehr an ihrem Gemüt. Das Heimweh treibt die drei Nonnen nach Tibet zurück. Sie sind zu dieser gefährlichen Reise aufgebrochen, um ihre Eltern nach fünf Jahren der Trennung zu besuchen. Zu diesem Anlass haben sich die drei mutigen Frauen sogar die Fingernägel lackiert. Vielleicht wollen sie damit den jungen Mädchen in ihrem Dorf zeigen, dass man einen Weg aus der Armut finden kann. Nicht nur ihre Hände sind weiß und gepflegt, sie sind auch gebildet und beherrschen die Lehre des Dharma perfekt. Sie haben etwas aus ihrem Leben gemacht.

Im Licht seiner Stirnlampe legt Christian einen Verband um den geschwollenen Knöchel der Nonne Tsering Thakla.

»Werde ich es mit diesem Fuß überhaupt schaffen?«, fragt sie mit Tränen in den Augen.

»Der Fuß muss einige Tage ruhen. Dann sehen wir weiter«, tröstet sie Christian, »zurzeit ist es ohnehin völlig unmöglich, über die Grenze zu gehen«.

Zur selben Zeit in Tibet – Der Grenze entgegen

Die Stützpfeiler des Universums rückten Schritt für Schritt näher. In ihrem düsteren Schatten gewahrten wir das dritte ›Haus der Tigerin‹ auf diesem gefährlichen Weg. Doch wir hatten die Angst vor ihren bewaffneten Söhnen verloren. Zu viel hatten wir durchgemacht, zu viel erlebt in den letzten Tagen. Unentdeckt umwanderten wir den steinernen Posten. Dahinter begann mit dem Schnee der letzte Aufstieg zum Pass.

»Lasst uns etwas essen, bevor wir den Gletscher betreten«, sagt Kelsang, der Junge. In einer windstillen Senke schütteln sie ihre Taschen aus und suchen nach den letzten Körnern Tsampa darin, nach den letzten Krümeln getrocknetem Käse. Aus den Plastiktüten lecken sie die Reste des Proviants.

Verzweifelt reibt Rabgyal seine Hände. Kelsang, der Junge, bemerkt es sofort.

»Was ist mit ihnen?«, fragt er.

»Ich kann meine Finger nicht spüren«, antwortet Rabgyal.

»Zeig her.«

»Es ist nicht wichtig.«

»Doch. Zeig her! Sofort!«

Er greift nach den Händen des schmächtigen Jungen.

»Was soll das? Was ist mit deinen Handschuhen passiert?«

Sie sind zerschlissen. Rabgyals Finger sind unbedeckt.

»Als wir durch das Geröll gestiegen sind, bin ich immer wieder gefallen. Da hat es mir die Handschuhe zerfetzt.«

Drei Finger der rechten Hand sind bereits schwarz verfärbt.

Mit den Zähnen reißt Kelsang, der Junge, seinen Schal in zwei Stücke, um Rabgyals erfrorene Hände damit zu verbinden.

»Wo sind unsere Sonnenbrillen?«, fragt er unterdessen die anderen. »Wir werden sie brauchen im Schnee.«

»Wir haben nur drei Brillen«, meint Lothen.

»Dann wirst du zwei davon in der Mitte zerbrechen.«

Vorsichtig teilt Lothen zwei Brillen in vier Hälften. Jene, die ganz bleibt, bekommt ihr Anführer. Kelsang, der Junge, muss einen Weg durch die Wildnis finden. Nirgendwo sind Spuren von Yaks zu entdecken. Sie sind die ersten Grenzgänger des Jahres.

»Nehmt das hier«, sagt Kelsang, der Junge, und zeigt seinen Freunden, wie sie eines ihrer Augen mit dem leeren Proviantbeutel zubinden können. Die Brillenhälfte für das andere Auge wird am Plastik fixiert. »Wir werden einäugig über die Grenze gehen, aber nicht blind.«

Hämorrhoiden

Ich finde keine Ruhe in dieser Nacht. Obwohl wir ein Dach über dem Kopf haben, zeigt unser Thermometer fünfzehn Grad minus. Statt unserer Bergschuhe müssen wir die Akkus und Batterien für unser technisches Equipment zum Warmhalten mit in den Schlafsack nehmen, damit sie nicht ihre Ladung verlieren. Es gibt keinen Strom mehr in dieser Höhe, und unser Solarpendel ist bei Schneefall nicht zu gebrauchen.

Jeden Morgen in gefrorene Schuhe zu steigen ist nicht besonders angenehm. Wie wird es erst weiter oben im Zelt sein?

Ich denke, wir werden unsere ehrgeizigen Pläne aufgeben müssen. Mein Geld wird nicht ausreichen, um auf die Schneeschmelze zu warten. Wir sind einfach zu viele Leute. Außerdem quält mich noch ein Problem. Es ist das banalste der Welt, das jedoch zum Handicap für unseren weiteren Aufstieg werden könnte: Hämorrhoiden. Vorgestern waren sie so groß wie Stecknadelköpfe. Gestern so groß wie Erbsen. Heute habe ich bereits vier ›Bohnen‹ am After. Ich wage nichts mehr zu essen, weil jeder Stuhlgang Schmerzen verursacht.

»Haben wir eine Salbe dabei?«, frage ich Christian, den die dünne Höhenluft wach hält.

»Nein, wir werden die Hämorrhoiden mit Dampfbädern bekämpfen.«

»Wie soll das hier oben gehen? Ich habe nirgendwo eine Saunalandschaft entdeckt.«

»Du wirst dich mit deinem Hintern über einen Topf mit kochendem Wasser hocken.«

»Unmöglich! Was sollen die Tibeter dazu sagen?!«

»Es ist ein altes tibetisches Hausmittel. Hämorrhoiden sind ein weit verbreitetes Übel im Schneeland. Das kommt davon, wenn man sich mit Schnee statt mit Klopapier abwischt.«

Zur selben Zeit an der Grenze

Hätte ich noch Kraft in meinen Lungen gehabt, ich hätte vor Glück dreimal gejauchzt! Wir standen an der Grenze, und das Leben lag vor mir wie ein unbeschriebenes Blatt – so weiß wie die verschneite Welt um uns herum. Erschöpft ließen wir uns in ihr weiches Bett hineinfallen und schlossen für einen kurzen Moment unsere Augen.

Als Kelsang, der Junge, erwacht, hat sich der Himmel verdunkelt. Er richtet sich auf. Sind sie eingeschlafen? Und wenn ja, wie lange?

Eine Windböe treibt über das Schneefeld. Dicke Schneeflocken wirbeln vom Himmel.

»Wir müssen los!« Er rüttelt die schlafenden Freunde wach.

Vergebens klopfen sie den Schnee von den Kleidern. Er klebt an der Wolle, krallt sich ins Fell, drängt in die Ritzen des Gepäcks.

Binnen Minuten ist der Pfad unter dem Neuschnee begraben.

Den ganzen Tag irren sie durch das Schneetreiben, um irgendwann zu bemerken, dass sie ständig im Kreis gehen. Den Weg haben sie verloren und Kelsang, der Junge, kann den Einstieg zum Eisfall nicht finden. Sie müssen wieder aufsteigen, zurück nach Tibet.

Die Nacht verbringen sie zitternd und ungeschützt auf dem Gletscher. Der Wind rüttelt an ihren ausgezehrten Körpern. Am nächsten Tag kann Rabgyal nicht aufstehen.

»Rabgy, steh auf«, bitten ihn seine Freunde. Doch der Junge bleibt liegen.

»Geht weiter, ich bitte euch, geht. Ich schaffe es nicht.«

»Wir bleiben bei dir, Rabgy, wir lassen dich nicht allein.«

»Geht weiter! Bitte! Ihr müsst es schaffen. Es wäre mein größtes Glück.«

»Nein, Rabgy, wenn du bleibst, dann bleiben wir auch.«

Sie werfen sich zu ihm in den Schnee. Fünf junge Krieger, die nach ihren Amalaas weinen. Nur Lothen hält seine Sinne beisammen.

Präge dir diesen Moment genau ein, sagt ihm eine innere Stimme. Halte ihn später fest mit deinen Worten. Du bist Lothen, der Dichter. Du wirst diese Geschichte erzählen, von fünf Jungen, die keine Kinder mehr waren, aber auch nicht erwachsen. Die etwas wagten, das zu groß war für ihre Kräfte und zu mächtig für ihre Jugend. Und die es schließlich doch schafften. Aber die innere Stimme ist sehr leise im tosenden Sturm.

Pempas Hütte – Die rauchenden Berge

Gegen Morgen reißt plötzlich der Himmel auf. Was für ein Licht! Das wäre genau das richtige Wetter, um zum Grenzpass zu gehen, denke ich verzweifelt. Deepak, unser Kameramann, ist wieder gesund und Kelsang bereit, die Fahne zu hissen. Sein junger Kollege Karma leidet schon an Hüttenkoller, und Peno-Sherpa kippt vor Langeweile hinter dem Haus bereits seine zweite Ration Schnaps. Tsering Lhamo und Tsering Bhuti drängt es nach Hause. Nur der Fuß von Tsering

Thakla muss immer noch ruhen. Und mein verdammter Hintern auch.

Christian baut mir einen Liegeplatz in der Küche neben dem Ofen. »Die Dinger schrumpfen nur, wenn du absolut stillhältst. Versprichst du mir, endlich Ruhe zu geben?« Ich nicke ergeben. Da poltert Peno-Sherpa zur Tür herein.

»Draußen rauchen die Berge!«, ruft er. »Das müsst ihr unbedingt filmen.« Alles, was sich bewegen darf, läuft vor die Tür. Christian erlaubt mir, das Fenster zu öffnen. Tatsächlich! Der Wind weht über die verschneiten Gipfel der Siebentausender hinweg und bläst den frisch gefallenen Schnee hinauf in den azurblauen Himmel. Es sieht aus, als würden die Berge rauchen.

Eine halbe Stunde später bin ich beinahe allein auf der Hütte. Pempa und seine Frau Lhamo sind zu ihrer ältesten Tochter aufgebrochen, die bereits das höher gelegene Sommerhaus bewirtschaftet. Ihr Sohn Mingma stieg ab, um in Namche Bazar unsere leeren Akkus aufzuladen. Kelsang, Karma, Deepak und Peno-Sherpa machen eine Expedition zu den rauchenden Bergen. Mit mir sind lediglich Kelsang und die drei Nonnen in der Hütte geblieben, um für die Genesung von Tsering Thaklas Fuß zu beten und für eine gefahrlose Grenzüberschreitung der Frauen. In der Stube neben der Küche halten sie gemeinsam die Puja.

Om ah hung varja guru padma siddhi hung … Om ah hung varja guru padma siddhi hung … In Gegenwart der jungen Nonnen ist Kelsang ein anderer geworden. Es ist, als schlüpfe er in die Rolle des Mönchs, die er als Neunzehnjähriger abgelegt hat. Er kennt alle Mantras der drei Anis und ihre kanonischen Texte. Om ah hung varja guru padma siddhi hung …

Om ah hung varja guru padma siddhi hung ... Kelsangs Leben ist wie ein Gebet. Alles, was er tut, verrichtet er mit größtmöglicher Präzision und Einfachheit. Und jede Phase des Nichtstuns nutzt er für die Mantras der Mutter. Om ah hung varja guru padma siddhi hung ... Om ah hung varja guru padma siddhi hung ... Im Licht der Sonnenstrahlen, die durch das schmutzige Fenster der Hütte fallen, scheint der Staub zu Kelsangs Gebeten zu tanzen. Om ah hung varja guru padma siddhi hung ... Om ah hung varja guru padma siddhi hung ... Das Mantra der Mutter lässt auch mein Herz ein wenig zur Ruhe kommen. Ich versuche mich ihnen anzuschließen und stimme in den Gesang der Nonnen ein. Doch aus der Tiefe meiner Seele entspringen ganz andere Worte. Ich habe sie von meiner Großmutter gelernt, als ich noch sehr klein war. Zögernd beginne ich sie zu sprechen, um sie schließlich ganz deutlich neben die buddhistischen Mantras in den Raum zu stellen. Wort für Wort. Und ihr Sinn erschließt sich mir neu. »Vater unser im Himmel ...«

Das Zusammentreffen

Die Füße und Hände meiner Freunde erfroren. Und ihre Augen wurden blind vom Schnee. Ich wurde so traurig darüber. Wir konnten den Weg nicht finden. Aber schließlich fanden wir einen Fluss. Und Flüsse führen immer wohin. Der Fluss wurde unsere Brücke, die uns vom Schneeland in das Land der Sherpa hineinführte.

In der Nähe des Gletschers, dem die Quelle entspringt, ist das Wasser noch seicht, und sie können im Flussbett auf den ebenen Felsbrocken balancieren. Als Wanglo auf einem glitschigen Stein ausrutscht, stellt er mit Erstaunen fest, dass sich das Wasser wärmer anfühlt als die Luft. Also wandert er im Wasser weiter. Die anderen tun es ihm gleich. Kelsang, der Junge, stützt Rabgyal. Lothen hat Dorje an seine Hand genommen. Doch je tiefer sie ins Tal hinabsteigen, desto höher schwillt das Wasser im Flussbett an. Als sie schließlich ans Ufer klettern, gefriert der dünne Stoff ihrer Schuhe sofort, und die Füße werden zu eisigen Klumpen. Sie spüren den Boden nicht mehr und stolpern über den vereisten Fels.

Kelsang, der Junge, entdeckt ein Häuschen aus Stein. Es scheint sogar bewirtschaftet zu sein. Drei junge Yaks stehen geduldig davor. Da tritt ein Mädchen aus der Tür ins Freie, und die fünf Jungen bestaunen ihre Schönheit. Ihr langes, schwarzes Haar ist nach Art der Sherpa mit einem bunten Kopftuch gebunden. In einer blechernen Schale hält sie den jungen Tieren Kartoffeln vor die Schnauzen. Und den Jungen zieht sich der Magen vor Hunger zusammen.

»Namastee!«, ruft Kelsang, der Junge, auf Nepalesisch, ›ich grüße das Licht in dir.‹ Das Mädchen erschrickt sich zu Tode und weicht misstrauisch hinter die wiederkäuenden Leiber der Tiere zurück. Doch als es die Erschöpfung in den Gesichtern der jungen Männer sieht und deren Verzweiflung, bekommt sie Mitleid, eilt in das Haus, um Tee mit Butter und Milch vor die Tür zu bringen. Mit anmutigen Bewegungen werden die Gäste aus Tibet bewirtet. Gerne ließen sie ihre Blicke noch länger auf dem schönen Mädchen ruhen, doch mit jedem Schluck ihrer köstlichen Gabe sehen die fünf Jungen weniger und weniger; es ist, als ob sie ihr Augenlicht verlören.

»Ihr könnt nicht bleiben«, ermahnt sie das Mädchen in der Sprache der Sherpa, die jener der Khampa-Tibeter verwandt ist, jener der Amdo-Tibeter hingegen sehr fremd. Und so geleitet sie ihre erblindenden Gäste zu einem ausgetretenen Pfad.

»Nicht weit von hier ist das Haus meiner Eltern. Folgt den Spuren der Yaks, sie werden euch den Weg zeigen.« Im Gänsemarsch gehen die fünf Jungen weiter, sich am Rucksack des Vordermanns festhaltend, damit keiner von ihnen verlorengeht. Immer langsamer werden die Schritte, immer mehr erlahmt ihre Motorik. Vorsichtig setzt Kelsang, der Junge, einen Fuß vor den anderen. Ihre Zukunft reicht nicht weiter als bis zum nächsten Schritt.

»Hier seid ihr richtig!«, vernehmen sie plötzlich die Stimme eines alten Mannes. »Gleich werdet ihr einer Gruppe von Injis begegnen«, hören sie seine Frau sagen. »Habt keine Angst, ich bringe euch zu ihnen.« Das können nur Pempa und seine Frau sein, denkt Kelsang, der Junge, und reicht der alten Lhamo die Hand, damit sie ihn führe. Kurze Zeit später sieht er verschwommen, wie sich ihnen eine rote Gestalt nähert.

»Die Inji«, sagt Kelsang, der Junge, zu seinen Freunden, »bestimmt sind es Bergsteiger!« Da ruft die rote Erscheinung: »Tashi Delek! Cho bu ni young ny? Kommt ihr aus Tibet?« Das ist ihre Sprache, ihr Dialekt! Wie kann das sein? Ist es ein Traum? Oder Wirklichkeit? Vielleicht sind sie ja doch auf dem Gletscher erfroren. Vielleicht sind ihre Seelen nach Amdo zurückgekehrt.

Das rote Geistwesen ist nun bei ihnen. Es reicht ihnen die

Hand. Die Jungen weichen zurück. Da klopft es Kelsang, dem Jungen, aufmunternd auf die Schulter. Und eine überaus tiefe und freundliche Stimme sagt: »›Lama Kunscho‹! Oh, mein Gott! Wie habt ihr es bloß geschafft, hier rüberzukommen? ›Lama Kunscho‹, was müsst ihr durchgemacht haben.« Und als sie die Güte in der Stimme des fremden Amdo-Tibeters vernehmen, erblinden zwei der fünf Jungen ganz.

Fünf ›Khampa-Tibeter‹

Vor achthundert Jahren sollen sich einige Khampa-Tibeter aus dem Osten des Schneelandes auf Wanderschaft in Richtung Westen begeben haben, um sich im Schatten der hohen Himalaya-Gipfel anzusiedeln. Ihre Nachfahren könnten die Drogpa-Nomaden sein. Ein Teil dieser Volksgruppe soll weiter gen Süden gezogen sein und einen ›sehr hohen Pass‹ überquert haben, um sich schließlich in der nepalesischen Khumbu-Region niederzulassen.

Als Khampa versteht Kelsang sowohl die Sprache der Drogpa als auch jene der Sherpa. Für Amdo-Tibeter hingegen sind diese Dialekte sehr fremd. Auch gibt es viele kulturelle Unterschiede, etwa die bei Amdo-Tibetern unübliche Vielehe, bei der eine Braut die Brüder ihres Mannes mitheiratet. Sie ist sowohl bei den Drogpa als auch bei den Khampa verbreitet.

Dennoch nennen die Sherpa hier noch heute jeden Tibeter, der über den ›sehr hohen Pass‹ aus dem Schneeland kommt, einen Khampa – egal aus welcher Provinz Tibets er stammt.

»Five khampamen, fünf Khampa-Männer!«, ruft deshalb die alte Lhamo, als sie am frühen Nachmittag des 16. März

2007 zur Tür hereinkommt. Aus einem tiefen Traum erwachend, reagiere ich langsam. Kelsang jedoch ist sofort zur Stelle. »Flüchtlinge, sagst du? Wo?« Lhamo deutet hinauf in die Berge. Nun hält mich nichts mehr hinter dem Ofen fest. Kelsang und ich springen in unsere Bergschuhe, die Schneehose, unsere Jacken, wir binden die Gamaschen, schlüpfen in unsere Handschuhe, greifen nach den Teleskopstöcken – und los!

»Immer den Yakspuren folgen!«, ruft Lhamo uns noch hinterher. Vergessen ist das Hadern der letzten Tage. Wir laufen hinauf zum Sommerhaus der Sherpa-Familie.

»Da!«, ruft Kelsang und weist auf die Kuppe eines verschneiten Hanges, auf dem sich das kurioseste Filmteam der Fernsehgeschichte aufgebaut hat. Deepak bedient die Kamera, Peno-Sherpa angelt mit der langen Tonstange nach Atmosphäre und Geräuschen, unser junger Fluchthelfer Karma gibt Regieanweisungen und Christian fotografiert das Geschehen. Als wir die Kuppe des Hügels erreichen, sehen wir, was sie filmen: Fünf junge Burschen in traditionellen Chupas wandern unendlich langsam durch den Schnee. Ich blicke durch den Sucher der Kamera. Sie sehen aus wie gestrandete Piraten. Ein Auge haben sie mit orangefarbenem Plastik verklebt, das andere schützt eine zerbrochene Brillenhälfte. Sie scheinen schneeblind zu sein, denn Karma dirigiert ihre Schritte mit seinen Rufen. Ihre Bewegungen sind seltsam steif und erinnern an die ferngesteuerter Roboter. Es sieht vollkommen unnatürlich aus.

»Hast du denen gesagt, dass sie so seltsam gehen sollen?«, frage ich Christian, »das wirkt ja total gestellt!« Mein Bergkamerad schaut mich fassungslos an.

»Diese Jungs können nicht mehr anders gehen als so, Maria. Sie sind schwer unterkühlt! Ihre Muskulatur ist versteift. Sie haben Erfrierungen. Noch eine Nacht im Freien und mindestens zwei von ihnen würden nicht mehr leben.«

»Oh mein Gott ... wie alt sind sie denn?«

»Der jüngste ist vierzehn, der älteste neunzehn.«

Ein Krankenlager in 4300 Meter Höhe

Wanglo, 19 Jahre: Schneeblind, Unterkühlungsstadium 2. Grades. An allen Fingern der rechten und der linken Hand Erfrierungszeichen 1. Grades (weiße Stellen).

Lothen, 18 Jahre: Unterkühlungsstadium 2. Grades. An allen Fingern der rechten und der linken Hand Erfrierungszeichen 1. Grades. Am dritten, vierten und fünften Zeh des rechten Fußes Erfrierungszeichen 1. und 2. Grades. Am ersten, zweiten, vierten und fünften Zeh des linken Fußes Erfrierungszeichen 1. und 2. Grades.

Dorje, 14 Jahre: Unterkühlungsstadium 2. Grades. Ansonsten völlig gesund.

Rabgyal, 17 Jahre: Schneeblind, Unterkühlungsstadium 2. Grades. Am zweiten und dritten Finger der linken Hand Erfrierungszeichen 2. und 3. Grades. Am ersten, zweiten und fünften Finger der rechten Hand Erfrierungszeichen 1. Grades. Am ersten und zweiten Zeh des rechten Fußes Erfrierungszeichen 2. und 3. Grades. Am dritten und fünften Zeh des rechten Fußes Erfrierungszeichen 1. Grades. Am dritten und fünften Zeh des linken Fußes Erfrierungszeichen 2. Grades. Am ersten und zweiten Zeh des linken Fußes Erfrierungszeichen 1. Grades.

Kelsang, 19 Jahre: Unterkühlungsstadium 2. Grades. An allen Fingern der rechten und der linken Hand Erfrierungszeichen 1. Grades.

Christian macht die Bestandsaufnahme seiner Patienten nicht in Pempas warmer Stube, sondern in der angrenzenden, unbeheizten Scheune. Denn ein schnelles Auftauen der Erfrierungen würde den Jungen große Schmerzen verursachen. Ich zerschneide mein Trekkinghandtuch in zwei Streifen, um Rabgyals und Wanglos erblindete Augen zu verbinden. Die anderen können noch schemenhaft sehen. Schweigend hocken sie auf dem Stroh und schlürfen Tee, um sich innerlich aufzuwärmen. Kelsang, der Junge, hilft Rabgyal, der zu schwach ist, um selbst die Tasse zu halten. Mehrere seiner Finger und Zehen sind schwarz verfärbt. Vielleicht ist das Gewebe noch zu retten. Im Augenblick wirkt es abgestorben. Totes Gewebe wird vom Körper irgendwann abgestoßen und muss dann amputiert werden.

Die Sherpa-Frau Lhamo kommt mit einem großen Topf Suppe herein, doch Christian schickt sie weg. »Bitte noch nicht«, sagt er, »wir müssen erst eine Entscheidung treffen.« Es gibt zwei Möglichkeiten: Entweder wir bringen die Jungen in ihrem unterkühlten Zustand bis nach Namche Bazar und lassen sie von dort aus per Hubschrauber nach Kathmandu ausfliegen. Oder wir versuchen sie hier vor Ort zu verarzten. Zwei Gründe sprechen für eine sofortige Behandlung auf dem Berg: Rabgyal scheint nicht mehr transportfähig zu sein. Und je schneller man seine Erfrierungen auftaut, desto größer die Chance, das angegriffene Gewebe noch zu retten.

»Was dagegen spricht, sind die schlechten Bedingungen hier«, meint Christian. »Wir benötigen zum Auftauen ihrer erfrorenen Hände und Füße kontinuierlich warmes Wasser in großer Menge. Ich weiß nicht, ob wir das hier in der Höhe mit einem kleinen Ofen und Yakdung schaffen.«

Er geht vor das Haus, um per Satellitentelefon Verbindung mit seiner Frau in Deutschland aufzunehmen. Kerstin ist Internistin. Er will eine Einschätzung von ihr. Er braucht ihren Rat.

»Tut endlich was! Diskutiert hier nicht rum. Seht ihr nicht, dass sie Hilfe brauchen?« Das ist Karma. Ich erschrecke. Die Stimme des sonst so freundlichen Mannes ist aggressiv. Ihm dauert hier alles zu lange. Er versteht unser Zögern nicht. Er begreift nicht, warum Christian seinen Medizinkoffer nicht auspackt.

»Euch geht es doch nur um die Bilder!«, schreit er mich plötzlich an, »um gute Aufnahmen! Stimmt's? Willst du filmen, wie der Dünne krepiert? Wollt ihr abgeschnittene Finger und Zehen?«

»Nein, Karma! Nein!«, versuche ich den jungen Freund zu beruhigen, »Christian wird den Flüchtlingen so schnell wie möglich helfen. Er muss nur abklären, wie.«

»Was gibt es da noch zu überlegen? Er soll endlich was tun. Und zwar schnell! Wenn er nichts tut, wird der Dünne seine Finger verlieren.« Er rennt aus der Scheune. Und ich ihm hinterher.

»Bleib stehen, Karma!«, rufe ich, »rede mit mir!« Karma tritt wütend gegen den Schneehaufen, den Peno-Sherpa heute Morgen aufgetürmt hat, um den Eingang des Hauses freizuschaufeln.

»Ich kann es nicht mit ansehen. Ich habe zu viele Erfrierungen in meinem Leben gesehen, so viele Kinder, denen Finger und Zehen amputiert werden mussten. Bei meinem letzten Gang hat eine junge Frau hinterher alle Zehen verloren. Weißt du, wie man sich da als Fluchthelfer fühlt? Es war meine Schuld. Ich habe versagt. Ich habe nicht gut genug aufgepasst auf das Mädchen. Ich habe die Gruppe nicht schnell genug über die Grenze gebracht. Ich war nicht schnell genug, verstehst du?«

Er hat zu weinen begonnen. Dieser große, gestandene Mann. Kelsang ist uns nach draußen gefolgt und packt seinen jungen Kollegen am Arm.

»Das ist alles noch harmlos, was du hier erzählst. Schau mich an. Ich hatte einen sehr guten Ruf als Guide. Was meinst du? Hab ich ihn wirklich verdient? Einmal ist mir ein kleines Mädchen erfroren.« Nun blickt er zu mir. Er möchte wissen, wie ich darauf reagiere. Kelsang hat mir sein ganzes Leben am Flughafen von Kathmandu erzählt. Den Tod des Mädchens hat er verschwiegen. Warum?

»Sie ist in meinen Armen erfroren«, sagt er. »Seit zehn Jahren lastet diese Schuld nun auf mir.«

Wettlauf mit der Zeit

Ich hatte hohes Fieber, und mir war unendlich kalt. Sogar in der Nähe des Ofens fror ich. Und ich hatte Durst. Unendlichen Durst. Selbst als ich zu trinken bekam, hörte der Durst nicht auf. Ich war blind und konnte nichts sehen. Ich konnte nicht sehen, was die Inji taten. Ich konnte auch nicht verstehen, was sie miteinander besprachen. Ich wusste nicht, was mit mir geschah. Das machte mir Angst. Große Angst.

Rabgyal

Christians Frau in Deutschland rät uns zu handeln. Sofort. Verlieren wir Zeit, verliert Rabgyal die Finger.

Nun werden alle verfügbaren Kräfte in Pempas Haus mobilisiert. Die Nonnen Tsering Lhamo und Tsering Bhuti helfen der Sherpa-Frau, beide Öfen anzufeuern. Kelsang, Karma und Peno-Sherpa laufen mit leeren Kanistern und Eimern zum Fluss hinunter, um Wasser zu holen. Christian packt unsere Medikamente aus, und in wenigen Minuten verwandelt sich Pemas Schutzhütte in ein Lazarett. In der Küche finde ich zwei metallene Schüsseln.

»Wir beginnen mit den beiden schwächsten Patienten«, ordnet Christian an und verabreicht Rabgyal und Wanglo Tabletten gegen die Schmerzen. Wir bringen die beiden an den Ofen und helfen ihnen, sowohl ihre Füße als auch ihre Hände in die Schüsseln zu legen, in die nun lauwarmes Wasser gefüllt wird. Rabgyal wird schwindelig, als er sich vornüberbeugen muss, wir halten ihn fest. Fünfzig Minuten dauert diese simple Behandlung, die nur aus einem Grund hier oben so kompliziert ist: Wir müssen kontinuierlich immer heißeres Wasser in die Schüsseln gießen. Große Mengen davon zum Sieden zu bringen ist aufgrund des niedrigen Sauerstoffgehalts in der Höhenluft eine langwierige Angelegenheit.

Nach der Behandlung legen wir die beiden Jungen auf unsere ausgebreiteten Schlafsäcke, damit Christian ihre Finger und Zehen mit sterilen Kompressen abdecken und mit

Mull verbinden kann. Wenn das Gewebe auftaut, darf es unter keinen Umständen platzen. Das Eindringen von Bakterien wäre fatal. Als Christian Rabgyals Erfrierungen untersucht, beginnt der Junge plötzlich zu zittern. »Wird es sehr weh tun, wenn mir der Inji-Doktor die Finger abschneidet?«, fragt er Karma, weil er zu höflich ist, uns direkt zu fragen.

»Oh mein Gott! Wir waren so überfordert mit der Situation, dass wir völlig vergessen haben, mit unseren Patienten zu sprechen!«

»Nein«, erklärt Christian und Karma übersetzt es für ihn. »Hier oben wird gar nichts weggeschnitten. Ich werde versuchen, eure Finger und Zehen mit warmen Wasserbädern zu retten.« Zur Verdünnung des Blutes verabreicht Christian noch Aspirin. Erst als alle Erfrierungen versorgt sind, erlaubt er seinen Patienten, endlich ihre Suppe zu essen. In der Hütte kehrt allmählich Ruhe ein.

»Wir haben nicht genügend Schmerzmittel und Verbandszeug dabei«, sagt Christian voll Sorge. »Wir brauchen auch dringend etwas für ihre Augen. Und Rabgyals Zustand ist sehr labil. Nur mit Suppe und Chapati werden wir ihn nicht ausreichend ernähren können.«

»Ich werde versuchen, Verbindung mit Suja aufzunehmen«, schlage ich vor. »Er kennt den Weg und könnte Medikamente hochbringen.«

Am 6. März hatte ich meinen kleinen Sohn Simon in Deutschland angerufen, um ihm von einem der tief verschneiten Hügel des Himalaya einen Geburtstagskuss ins blühende Rheinland zu schicken. Aufgeregt erzählte er mir, dass er jetzt endlich den Computerführerschein im Kindergarten machen darf. Und dass er sich seine Locken abschneiden lässt, um ein richtiger Junge zu sein. Ich wollte Simon noch sagen, wie sehr ich ihn liebe, aber unsere Verbindung brach ab.

Heute mache ich mich erneut auf die Suche nach einem günstig stehenden Satelliten, um Suja eine Liste mit Medikamenten durchzugeben. Sie ist lang. Hoffentlich hält die Verbindung diesmal bis zum Schluss.

Rabgyals Herz

Ich konnte nicht schlafen in dieser Nacht. Ich hatte kein Gefühl mehr dafür, wie schlimm es um mich stand. Alle sagten, keine Sorge, du wirst wieder gesund. Aber das beruhigte mich nicht. Und ich fragte mich, wie mein Schicksal ausgelegt war. Ich habe meine Heimat verlassen, um tibetische Medizin zu studieren. Nun musste ich um meine Finger und mein Augenlicht bangen. Der Grenzpass war für mich das Tor gewesen, durch das ich in die weite Welt hinausgehen wollte. Nun war ich blind. Ohne Augenlicht und ohne Hände wären all meine Pläne zunichtegemacht.

Rabgyal

Rabgyal hat Schmerzen am Herzen. Es scheint immer wieder auszusetzen. So empfindet er es jedenfalls. Am Morgen tragen wir ihn aus der verrauchten Hütte hinaus an die frische Luft und betten ihn im Schutz einer Weidemauer auf Isoliermatten und Schlafsäcke. Vielleicht wirkt die Sonne begünstigend auf seinen Zustand. Er glaubt, dass er sterben wird, und macht sich Sorgen um seine Eltern. Er hat sich nicht verabschiedet von ihnen – aus Angst, sie hätten ihn die gefährliche Reise nicht antreten lassen.

»Entweder Rabgyal hatte heute Nacht tatsächlich einen Infarkt, oder die Ursache seiner Herzschmerzen ist psychosomatisch bedingt«, meint Christian.

»Wie können wir das herausfinden?«

»Am besten wäre es, ihm ein Beruhigungsmittel zu spritzen. Aber genau genommen darf ich das nicht.«

»Wie?«

»Ich bin kein Arzt. Als Rettungsassistent ist es mir nicht erlaubt, mich außerhalb meines Berufsumfeldes meiner Notkompetenz zu bedienen.«

»Sorry, aber ich verstehe kein Wort.«

»Ich darf laut Gesetz keine intravenösen Injektionen verabreichen.«

»Gilt deutsches Gesetz auf nepalesischem Boden?«

»Keine Ahnung.«

»Und wer soll davon erfahren?«

»Das hängt von dir ab«, meint Christian mit einem kurzen Nicken in Richtung unseres nepalesischen Kameramanns Deepak, der die ganze Zeit über schon das Geschehen in unserem Krankenlager filmt. Da unser Peno-Sherpa ihm mit Hingabe assistiert, brauchte ich mich nicht weiter um die Dreharbeiten zu kümmern und konnte Christian zur Hand gehen.

»Ich würde sagen, unsere Berufsausbildungen und Zertifikate zählen hier oben schon lange nicht mehr«, sage ich. »Jeder tut, was er kann, so gut er es kann.«

»Stimmt«, sagt Christian und verabreicht Rabgyal schließlich die Spritze. Kurz darauf schläft unser Sorgenkind ein und erholt sich zusehends von seinen Ängsten.

Am Nachmittag beginne ich mit den ersten Interviews und stelle fest, dass die jungen Flüchtlinge Tibet aus den gleichen Gründen verlassen haben wie ›meine‹ sechs Kinder vor sieben Jahren. Allerdings wurden Chime, Dolkar, Dhondup, Lakhpa, Little Pema und Tamding damals von ihren Eltern ins Exil zu den Schulen des Dalai Lama geschickt, während Wanglo, Dorje, Rabgyal und Lothen bereits alt genug waren, um selbst über diesen Schritt in ein neues Leben zu entscheiden.

»Natürlich gibt es Schulen in Tibet«, erzählt mir Kelsang, der Junge, der sich am Morgen als Fluchthelfer seiner vier Freunde offenbart hat. »Mittlerweile gibt es auch ›tibetische‹ Schulen. Aber tibetisch ist nur die Fassade. Denn auch hier wird den Schülern lediglich die chinesische Version unserer Geschichte erzählt. Für viele Familien ist das Schulgeld ohnehin nicht zu bezahlen.«

»Wie hoch sind denn die Schulgebühren im Augenblick?«, frage ich.

»Unterschiedlich. In unserem Dorf bezahlt man für ein Kind 2600 bis 2800 Yuan im Jahr.«

Etwa zwei- bis dreihundert Euro, überschlage ich grob. Das ist viel Geld für eine Bauern- oder Nomadenfamilie.

»Und das ist noch lange nicht alles!«, ereifert sich nun Dorje, der kleine Cousin. »Unsere Eltern müssen auch die Schulbücher kaufen und unsere Uniform. Mein Vater musste sogar für mein Schreibpult bezahlen. Und wenn hochgestellter Besuch aus Lhasa oder Peking kam, dann wurde die Schule von oben bis unten neu gestrichen und geschmückt, um sie im allerbesten Licht zu präsentieren. Und wer, meinst du, musste für das alles bezahlen? Unsere Eltern natürlich. Obwohl sie doch nur Geldsorgen haben, dafür aber kein Fleisch auf dem

Tisch. Irgendwann habe ich mich nicht mehr getraut, meinen Vater um Geld für die Schule zu bitten. Ich habe es mir dann von den Verwandten geliehen. Als er es merkte, wurde er wütend auf mich. So wütend, dass ich Ohrfeigen bekam. Und so bin ich schließlich ganz abgehauen.«

Der vierzehnjährige Dorje ist nicht auf den Mund gefallen. Störrisch stehen ihm die Haare zu Berge. Seine Stimme ist sehr rau für sein Alter. Gestern Abend, während die älteren Freunde schon längst vor Erschöpfung eingeschlafen waren, saß er noch lange mit uns am Ofen, bediente sich an Karmas Zigarettenschachtel und tischte uns paffend und qualmend unglaubliche Geschichten auf.

»Meine Freunde und ich sind per Anhalter von Amdo nach Lhasa gefahren. Nachts haben wir auf den Parkplätzen unter den Lastwagen geschlafen.«

»War das nicht gefährlich?«, fragte ich.

»Gar nicht! In Tibet müssen die Fahrer im Winter ihre eiskalten Motoren per Hand starten. Und so hatten wir jeden Morgen genügend Zeit, unter den Wagen herauszurollen, bevor sie losfuhren.«

»Und was ist hier passiert?« Ich deute auf seine rechte Hand, die Spuren starker Verbrennungen aufweist.

»Einmal war es sehr kalt in der Nacht, und wir hatten Angst, an der Straße festzufrieren. Da habe ich einen der Tanks angezapft, um uns mit Benzin ein kleines Feuerchen zu machen. Na ja, das gab dann eine ziemliche Stichflamme.«

Was für ein Junge, denke ich. Was für eine Herausforderung an seine zukünftigen Lehrer, diese Urkraft, die er aus seiner Heimat mitbringt, so zu kanalisieren, dass sie im gemäßigten ›Exil-Tibet‹, in dem Ordnung, Disziplin, Bildung und distinguiertes Verhalten einen ähnlichen Stellenwert haben wie bei uns in den fünfziger Jahren, nicht verlorengeht.

Die ›Newcomers‹ aus Amdo haben bei den alteingesessenen Exil-Tibetern den Ruf, Raufbolde und Unruhestifter zu sein, und sind oft nicht wirklich willkommen. Ein ungeschliffenes Juwel wie Dorje könnte den eng gesetzten Verhaltenskodex schnell sprengen.

So forsch sich unser jüngster Flüchtling präsentiert, so zurückhaltend wirkt Wanglo, der Älteste ihrer Gruppe, im Gespräch. Noch ist er blind vom Schnee und äußerst schwach.

»In unserem Dorf gab es nur eine chinesische Schule«, erzählt er mir. »Meine Eltern wollten mich nicht dahin schicken, weil sie Angst hatten, ich würde von den chinesischen Schülern und Lehrern als Dummkopf verspottet werden. So blieb ich zu Hause bei unseren Yaks und lernte nichts weiter, als Tiere zu hüten. Heute habe ich das Gefühl, mich nicht zeigen zu können, keine eigenständige Person zu sein. Deshalb bin ich von zu Hause fortgegangen. Ich möchte endlich etwas lernen, um mich nicht länger verstecken zu müssen.«

So viel Aufrichtigkeit und Sensibilität spricht aus Wanglos Worten. Als ich ihn nach seinen Eltern frage, beginnt der junge Mann zu weinen. Und ich denke an die Tränen ›unserer‹ sechs Kinder vor sieben Jahren.

Ob sie bei der Trennung von den Eltern sechs Jahre alt sind oder schon beinahe erwachsen – der Schmerz ist derselbe.

Die Sonne geht unter, und mit ihr weicht das Licht, um weiterzufilmen.

Mein Interview mit Lothen muss ich auf morgen verschieben.

རྒྱ་རིད་ཕ་ཡུལ་ལ་ཅེས་སྒྲུག་ཁུལ་བཞིན། །
འགྲོས་སྐྱོམ་དགའ་སྒྲུག་ཀུན་དང་ལྡན་བྱེད་དེ། །
བཀའ་ཡི་མ་བསྲུངས་གྱུར་ལས་ཀྱི་མ་བྱུན་བའི། །
སྒྲོགས་ཀྱི་དུགས་མ་སྟེ་སྐལ་བཟང་ད་ཚོ། །
ལམ་ཕྲག་རིང་པོ་ཡི་དགའ་དགའ་མ་བཟད། །
རང་སྲུག་རྟོང་གི་མར་མེར་སྦྱིན་ནས། །
བརྫུགས་ལུ་ཨུདེས་ཆེན་ཞག་ཆུའི་བཙའི་གྲོས། །
འགྲོས་ལུགས་སྐྱོམ་གདུར་མཇུག་མས་དལ་བའི་འགྱུར། །
རེ་ཀུ་གདས་རེ་བྱེ་ཟར་བྱག་དམར་རྗེའར། །
ཡུས་བཅུའི་རྫུས་ལུག་དུས་མས་ཆེན་གྱིས་བྱེ། །

Auszug aus Lothens Fluchtballade

Lothen, der Dichter

Er hat ein markantes Profil mit einer kühn geschwungenen Nase und einer hohen Stirn. Die Haut seiner Schulter, die er lässig aus seiner lilafarbenen Chupa herausgeschält hat, ist von goldbrauner Färbung. Im Licht der Morgensonne sitzt Lothen an die Weidemauer gelehnt, ein Bild wie ein altes Gemälde.

»Erzähl mir von deinem Zuhause«, bitte ich den Jungen. Er sieht mich lange und sehr direkt an. Und ich denke, wie kann es sein, dass ein achtzehnjähriger Junge mich auf diese Weise betrachtet? Es ist, als dringe sein Blick bis in den hintersten Winkel meiner Seele. Dann beginnt Lothen zu sprechen.

»Unser Grasland ist so weit wie der Ozean. Und im Sommer ist die Vielfalt an wilden Blumen und Blüten unendlich. Es ist ein ganz besonderes Bild. Wenn du es ansiehst, kannst du nicht mehr aufhören zu lächeln.«

»Wer bist du? Was hast du in deiner Heimat getan?«

»Ich bin ein Dichter.«

»Erzählst du mir von eurer Flucht?«

»Worte verlieren ihre Kraft, wenn sie zu früh gesprochen werden.«

»Brauchst du Stift und Papier?«

»Gerne«, sagt Lothen, »ich werde alles niederschreiben für dich.«

Gegen Mittag kommt ein Sherpa zu Pempas Haus und fragt nach der Inji-Frau. Sein Rucksack ist voller Medikamente. Er ist völlig außer Atem und reicht mir eine handgeschriebene Nachricht.

Liebe Maria,
ich bin in Namche Bazar und muss ein paar Stunden rasten, um mich wieder an die Höhe zu gewöhnen. Deshalb schicke ich diesen Träger mit den Medikamenten voraus. Ich denke, ihr werdet sie dringend brauchen. Er ist ein guter Mann. Du solltest ihn großzügig bezahlen. Morgen früh bin ich bei euch.
Suja

Sorgen

Jeden Morgen, wenn wir unsere erste Runde ›Finger- und Zehenauftauen‹ abgeschlossen haben, trage ich die letzte Schüssel mit heißem Wasser an die Südseite des Hauses, um mich mit meinem Hintern über den heißen Wasserdampf zu hocken. Unter den Medikamenten, die Suja uns raufschickte, befand sich auch der letzte Posten meiner Bestellungsliste, eine Tube Hämorrhoiden-Salbe. Die Bohnen schrumpfen nun kontinuierlich, und ich sollte diese wenigen Minuten des Nichtstuns in der Sonne genießen. Aber ich mache mir Sorgen, Sorgen um unsere finanzielle Situation hier auf dem Berg, aber auch in Deutschland. Diese ›Rettungsaktion‹ wird unser schmales Budget völlig sprengen. Ich habe keine Ahnung, wie ich die immer länger werdende Bewirtungsrechnung in Pempas Haus am Ende unseres Aufenthaltes bezahlen soll. Unsere Gruppe zählt vierzehn Personen, ich weiß nicht, wie lange wir noch hier bleiben müssen, und zu Hause wandert das

Saldo auf unserem Konto wieder einmal gefährlich nahe dem Ende des Dispokredits entgegen. Wie konnte das nur passieren? Ursprünglich wollte ich mit Kelsang bloß eine Fahne an der Grenze zu Tibet hissen.

Diese Ausgangssituation hat eine Lawine ins Rollen gebracht, die wieder einmal viel zu gewaltig ist für mein Leben. Seit meiner Kindheit fühle ich mich wie ein enges Gefäß, in welches das Schicksal unaufhörlich Ereignisse schüttet. Bald werde ich an meinem eigenen Leben zerbersten. Peng! Und auf meinem Gedenkstein wird stehen: ›Maria Blumencron, bereits in jungen Jahren an der Fülle ihres Lebens zerbrochen‹.

»Woran ist meine Mutter gestorben?«, fragte ich meine Tante Maria bei meinem zweiten Besuch in Österreich.

»Du gibst wohl nie auf«, sagte sie.

»Warum sollte ich? Habe ich nicht ein Recht, endlich die Wahrheit zu erfahren?«

»Das Leben deiner Mutter war ein Ablenkungsmanöver.«

»Ablenkungsmanöver? Wovon?«

»Von ihrem Schmerz.«

»Du sagst, sie hat die Trennung von mir nicht verkraftet. Warum hat sie sich dann getrennt?«

»Lass diese Geschichte ruhen«, sagte meine Tante, »du wirst keinen Frieden finden, wenn du sie ausgräbst.«

Ein Wanderer in einer roten Daunenjacke nähert sich vom Tal her kommend. Das kann nur Suja sein. Na toll! Und ich sitze hier über dem Dampf.

»Was ist mit dir los?«, fragt mich der Freund und grinst, als er vor mir steht. Verschämt ziehe ich mir eine Decke aus Yakhaar über die Beine.

»Da es hier oben kein Badezimmer gibt, dampfe ich jeden Morgen, anstatt zu duschen.«

»Wow! Das sollte ich vielleicht auch mal probieren«, sagt Suja und setzt sich neben mich in die Sonne. »Sind die Medikamente angekommen?«

»Ja. Und fünf Jungs aus Tibet. Ein Straßenjunge, ein Hirte, ein Schüler, ein Dichter und ihr neunzehnjähriger Fluchthelfer.«

21. März 2001 – Der Weg der Mitte

Nun ist es Zeit, mit dem Aufstieg zur Grenze zu beginnen. Das Wetter scheint stabil zu sein, und unsere drei Nonnen wollen endlich nach Hause.

Tsering Thaklas Fuß ist noch immer nicht in Ordnung, doch Christian ist bereit, seine nichtlegalisierte Notkompetenz auf nepalesischem Boden noch einmal zu missbrauchen, und injiziert ihr ein schmerz- und entzündungshemmendes Mittel.

Auch Kelsang, der Junge, wird mit uns zur Grenze hinaufgehen. Gestern Abend, als wir unsere Rucksäcke packten, erzählte er uns, dass er nach Tibet zurückgehen möchte, um drei kleinere Buben aus Lhasa zu holen.

»Willst du das wirklich?«, fragte ich ihn, »vor drei Tagen noch mussten wir deine Finger auftauen.«

»Dafür danke ich euch. Aber jetzt geht es mir gut, und ich möchte so schnell wie möglich nach Lhasa zurück.«

»Lass ihn«, sagt Kelsang Jigme, »wer einmal damit begonnen hat, Leute zu führen, hört so schnell nicht mehr auf.«
Peno-Sherpa verlässt uns an diesem Morgen. Seit er Rabgyals schwarze Finger und Zehen gesehen hat, traut er sich nicht mehr hinauf auf den Gletscher. Wir haben also keinen einzigen Träger für unser Gepäck. Pempas Sohn Mingma bietet uns an, den Aufstieg mit drei seiner Yaks zu begleiten.

Bevor wir aufbrechen, überreicht Suja uns eine lange Schnur, an der acht bunte Fahnen hängen. Er bittet uns, statt der tibetischen Flagge diese Gebetsfahnen auf dem Grenzpass zu hissen.

»Der Dalai Lama hat China den Weg der Mitte angeboten. Wir sollten uns seiner Politik anschließen und die chinesische Regierung nicht unnötig herausfordern.« Ich spüre, wie sich in Kelsang Jigme innerlich alles aufbäumt.

»Die Chinesen haben uns herausgefordert, indem sie ein unabhängiges Land mit Gewalt besetzt haben!«, ruft er empört. »Sie haben uns herausgefordert, als sie eine siebzehnjährige Nonne an der Grenze erschossen haben!«

»Wenn ihr neben einem Grenzstein, auf dem ›China‹ geschrieben steht, die tibetische Nationalflagge hisst, werden in Zukunft noch mehr Flüchtlinge auf diesem Pass sterben«, hält Suja dagegen.

»Ich finde, Suja hat recht«, höre ich mich sagen – wohl wissend, was ich damit in Kelsangs Herzen anrichte. »Eine Nationalflagge trennt. Eine Gebetsfahne verbindet.« Wütend verlässt Kelsang das Haus. Und ich denke an all das, was er in seinem Leben unter chinesischer Herrschaft durchlitten hat. Es ist unmöglich, was ich von ihm verlange.

Doch nach einiger Zeit kommt er wieder zurück. Er wirkt

sehr ruhig und innerlich aufgeräumt. »Ich bin einverstanden. Aber dann sollte ich gemeinsam mit Suja die Gebetsfahne hissen. Wenn wir Tibeter schon eine friedliche Lösung mit China anstreben, dann sollten wir in unseren eigenen Reihen beginnen, Frieden zu schließen.« Kelsang, der Khampa, reicht Suja, dem Amdo, die Hand. Und Suja nimmt sie gern.

»Danke, Pu Kelsang. Das ist ein sehr großzügiges Angebot von dir, und es rührt mich zutiefst. Aber mein Platz ist hier in der Hütte bei den Jungen. Weißt du, ich bin ziemlich gut im Betreuen von Kindern. Aber es würde mich freuen, wenn Karma mit dir die Fahne hisst. Denn die Amdo und Khampa gehören zusammen.«

»Gut«, sagt Kelsang, »so soll es sein.« Und auch Karma nickt zustimmend mit dem Kopf.

»Kann ich dich wirklich alleine mit den Jungen zurücklassen?«, frage ich Suja.

»Ich habe von meiner Mutter das Kochen erlernt. Was meinst du! Ich werde die jungen Hüpfer mit selbst gemachten Momos aufpäppeln.«

»Spätestens am 24. März sind wir wieder zurück.«

»Und wenn nicht, werde ich mich auf die Suche nach euch machen«, sagt Suja.

Lunak – Die Erinnerung des Ortes

Die Yaks mögen den Schnee nicht, in dem sie immer wieder bis zur Brust versinken. Als wir an einem extrem steilen Hang zu einem riesigen Schneefeld gelangen, geraten sie in Panik und büchsen aus. Das Leittier läuft einfach am Rande des Schneefeldes den Berghang hinunter zum Fluss. Alle drei Tiere durchqueren das Wasser und trotten auf der anderen Flussseite davon.

Während Mingma, Karma und Kelsang, der Junge, die entlaufenen Tiere zusammentreiben, sammeln Christian und ich die Gepäckstücke ein, welche die Yaks bei ihrem stürmischen Reißaus über den ganzen Steilhang verteilt verloren haben. Wir verlieren unendlich viel Zeit. Und Kraft. Und am Nachmittag verlieren wir auch noch den Weg. Dichter Nebel hat die Landschaft verhüllt.

Wir verteilen uns in Rufnähe auf dem Gelände und suchen vergeblich nach jenen Steinmännchen, welche die Drogpa zum Markieren des Weges aufbauen. Mingma und Karma beginnen bereits, das wieder aufgeladene Gepäck von unseren Yaks herunterzunehmen, da hören wir Christians Stimme. »Ich hab ihn! Ich hab den Weg gefunden!«, ruft er. Er hat einen riesigen Steinhaufen gefunden, in welchem mehrere Gebetsfahnen stecken. Sie markieren stets einen besonders wichtigen Wegabschnitt.

An diesem Gebetshügel vorbei betreten wir ein neues Reich, in dem nun andere Erdgeister wohnen. Noch ist die Landschaft in Nebel getaucht. Aber sie fühlt sich mit einem Mal weit und sehr gewaltig an. Die Nähe des Gletschers ist schon zu spüren.

Christian geht nun voran und unseren Fluchthelfern ist die deutsche Langnase langsam nicht mehr geheuer. Er ist nicht nur der Fotograf und ›Doktor‹ unserer Expedition, sondern übernimmt nun auch noch die Führung. Und das in ihrem Revier!

Als wir spätabends Lunak erreichen, hat es wieder zu

schneien begonnen. Wir helfen Mingma, notdürftig die Yaks zu versorgen, und verkriechen uns in eines der Steinhäuschen, um Tee zu kochen und Suppe.

»Hier habe ich vor vielen Jahren, als ich noch jung war, eine Nacht mit drei Drogpa-Brüdern verbracht«, erzähle ich der Runde und alle lachen über meine Geschichte. Außer Kelsang. Er wirkt abwesend und in sich gekehrt.

»Du hast mit den Drogpa hier im Steinhäuschen geschlafen?«, fragt mich Karma verwundert. »Meistens übernachten die Drogpa in ihren Zelten davor.«

»Aber haben nicht die Drogpa-Nomaden diese Steinhäuschen für ihre Grenzgänge errichtet?«, frage ich.

»Ja. Aber seit auch die Flüchtlinge sie benutzen, meiden die Drogpa die steinernen Häuschen. Zu viele Menschen sind in ihren Mauern gestorben.« Nun wird es still in unserer Runde. Nur noch das Geräusch des Kochers ist zu vernehmen.

Kelsang räuspert sich, als wolle er etwas sagen. Alle Blicke ruhen auf ihm.

»Ja«, sagt Kelsang, »so ist es. Hier ist das kleine Mädchen in meinen Armen erfroren.« Und er erzählt uns, was damals geschah, als er das erste Mal ein Kind an die Berge verlor.

»Ihr Name war Thinley, und sie ist nicht älter als sieben Jahre geworden. Sie war die Tochter meines Freundes Dartuk.«

»Wie haben es schließlich die Eltern erfahren?«, frage ich Kelsang, nachdem er seine Geschichte zu Ende erzählt hat.

»Von Kathmandu aus rief ich Dartuk an, um ihm vom Tod seiner Tochter zu berichten. Ich brachte anfangs kein Wort heraus. Da wusste Dartuk sofort Bescheid. ›Dich trifft keine Schuld‹, sagte der Freund, ›ich weiß, du hast dein Bestes getan.‹ Und dann weinte er um sein Kind. Und ich weinte mit ihm. ›Sag mir, wo Thinleys Körper liegt, damit ich ihn vom Berg herunterholen kann‹, bat mich der Freund nach einer Weile. ›Das geht nicht‹, sagte ich, ›dein Kind ist in Nepal gestorben.‹ Doch Dartuk ließ nicht locker, und so beschrieb ich ihm die Stelle genau. ›Dein Kind liegt in einem der drei Steinhäuschen von Lunak.‹«

In Begleitung einiger Drogpa-Nomaden machten sich Thinleys Eltern auf den Weg, um ihre tote Tochter zu holen. Auf tibetischer Seite des Berges gerieten sie in eine Kontrolle der chinesischen Polizei. Die Drogpa hatten Handelspapiere. Doch sie hatten keine.

»Wohin geht ihr?«, fragten die Polizisten. »Was habt ihr auf der anderen Seite der Grenze zu suchen?«

»Wir wollen nur unser erfrorenes Kind aus den Bergen holen«, sagten die Eltern und flehten die Beamten an, sie nach Nepal gehen zu lassen. Doch die Polizisten schimpften bloß mit den Verzweifelten.

»Ihr seid selber schuld! Was schickt ihr auch eure Tochter davon! Ihr solltet euch schämen. Geht nach Hause, hier kommt ihr nicht weiter.«

Wir alle weinen, als wir das hören. Und mir ist, als hörte ich nun in diesem Steinhaus auch jene Menschen weinen, die damals um das kleine Mädchen getrauert haben, das schließlich für immer in den Bergen zurückbleiben musste: Die tapfere Khampa-Frau mit dem Kleinkind an ihrer Brust und Dschandschur, das kleine Mädchen aus Lhasa. Die beiden Nomadenbrüder vom Gelben Fluss und Ani Pasang, die Nonne. Das junge Pärchen von Kanze und schließlich Kelsang Jigme.

»Haben es denn die anderen Flüchtlinge geschafft, aus dem Schnee herauszukommen?«, fragt Karma nach einer Weile.

»Auch das Pärchen aus Kanze wäre beinahe erfroren. Die Füße des Mannes waren schon schwarz, und er konnte einfach nicht weiter. Wir mussten ihn zurücklassen, und seine Frau blieb bei ihm. Wir sagten ihr: ›Du musst mit uns kommen, du darfst nicht bleiben.‹ Doch sie wollte lieber mit ihrem Mann sterben, als mit uns zu gehen. Wenige Stunden später hörte ich endlich die Glocken der Yaks! Die ersten Drogpa-Nomaden hatten sich von Namche Bazar auf den Rückweg nach Tibet gemacht. Als sie unsere Not sahen, halfen sie uns sofort und brachten uns bis zu Pempas Hütte. Sie holten auch noch das Pärchen aus Kanze vom Berg herunter.«

»Und wie erging es dem Mädchen Dschandschur?«, frage ich.

»Und wie dem Baby der Khampa-Frau?«, fragt Tsering Thakla.

»Dschandschur hat ihren Weg ins Exil gemacht. Der Preis für ihre Zukunft war hoch. Sie hat mehrere Finger und Zehen verloren. Dem Mann aus Kanze musste sogar das ganze Bein amputiert werden. Doch das Baby hat die Reise an der Brust seiner Mutter gut überstanden. Bis zuletzt hatte Yangtsen noch Milch.«

Tsering Lhamo, die aufmerksam das Feuer gehütet hat, teilt nun den Tee für uns aus. Dankbar schlürfen wir das heiße Getränk. Unser Feuer ist klein, aber hier oben hat es die Macht, über Leben und Tod zu entscheiden.

22. März 2007 – Der Kocher gibt seinen Geist auf

Am Morgen eröffnet uns Mingma, dass er mit seinen Yaks zum Haus seines Vaters zurückkehren muss. Zu viel Schnee liegt auf dem Weg, die Tiere würden über die Tage des Aufstiegs nicht genug zu fressen finden. Unser Kameramann Deepak schließt sich dem Abstieg an, die Höhe macht ihm zu schaffen. Ich muss also auf unser aufwendiges Kameramaterial verzichten und nehme für den weiteren Aufstieg nur noch eine kleine Handkamera mit. Christian wird fotografieren.

Schweigend betreten wir gegen Mittag die Gletschermoräne. Das schwankende Eis ist mit losem Geröll bedeckt, was das Gehen schwierig macht. Mit unserem schweren Gepäck auf den Schultern stolpern wir über die faustgroßen Steine. Vergeblich sucht der Wanderer hier einen Pfad. Der Gletscher ›lebt‹, er ist in ständiger Bewegung und verändert Jahr für Jahr sein Gesicht. Immer wieder enden unsere unsicheren Schritte an steilen Eisabbrüchen oder am Ufer eines hellblauen Sees, der in der schwindelnden Tiefe eines Gletschertals ruht. Es ist ein endloses Auf und Ab, ein wirres Kreuz und Quer, kein einziger Yakfladen gibt Orientierung. Lange ist keine Karawane mehr über die Grenze gekommen. Als wir höher steigen, säumen tote Yaks, konserviert von der ewigen Kälte des Himalaya, unseren Weg. Die Nonnen beten für die Seelen der Tiere.

Am Abend bauen wir unsere Zelte in einer verschneiten Talsohle auf. Draußen pfeift der Wind von den Bergen herab und rüttelt ungestüm an den Planen. Drinnen kämpft Christian mit unserem Kocher. Man hat uns in Lukla verschmutztes Benzin verkauft, das nun die Zugangsdüsen zum Brenner verstopft. Anderthalb Stunden versucht Christian ihn im Licht der Stirnlampen zu reparieren. Er schraubt und rüttelt und pumpt und reißt sich schließlich die Haut seiner Finger auf. Besorgt schauen wir zu. Der Schnee im Kochtopf wartet darauf, geschmolzen zu werden, unsere vakuumverpackte Bergsteigernahrung ist nur genießbar, wenn sie mit heißem Wasser angerührt wird. Hungrig kriechen wir in unsere Schlafsäcke. Die Nacht über quält uns der Durst.

»Ohne Kocher können wir den Aufstieg vergessen«, murmelt Christian noch. »Wir werden morgen früh absteigen müssen.«

»Nein«, antwortet Kelsang Jigme, »wir gehen morgen früh weiter. Die Quellen von Dzasampa sind nicht mehr weit.«

23. März 2007 – Der Grenze entgegen

Der Durst treibt uns früh aus den Zelten. Noch ist es dunkel, und unsere Finger frieren im eisigen Wind. Zum Schutz vor der Nässe des Schnees umwickeln die Nonnen ihre Socken mit Plastiktüten. Kelsang klemmt meine eiskalten Hände unter seine wärmenden Achselhöhlen. Mit der Sonne kommt neuer Mut für den Aufstieg.

Die Schritte der drei jungen Nonnen werden mit jedem Höhenmeter, den sie ihrer Heimat näher kommen, leichter. Die Luft ist erfüllt von ihrem Lachen, das von den Wänden der Berge widerhallt.

»Habt ihr keine Angst vor der Grenze?«, frage ich sie. »Habt ihr keine Angst vor den Kugeln der Polizei?«

»Vielleicht werden wir später noch Angst haben«, antwortet mir Tsering Lhamo, »warum sollen wir unseren Weg mit Sorgen eintrüben? Noch sind wir nicht da, wo geschossen wird.«

»Wir sind zu langsam«, meint Karma bei einer kurzen Rast. »Wir sollten unser schweres Gepäck an einer sicheren Stelle zurücklassen und mit leerem Rücken zum Grenzpass hochsteigen.«

Im Gletscher findet Kelsang eine geschützte Stelle auf sandigem Untergrund. Wir packen die schweren Rucksäcke in unsere Zelte und stillen unseren Durst an einem stehenden Tümpel. Das Wasser schmeckt nach dem sandigen Boden, auf dem nun das Lager für die kommende Nacht bereitsteht. Die Nonnen teilen ihre letzten Vorräte mit uns.

»Was werdet ihr morgen essen?«, frage ich sie. »Was kümmert uns jetzt, was morgen ist«, antwortet mir Tsering Bhuti und reicht mir ein Stück mit sandigem Wasser verkneteter Tsampa.

Als wir endlich Dzasampa erreichen, glitzert vor uns glasklares Wasser, an dessen Ufer wächst eine hellblaue Eiswand in den Himmel. Wir füllen unsere leeren Flaschen und ziehen schnell weiter. Bald droht die Sonne den Tag zu beenden, und wir müssen in ihrem Licht die Grenze erreichen. Wie sonst soll ich das Hissen der Gebetsfahne filmen?

Das unaufhaltsame Kommen und Gehen des Lichts kombiniert mit der Unberechenbarkeit des sich stets wandelnden Wetters war immer der größte Stressfaktor meiner filmischen

Arbeit. Auf 5500 Meter Höhe hetzen wir dem Tag hinterher. Plötzlich stehe ich vor jenem Eisfall, den ich bislang nur aus Erzählungen kannte. Noch nie war ich bei meinen Aufstiegen in Richtung Grenze bis zu jenem Nadelöhr gekommen, das selbst für professionelle Bergsteiger eine große Herausforderung darstellt. Die Vorstellung, dass ›unsere‹ sechs Kinder damals diesen Eishang heruntergerutscht sind, erschreckt mich zutiefst. Little Pema und Dolkar waren kaum älter als mein kleiner Sohn Simon. Sie waren gerade durch das Trauma der Trennung von ihren Eltern gegangen und mussten kurze Zeit später diesen hochalpinen Alptraum durchwandern. Wussten ihre Mütter das? Wussten sie, wie schwierig der Weg ihrer Kinder ins Exil ist? Und wie gefährlich?

Kelsang Jigme steigt als Erster in eine Rinne, die mal winzige Trittmulden als Halt für unsere Füße bietet, dann nur kleine Löcher für unsere Finger. Karma, Kelsang, der Junge, und die drei Nonnen folgen ihm mit stoischer Ruhe. Leichtfüßig klettern sie in ihren Turnschuhen vorwärts, während ich mir bereits beim ersten Schritt in das Eis die Nase blutig schlage. Meine Knie zittern vor Erschöpfung, Hunger und Angst. Schließlich krieche ich den Tibetern ungelenk auf allen vieren über das Eis hinterher, gefolgt von Christian, der das Schlusslicht macht.

Da verliert Karma den Halt in der Wand und rutscht in rasanter Fahrt an uns vorbei den Eishang hinunter. Als ich ihm hinterherblicke, wird mir schwindelig, und auch ich drohe den Halt zu verlieren.

»Hier«, sagt Tsering Thakla und hält mir ihren Teleskopstock herab, den Christian ihr als Stütze für das Gewicht und zur Schonung des schmerzenden Fußes geschenkt hat. Dankbar greife ich danach, und die Nonne zieht mich zu sich an eine sichere Stelle.

»Lebst du noch?«, rufen wir zu Karma hinunter und bekommen ein ungehaltenes Brummen zur Antwort. Einige Zeit später taucht seine rote Mütze unter uns auf. Karma nähert sich mit erstaunlichem Tempo, als würde er über den Eisfall laufen. Und tatsächlich! Er hat seine Schneeschuhe angelegt, die an der Unterseite mit drei kleinen Eisenzacken ausgestattet sind. Eigentlich sind sie dafür bestimmt, dem Bergsteiger Halt auf Schnee und flachen Eisfeldern zu geben, nicht aber auf einem Steilhang wie diesem. Doch Karma tritt die kleinen Zacken mit solcher Wut in das um siebzig Prozent geneigte Eis, als seien es Steigeisen – und das Gesetz der Schwerkraft scheint ausgehebelt zu sein. Als Erster erreicht er den Ausstieg aus dieser gefährlichen Passage.

Die letzten Meter zur Grenze wandern wir über ein nur leicht geneigtes Schneefeld Tibet entgegen.

Nepal & Tibet am 23. März 2007, 17 Uhr 30 – Thinley lacht

Sie schossen zunächst nur in die Luft. Von den Felswänden hallten die Schüsse der Volkspolizei wider. Wir rannten weiter. Wir dachten, sie würden nur Warnschüsse abgeben. Die Kinder auf unseren Schultern wurden uns zu schwer. Wir versuchten sie hinter uns herzuziehen. Schließlich ließen wir sie zurück. Plötzlich ging eine Kugel durch die Hose einer jungen Frau, die nicht weit vor mir ging. Sie geriet in Panik und schrie: »Sie schießen wirklich! Sie schießen auf uns!« Und hinter mir hörte ich die Schreie der Kinder: »Bitte, Brüder, erschießt uns nicht!«

Einer der Männer, er war kaum älter als zwanzig, wollte noch umkehren, um eines der Kinder mitzunehmen, das sich im Tumult den Fuß verletzt hatte. Doch sie schossen ihm in beide Beine. Dann traf es die junge Nonne. Der Schuss ging hinten in ihren Rücken und vorne bei der Brust wieder heraus. Sie war sofort tot. Sie war erst siebzehn Jahre alt. Sie war ein einfaches Mädchen. Sie wollte zum Dalai Lama. Ich habe mit eigenen Augen gesehen, wie sie starb.

Kelsangs Freund Tashi, der Guide,
zu den ›Todesschüssen‹ am 30. September 2006

Wir legen unsere Stirnen aneinander und wünschen uns viel Glück. Die drei Nonnen schenken mir zum Abschied einen bunten Lutscher, für meinen kleinen Sohn in Deutschland. Dann verabschieden sie sich von Kelsang Jigme.

»Geh nicht mit ihnen«, sage ich zu Kelsang, dem Jungen, »geh nicht nach Tibet zurück.«

»Ich habe ein Versprechen gegeben«, sagt er.

»Du bist zu jung für diese Arbeit.«

»Es geht um drei Kinder. Wenn ich sie nicht hole, ist ihre Zukunft verloren.«

»Du solltest selbst zur Schule gehen.«

»Lass ihn gehen«, sagt Kelsang Jigme, »er hat keine andere Wahl.« Und so geht Kelsang, der Junge, mit den Nonnen davon.

Eben waren sie noch bei uns. Nun werden ihre Gestalten immer kleiner. Plötzlich sind sie aus unserem Leben verschwunden. Ein eisiger Wind pfeift von den Bergen herab.

»Wo ist die Nonne Kelsang Namtso gestorben?«, frage ich Kelsang zitternd vor Kälte.

»Etwa fünfundvierzig Minuten von hier, mein Freund Tashi hat mir die Stelle beschrieben.«

»In fünfundvierzig Minuten wird es stockdunkel sein. Besser, ihr hisst die Fahne jetzt. Sofort«, sagt Christian.

»Hier sind aber die Todesschüsse nicht gefallen«, sagt Kelsang.

»Wenn wir zu der Stelle gehen, wird es kein Foto von unserer Gedenkfahne geben«, entgegnet Christian.

»Was ist wichtiger, das Bild oder die Wahrheit?«, fragt Kelsang. Karma meldet sich zu Wort.

»Lasst uns die Fahne hier an der Grenze hissen, die die Nonne Kelsang Namtso nicht mehr erreichen konnte. Und lasst uns dafür beten, dass es ihr nun in ihrem neuen Leben vergönnt sein wird, den Dalai Lama zu sehen.« Das ist ein Angebot, das Kelsang Jigme nicht ausschlagen kann.

»Lasst uns für alle Opfer beten, die nie im Exil angekommen sind, und für jene, die um sie weinen«, sagt er.

»Lasst uns dafür beten, dass die Grenze bald offen ist«, sagt Karma.

»Damit Mütter und Väter nicht länger von ihren Kindern getrennt sind, Schüler nicht länger von ihren Lehrern und der Dalai Lama nicht länger von seinem Volk«, sage ich.

»Alley«, sagt Kelsang Jigme, der Khampa.

»Alley«, sagt Karma, der Amdo.

Und gemeinsam rammen sie den langen Bambusstab mit acht bunten Gebetsfahnen in den Schnee.

»Kiki Soso Hladschalo! Kiki Soso Hladschalo! Kiki Soso Hladschalo!« Ich werfe eine Handvoll bunter Zettel hinauf in den Himmel. Vor zehn Jahren stand Thinley hier mit offenen Armen im Regen jener Gebetszettel, die beschlossen hatten, zur Erde zurückzukehren. Einen zu fangen, bevor er das Schneefeld berührt, bedeutet Glück für den Fänger.

Epilog – Eine Geschichte, die nicht enden will

Das Setzen der Fahne sollte eigentlich der Schlusspunkt dieser Geschichte sein. Doch mit unserer Anrufung der Götter war sie dann doch nicht zu Ende. So ist das mit gelebten Geschichten, deren Figuren tatsächlich existieren: Sie laufen den Autoren irgendwann einfach davon.

Nachdem Kelsang, der Junge, mit den Nonnen nach Tibet gegangen war, beschloss er nach einer Weile, doch wieder umzukehren und nach Nepal zurückzugehen. Gerade als wir vor dem Eisfall standen und darüber berieten, wie dieser nun im Dunkel zu überqueren sei, stand er plötzlich wieder neben uns. Ich war sehr froh darüber, weil ich dachte, er würde nun bereit sein, im Exil auf eine Schule zu gehen. Und vielleicht war er das auch in diesem Moment. Aber drei Tage später hatte er es sich wieder anders überlegt und ist nach Tibet zurückgegangen. Alleine.

Die drei kleinen Jungen in Lhasa hat Kelsang, der Junge, nicht wiedergefunden. Vermutlich hat Lhasa nun drei tibetische Straßenkinder mehr.

Im November 2007 sind Suja, Karma und Christian dem

jungen Fluchthelfer an der Grenze wiederbegegnet. Er brachte eine zwölfköpfige Gruppe von Jugendlichen und jungen Männern aus Tibet. Sie hatten auch einen sechsjährigen Jungen dabei.

Ich war zu diesem Grenzgang nicht mehr mitgekommen. Denn ich schrieb bereits an dieser Geschichte. Kelsang, der Junge, hat Suja versprochen, mit dem Erscheinen des Buches seine Arbeit als Fluchthelfer niederzulegen. Die Bewaffnete Chinesische Volkspolizei bemüht sich immer mehr, die Grenzpässe unter Kontrolle zu bekommen. Am 18. Oktober 2007, als der amerikanische Kongress den Dalai Lama mit einer goldenen Medaille für seinen Einsatz für Frieden und Menschenrechte auszeichnete, fielen erneut Schüsse auf der tibetischen Seite des Grenzpasses. Fünfundvierzig Flüchtlinge und ihr Fluchthelfer hatten versucht, die Grenze zu überqueren. Sechs Personen waren zuvor aus Erschöpfung zurückgeblieben. Die Polizisten hatten sie aufgegriffen und ihre Kleidung zur Tarnung angezogen, um sich der Flüchtlingsgruppe unauffällig nähern zu können. Als diese am Gletscher Rast machte, eröffneten die Polizisten das Feuer.

Drei Männer wurden verhaftet, insgesamt neun Personen gelten seitdem als vermisst. Zwei junge Brüder, die der Flüchtlingsgruppe angehörten, haben uns diese Geschichte in Dharamsala erzählt.

Im Jahr 2007 ereignete sich aber auch Erfreuliches. Die Mutter von Dhondup – einem ›unserer‹ sechs Kinder – kam zu Besuch aus Tibet. Eines Morgens stand sie im tibetischen SOS-Kinderdorf von Dharamsala. Um ihr rundes Gesicht lag ein Kranz aus geflochtenen Haaren, in den bunte Bänder hineingewoben waren. Sie stellte ihren großen, handgewebten Beutel ab und wandte sich mit dem Dialekt einer ländlichen Frau an ein paar kleinere Kinder, die schon früh auf dem Spielplatz herumtobten.

»Holt Dhondup Tsering. Sagt ihm, seine Mutter aus Tibet ist da.« Als Dhondup kurze Zeit später mit ungekämmtem Haar und klopfendem Herzen seiner Mutter gegenübertrat, sah sie ihn an, als wäre er ihr vollkommen fremd. Und Dhondups Herz zog sich zusammen.

»Wie ist dein Name?«, fragte sie ihn.

»Dhondup«, antwortete er tonlos.

»Und wie ist der Name deines Vaters?«

»Palden Tawo.«

»Und wie ist der Name deiner Mutter?« Da begann Dhondup zu weinen.

»Amalaa, erkennst du mich nicht? Ich bin Dhondup, dein Sohn. Und Dawa Tsering ist dein Name.« Die Mutter griff sich ans Herz und sank benommen zu Boden.

Als sie Dhondup vor sieben Jahren ins Exil geschickt hatte, reichte er ihr kaum bis an die Brust. Er trug einen roten Anorak, einen kleinen, handgewebten Rucksack und schaute sie fragend aus seinen großen, runden Kinderaugen an. Sieben Jahre hat sie mit diesem Bild gelebt und vergessen, das Kind in ihrer Vorstellung wachsen zu lassen. Als plötzlich ein Jugendlicher vor ihr stand, der sie um zwei Köpfe überragte, erkannte die Mutter das eigene Kind nicht.

Ich war nicht Zeuge dieser Wiederbegegnung. Die sechs Kinder haben mir dieses bewegende Ereignis geschildert. Und Lakhpa hat sofort eine Mail nach Deutschland geschickt.

Liebe Maria, Dhondups Mutter ist aus Tibet gekommen. Wann kommst du? Big love, Lakhpa.

Wenige Tage später war ich in Indien. Ich habe Dhondups Mutter sofort erkannt, als sie auf mich zukam. Ihr Sohn ist ihr wie aus dem Gesicht geschnitten. Mit dem ganzen Gewicht ihrer Trauer fiel sie in meine Arme. Sie weinte, wie ich nie zuvor einen Menschen weinen gesehen habe. Sie fühlte sich schuldig. Schuldig, ihr Kind weggegeben zu haben. Schuldig, es nicht wiedererkannt zu haben.

Sie konnte nicht den Mut anerkennen, den sie aufgebracht hatte, als sie ihr Kind in eine bessere Zukunft schickte. Sie ließ nicht die Gefahren gelten, die sie auf sich genommen hatte, um Dhondup wiederzusehen. Sie war nicht in der Lage zu sehen, wie gut alles geworden war für ihr Kind. Noch stand sie unter dem schockierenden Eindruck, dass ihr kleiner Junge von einem Moment zum anderen ein junger Mann geworden war.

Während der letzten sieben Jahre hatte sie nicht aufgehört, an den langen Winterabenden Pullover für Dhondup zu stricken. Fiel ihr am Wegrand ein glitzernder Stein ins Auge, so hob sie ihn auf. Sie sammelte Federn für ihren Sohn und verlassene Vogelnester. Ihr Beutel war voller Geschenke. Ausgebreitet auf dem Bett ihres Sohnes wurden sie zum Symbol der verlorenen Zeit. Die Pullover waren zu klein und das verlassene Vogelnest Sinnbild ihrer eigenen Lage. Wenn Mutter und Kind nach vielen Jahren der Trennung einander wiederbegegnen, dann läuten nicht die Glocken im Himmel, dann gehen sie erst einmal durch den Schmerz.

Dhondup wollte seiner Mutter unbedingt unseren Film

über seine Flucht zeigen. Als die Mutter ihr kleines Kind mit verschorften Lippen und dem Blick eines Hundertjährigen im Schnee liegen sah, begann sie wieder zu weinen. Ihr war nie klar gewesen, wie schwierig die Fluchtroute über die Berge ist. Sie selbst war über andere Wege nach Indien gekommen.

»Nimm du ihn«, sagte sie zu mir im Anschluss an den Film. »Du bist jetzt seine Mutter. Er gehört dir.«

»Du hast Dhondup geboren!«, sagte ich ihr. »Ich bin ihm nur zufällig in den Bergen begegnet.«

»Du hast ihm das Leben gerettet.«

»Er hätte den Weg auch ohne mich geschafft. Aber ohne dich wäre er nicht auf der Welt. Er ist dein Sohn. Und er liebt dich, weil Kinder nie aufhören ihre Mütter zu lieben.«

Es war nicht einfach für Dhondup und seine Mutter, den Graben, den sieben Jahre Trennung gezogen haben, zu überwinden. Doch schließlich haben beide wieder in großer Vertrautheit zusammengefunden.

Zum Abschied legte mir Dhondups Mutter ihren Armreif aus Elfenbein in die Hände.

»Dieses Geschenk ist zu groß«, sagte ich ihr, »ich kann es nicht annehmen.«

»Du musst es nehmen«, meinte Suja, »sie wäre sehr traurig, wenn du es ablehntest.«

Und so nahm ich den Reif als Zeichen eines Kreises, der sich für uns alle nach so vielen Jahren geschlossen hatte.

Dhondups Mutter hat nicht nur Bilder von ihm, sondern auch von den anderen fünf Kindern nach Tibet mitgenommen. Ich habe über die Jahre viele Fotos von ihnen gemacht, um ihre Entwicklung zu dokumentieren. Die Mutter versprach, die Bilder den anderen Müttern und Vätern zu bringen, damit sie die Kinder in ihrer Vorstellung wachsen lassen können. Damit sie ihre Kinder erkennen, wenn sie irgendwann das Glück haben, sich wiederzusehen.

Für unser sechstes Kind Lakhpa, das wir vor sieben Jahren beim Abstieg von der Grenze gefunden hatten, ist es bereits zu spät. Als ihr großer Bruder sie aus Tibet herausbrachte, war Lakhpa Halbwaise. Im April 2007 ist nun auch ihr Vater gestorben.

Das Gefühl, zu spät zu sein, ist der Antriebsmotor meines ruhelosen Lebens. Als Kind hatte ich davon geträumt, meine Mutter aufzusuchen. Aus Loyalität meinem Vater und seiner zweiten Frau, meiner Stiefmutter, gegenüber wollte ich damit bis zu meiner Volljährigkeit warten. Ich wollte die beiden nicht verletzen mit meinem sehnlichsten Wunsch.

Als meine Mutter drei Monate vor meinem achtzehnten Geburtstag starb, brach in mir eine Welt zusammen.

Bei meinem dritten Besuch in Österreich hat meine Tante dann endlich gesprochen. Sie erzählte mir eine Geschichte, die sich deutlich von jener unterschied, mit der ich fünfunddreißig Jahre gelebt hatte. Und nun musste ich mich fragen, welche stimmte.

Wenn zwei Menschen sich streiten, liegt die Wahrheit meist in der Mitte. Und so versuchte ich, die Mitte zweier unterschiedlicher Versionen zu meiner persönlichen Geschichte zu machen. Sollte sie irgendwann ein eigenes Buch füllen, dann wird es ein Roman sein, der ein ganzes Jahrtausend umspannt. Denn ich bin mit der Recherche über meine Mutter bis an den Ursprung ihrer großen Familie gegangen. Die

Wege, die ich gehe, sind immer sehr weit. Das ist etwas, was mich mit Kelsang Jigme verbindet. Wir beide können sehr gut sehr weite Strecken gehen.

Als wir am 23. März 2007 nach dem Hissen der Fahne wieder nach Nepal abstiegen, mussten wir im Dunkeln über den Eisfall rutschen und irrten schließlich die ganze Nacht über den Gletscher auf der Suche nach unseren Zelten. Irgendwann kam der Moment, an dem ich glaubte, nicht mehr weitergehen zu können. Ich legte mich auf den Boden, und Kelsang Jigme sagte zu mir:

»Du musst aufstehen. Wenn du nicht aufstehst, bleibst du für immer hier liegen.«

Und ich sagte: »Lass mich nur kurz in die Sterne schauen. Nur einen kleinen Moment.«

Dann versuchte ich zu meiner Mutter zu sprechen. Aber ich konnte kein Bild in mir finden. Also sprach ich zur Himmelsmutter Maria. Ich bat sie, mich zu meinem Sohn Simon nach Hause zu bringen. Ich hatte so große Sehnsucht nach ihm.

Dann bin ich aufgestanden, und wir sind weitergegangen. Gegen Morgen setzte sich Kelsang Jigme auf einen Stein, um ein wenig zu ruhen. Christian und ich blieben bei ihm. Noch war es dunkel. Als Christian seine Schnürsenkel band, bemerkte er, dass wir auf sandigem Grund saßen. Einer inneren Eingebung folgend blickte er noch einmal zurück in die Richtung, aus der wir gekommen waren. Da standen etwa zehn Meter von uns entfernt im Lichtkegel seiner Stirnlampe unsere Zelte. Wir waren daran vorbeigelaufen. Wir hatten nicht viel Zeit zu ruhen, denn wir hatten seit mehr als zwei Tagen nichts mehr gegessen. Und Pempas Haus war noch weit. Im Sonnenaufgang wanderten wir weiter. Und als sie unterging, marschierten wir immer noch.

Mitten in der Nacht, etwa zwei Stunden vor unserem Ziel, brach Christian plötzlich zusammen. Der Stress der letzten Tage mit Rabgyals Erfrierungen, der anstrengende Weg hinauf zum Pass ohne die Hilfe von Trägern, die Herausforderung, bei alldem noch zu fotografieren, der verlorene Kampf mit unserem Kocher, der daraus resultierende Hunger und unsere durchwanderten Nächte hatten ihm all seine Kräfte geraubt. Zudem litt er an Durchfall und Leibschmerzen – vermutlich vom Schnee, den wir in unserer Verzweiflung gegessen hatten. Wir dachten, nun gut, dann müssen wir eine weitere Nacht in der Kälte verbringen.

Doch dann entdeckte ich mehrere Lichter im Tal. Sie bewegten sich und kamen direkt auf uns zu.

»Halloooooooo!«, rief ich.

»Arooooooooow!«, antwortete Suja.

Nachdem wir an jenem Abend nicht wie vereinbart zu Pempas Haus zurückgekommen waren, hatte der Freund beschlossen, sich auf die Suche nach uns zu machen. Lothen und Dorje, die sich von ihrer Flucht bereits gut erholt hatten, kamen mit ihm. Sie brachten uns heißen Zitronentee, Schokolade und Kekse zu unserer Stärkung.

Auf einem Hügel, von dem bereits der Schnee geschmolzen war, breiteten sie eine große, geblümte Decke für unser nächtliches Picknick aus.

Selten bin ich so glücklich gewesen.

»Wie geht es Wanglo und Rabgyal?«, fragte ich Suja.

»Sehr gut«, sagte er, »Rabgyal kann zwar immer noch nicht laufen, aber ich habe das einzige Pferd im Tal für ihn gemietet.«

Am nächsten Morgen stiegen wir alle gemeinsam ab. Rabgyal saß auf einem Pferd, das mit Glöckchen und bunten Bändern geschmückt war, und bestaunte die Welt um sich herum, die er nun wieder sehen konnte.

In der Nähe von Dharamsala besucht er nun eine tibetische Schule und will später einmal Medizin studieren. Er konnte alle seine Finger und Zehen behalten.

Christian und ich haben von unserer Reise nicht nur Bilder und Geschichten, sondern auch Kälteschäden an den Füßen mit nach Deutschland genommen. Die Nerven unserer Zehen waren abgestorben, und wir konnten sie lange Zeit nicht mehr spüren. Schließlich wuchsen sie wieder nach. Genau einen Millimeter pro Woche.

Als ich Kelsang Jigme mit wiederhergestellten Zehen im Juli 2007 wiedertraf, hatte sich sein Leben noch einmal grundlegend geändert.

»Ich habe eine neue Liebe gefunden«, gestand er mir nicht ganz ohne Scham.

»Ehrlich? Wie hast du es angestellt in so kurzer Zeit?«, fragte ich ihn.

»Genaugenommen fand ich sie, als wir in den Bergen waren.«

Und er erzählte mir, auf welche Weise die neue Frau an seiner Seite in sein Leben getreten war. Nach seiner Flucht aus Tibet im Jahre 2004 gab es die kleine Teestube in Kathmandu nicht mehr. Und so baute sich Kelsang in Dharamsala eine neue Teestube auf, die er allein bewirtschaftete. Die Schwiegertochter war mit den Enkelkindern nach Südindien gezogen. Als wir zum Hissen der Fahne in den Himalaya aufbrechen wollten, musste Kelsang jemanden suchen, der in seiner Abwesenheit das kleine Restaurant weiterführte. Eine Frau stellte sich ihm vor. Ihr Name war Dolma.

»Es wird nicht lange dauern, bis ich wieder zurück bin«, sagte er ihr, »etwa drei Wochen.« Doch aus drei Wochen wurden sechs. Und Kelsang hatte große Sorge, dass Dolma alles stehen und liegen lassen würde. Doch als er nach Dharamsala zurückkam und seine kleine Wirtschaft betrat, stand Dolma in der Küche und stampfte gerade Buttertee für die Gäste. Die Wände des Teeladens waren frisch mit blauer Farbe gestrichen. Als sie ihn sah, erschrak sie und rief voller Mitleid: »Lama Kuncho! Was bist du dünn in den Bergen geworden.« Sie kochte eine dicke Suppe für ihn mit viel Yakfleisch und Liebe. Und als sie Kelsang die Thukpa kredenzte, wurde es dem einsamen Wolf ganz warm um sein Herz. Nach dem Essen wollte Dolma ihre Sachen packen. Doch Kelsang bat sie für immer zu bleiben.

»Kelsang Jigme hat geheiratet«, erzähle ich meiner ältesten Patentochter, als wir den neuesten Klatsch unserer ›big new family‹ austauschen. Chime hat natürlich jede Menge Geschichten über Tamding und Dhondup auf Lager – und all die armen Mädchen, die hoffnungslos in ihre beiden ›Brüder‹ verliebt sind. Aus Kindern sind Jugendliche geworden.

»Selbst wenn wir alt sind und am Krückstock gehen, wirst du uns immer noch ›die sechs Kinder‹ nennen!«, lacht Chime über mein Unvermögen, sie ohne Wehmut wachsen zu sehen.

Chime lebt nicht mehr mit den anderen Kindern im tibetischen Kinderdorf von Dharamsala. Sie hat den Sprung auf eine tibetische Eliteschule geschafft. Jetsun Pema, die Schwester des Dalai Lama, hat in Dheradun, etwa vier Bahnstunden von Delhi entfernt, eine spezielle Einrichtung zur Förderung der besten Schüler aller tibetischen Kinderdörfer gegründet. Chime ist eine davon.

Bei meinem letzten Besuch wollte Chime Astronomie studieren. Zurzeit möchte sie lieber Schauspielerin werden, denn sie hat gerade den Schauspiel-Wettbewerb an ihrer Schule gewonnen.

»Wie machst du das nur?«, frage ich Chime, als wir abends über das blühende Gelände spazieren, das inmitten eines urwaldartigen Parks liegt. Es ist Regenzeit, und in den Bäumen verdampft das Wasser des letzten Schauers.

»Was meinst du?«

»Du bist schon durch viel Leid gegangen. Aber du hast gar keine Angst vor dem Leben.« Chime schaut mich an, und ihre Augen sind unglaublich groß.

»Ich habe dich immer beobachtet«, sagt sie, »vom ersten Moment an, in dem wir uns begegnet sind, habe ich versucht, so zu werden wie du.«

Da steht sie und trägt ein Kleid über den Hosen. Und ich trage unter den Hosen ein Kleid.

»Ich bin in Wahrheit nicht mutig«, sage ich ihr, »ich hatte oft große Angst. Aber wie hätte ich Kindern die zeigen sollen?«

»Ich glaube, ich weiß, wovon du sprichst«, meint Chime.

»Seit dem Abschied von meiner Mutter musste ich ein Vorbild für Dolkar sein. Ich habe viele Tränen geschluckt, nur damit Dolkar nicht weint. Aber jetzt, wo ich getrennt von ihr lebe, kommt nachts immer wieder der gleiche Traum. Vielleicht ist es auch eine Erinnerung an mein Leben in Tibet.

Ich bin noch klein und gehe an der Hand meiner Mutter über die Brücke des Kyichu-Flusses. Plötzlich sehe ich sieben Kinder im Wasser des Flusses treiben. Sie sind mit Stricken aneinandergebunden. Das älteste ist vielleicht sieben. Es trägt Schuhe und ist wie zu einem Festtag gekleidet. Das jüngste ist noch ein Baby. Ich lehne mich über das Brückengeländer, und die toten Kinder treiben unter meinen Füßen davon. Meine Tränen fallen ins Wasser und meine Mutter sagt zu mir: ›Siehst du, so geht es Kindern, die nicht zur Schule gehen können. Wer nichts lernt, wird zum Treibgut des Lebens.‹

Das Schlimmste an diesem Traum ist, dass ich nicht weiß, ob er wahr ist oder nur Einbildung. Sieben Jahre sind nun seit meiner Flucht aus Tibet vergangen.«

»Vielleicht ist der Fluss mit den sieben toten Kindern ein Bild für deine verlorene Kindheit, die du in Lhasa zurückgelassen hast, als eure Mutter euch fortschicken musste«, sage ich.

»Ich möchte, dass diese toten Kinder im Fluss mich nie wieder im Traum besuchen.«

»Dann mach sie lebendig, Chime.«

»Wie?«

»Schreib deine Geschichte nieder.«

»Ich kann nicht schreiben.«

»Dann schreib einen Brief an deine Mutter. Schreib alles auf, was seit eurem Abschied geschah.«

»Der Brief wird nie in Tibet ankommen.«

»Irgendwann wird er ankommen, Chime. Irgendwann wird alles, was wir in diese Welt hineingelegt haben, an der richtigen Stelle ankommen. Schreib einen Brief über deine verlorene Kindheit. Chime-la, mach die sieben toten Kinder im Fluss, die sieben verlorenen Jahre wieder lebendig.«

Abschließende Worte

Alle im Buch abgebildeten Kinder und Jugendlichen sind wirklich über den Grenzpass aus Tibet geflüchtet, nur das Mädchen auf dem Buchcover ist kein Flüchtlingskind, sie hat bei den Aufnahmen für einen geplanten Dokumentarfilm zu diesem Buch das Mädchen Thinley dargestellt.

Einige Namen, Orte und Zeiträume habe ich zum Schutz der in Tibet lebenden Menschen verändert. Ebenso Begebenheiten, deren Enthüllung für die Betreffenden gefährlich sein könnte.

Auch spreche ich nicht fließend Tibetisch, wie es bei der Lektüre des Buches den Anschein haben mag. Ich hatte meist Übersetzer an meiner Seite sowie meine Wörterbücher. Die Dialoge verliefen also keineswegs so flüssig, wie sie hier gedruckt sind – mit Ausnahme meiner Gespräche mit Suja, Karma und den sechs Kindern, die heute allesamt Englisch sprechen. Ich habe mir die literarische Freiheit genommen, sehr komplexe und langwierige Ereignisse lesbar zu gestalten.

Da die Rolle, die der Vermittler N. in Kelsang Jigmes und

meiner Geschichte spielt, undurchsichtig ist, habe ich auf eine explizite Namensnennung verzichtet.

Auch auf den Namen des Grenzpasses habe ich bewusst verzichtet. Insider werden wissen, von welchem Pass ich spreche, und auch der Bewaffneten Chinesischen Volkspolizei ist dieser Fluchtweg schon lange bekannt. Dennoch sollte er nicht in aller Munde sein.

Danksagung

Ich danke meinem Lebenspartner Jörg Arnold, der mit unerschütterlicher Liebe nie von meiner Seite gewichen ist. Er hat diese Arbeit mit mir getragen und musste dabei über seine eigene Grenze gehen.

Ich danke Jörgs Eltern, Herbert und Erika Arnold, die dafür sorgen, dass unser Sohn Simon trotz ständigem Ausnahmezustand ein geregeltes Leben führen kann.

Ich danke dem Fotografen und Rettungsassistenten Christian Gatniejewski für seine großartige Arbeit. Freundschaft, die sich in den Bergen bewährt, kann so schnell nicht mehr zerbrechen. Auf unsere nächste Tour!

Ich danke Christians Frau Kerstin, die ihrem Mann den Rücken freigehalten hat, für ihre medizinischen Ratschläge.

Ich danke Jan Schlenk, der als Sechzehnjähriger zu mir gestoßen ist. Jan ist heute einer meiner engsten Vertrauten und die größte Stütze unserer Charity-Arbeit. Die sechs Kinder lieben ihn wie einen Bruder, so auch Simon.

Ich danke Simon Mannheim, der mich im Dezember 1999 Kilometer für Kilometer aus Tibet freigekauft hat.

Ich danke der jungen Anwältin und Bergsteigerin Alice Gamble für ihren großen Einsatz am Berg im November 2007, als sie einer tibetischen Großfamilie half, die verhaftet worden war. Ich danke dir für deine Mitarbeit und Unterstützung unseres Vereins Shelter108 e.V.

Ich danke Alois Annabith, meinem Freund in Tirol. Als Jörg und ich auf den letzten Metern an diesem Projekt zusammenzubrechen drohten, hat er mich aus der Krise geholt.

Ich danke meiner persönlichen Pressesprecherin Tina Muffert und ihrem Mann Konstantin. Auch ihr seid plötzlich da gewesen und habt mir spontan eure Hilfe angeboten. Ich bin sehr dankbar für diese Zusammenarbeit.

Ich danke meiner Lektorin Tanja Rauch, dass sie so großes Vertrauen in mich und meine Geschichte gesetzt und mein katastrophales Zeitmanagement überstanden hat und dabei noch in der Lage war, eine so gute Lektorin zu sein.

Ich danke meinem Verleger Marcel Hartges, dass er so viel für das Buch möglich gemacht hat, und allen Mitarbeitern des DuMont Verlags für ihren Einsatz und ihre große Flexibilität.

Ich danke dem Piper/Malik Verlag für unsere Zusammenarbeit an meinen letzten Büchern. Insbesondere der Lektorin Britta Egetemeier.

Ich danke meinem Mentor Hans-Jörg Müller.

Ich danke unserem Freund und Anwalt Frederik Albrecht für seine große Unterstützung, unserem Freund Christian Lahrmann für seine Hilfe und meiner Freundin Helena Pekalis für ihr schönes Zimmer zum Schreiben.

Ich danke meinem Freund, dem Fluchthelfer Kelsang Jigme, für seine Liebe und Freundschaft. Ich werde das, was ihm im Gefängnis widerfahren ist, nie wiedergutmachen können. Ich habe sein hartes Leben niedergeschrieben, damit es in Zukunft ein schönes sein wird.

Ich danke ›meinen‹ sechs Kindern Chime, Dolkar, Dhondup, Lakhpa, Little Pema und Tamding, dass sie in mein Leben gekommen sind. Mit ein bisschen Glück wird uns irgendwann gelingen, unser aller Leben auf einem Kontinent, in einem Land zusammenzubringen.

Ich danke Suja für diese besondere Freundschaft, die sich über unsere Liebe zu den sechs Kindern gebildet hat. Und ich danke Dolma, die Sujas Aufgaben von Anfang an mitgetragen hat und oft alleine war, wenn er in die Berge ging.

Ich danke Pema Wangchen, der mich und mein Filmteam im April 2000 mit in die Berge nahm, wo wir den Guide ›Onkel Nima‹ und seine Flüchtlinge trafen.

Ich danke dem Fluchthelfer Karma Tamding, der mit sieben Jahren Verspätung zu unserer großen Familie kam. Der Beste von uns allen bist du! Das werde ich auch noch deinem Vater erklären.

Ich danke Antje Urbe, die mir den Mut gab, noch einmal in den Himalaya zu gehen, um diese Geschichte abzuschließen.

Ich danke der großen Tibet-Kennerin Monika Deimann-Clemens für ihre wertvollen Ratschläge und Korrekturen und wünsche ihr bei ihrer Flaggenaktion viel Glück: Sie konnte nahezu neunhundert Kommunen in Deutschland dazu bewegen, am 10. März 2008, dem 49. Jahrestag des tibetischen Volksaufstandes, auf ihren Rathäusern die Flagge Tibets zu hissen. Das werde ich Kelsang Jigme erzählen! Und er wird sehr glücklich darüber sein.

Ich danke Herrn Jampa Phukang für die Zeit, die er sich nahm, den historischen Teil der Geschichte zu lesen und zu korrigieren, und dem Autor der neuesten Dalai-Lama-Biographie Klemens Ludwig für seine Informationen zur Flucht des tibetischen Oberhauptes aus Tibet.

Ich danke Michaela Pilters von der ZDF-Redaktion 37° für

die Screenshots meines Films, ebenso der Produktionsfirma tellux GmbH München, meinem damaligen Kameramann Richard Ladkani und meinem Cousin Tao Maleta für die schönen Fotos der Ladakh-Reise 2005.

Ich danke Anja Vogel von ›Globetrotter Ausrüstung‹ für das großzügige Sponsoring unserer Bergausrüstung im Jahr 2007, und Tom Strobel von ›Mountain Equipment‹ für das tolle Basis-Equipment im Jahr 2000.

Ich danke Martin und Erika Weidemann aus Berlin sowie Silvia Juen-Foidl aus Kitzbühel für ihre unerwartete Hilfe, die genau im richtigen Augenblick kam, als wir in den Bergen in Geldnot gerieten.

Ich danke allen Gründungsmitgliedern von Shelter108 e.V., insbesondere auch Gisela Dücker, die maßgeblich am Aufbau des Vereins beteiligt war.

Ich danke Anette Knell für ihre Arbeit als Patenschaftssekretärin, die sie spontan bereit war zu übernehmen.

Ich danke Maria, Michael und Clemens Busch und deren Mutter Gabriele, dass Shelter108 e.V. mit Hilfe der Stiftung ihrer Schwester Beate nun das erste große Projekt verwirklichen kann. Ich hoffe, das ›Beate-Aglaja-Busch-Haus‹ für tibetische Exilkinder wird noch im Sommer 2008 fertiggestellt sein.

Ich danke allen Menschen, die unsere Projekte in Indien, Nepal, Russland, Uganda und Zimbabwe unterstützen.

Ich danke meinem verstorbenen Freund Jürgen Herweg, weil er an mich geglaubt hat.

»Wie kann ich dir jemals zurückgeben, was du mir gegeben hast?«, fragte ich ihn einmal.

»Gib's weiter«, war seine Antwort.

Ich danke meinem Sohn Simon, dass er zu mir gekommen ist. Du bist mein kleinstes Kind und mein größtes Geschenk.

Mein besonderer Dank geht an Carina Harrer für ihre große Freundlichkeit. Und ich danke Ihnen, dass Sie mir von meiner Großmutter Maria Lamberg erzählt haben.

In großer Anerkennung für den Schweizer Fotografen Manuel Bauer, dem es als erstem und einzigem Journalisten bisher gelungen ist, eine ganze Flucht von Lhasa aus bis nach Dharamsala zu dokumentieren.

Kontaktadressen

Die Homepage zum Buch: www.auf-wiedersehen-tibet.de
Die Autorin: www.maria-von-blumencron.de
Film, Buch und Hörbuch »Flucht über den Himalaya«
sind zu beziehen über: www.zazie-media.de
Homepage der tibetischen Kinderdörfer: www.tcv.org.in

Hilfsorganisationen

Für Deutschland

Shelter108 e.V. (gegründet 2007 von Maria Blumencron)
Projekthilfe Indien, Nepal etc. und individuelle Vermittlung von Patenschaften
Geschäftsstelle (Michael Landwehr):
Bismarckstraße 35
50672 Köln
Tel.: 0049-(0) 221-277 85 754
E-Mail: info@shelter108.de
Internet: www.shelter108.de
Zusendung von Infomaterial per Post oder E-Mail.

Hermann-Gmeiner-Fonds Deutschland e.V.
(SOS-Kinderdörfer weltweit)

Vermittlung von Patenschaften
Tel.: 0049-(0) 89-17914-160
E-Mail: info@sos-kinderdoerfer.de
Internet: www.sos-kinderdoerfer.de

Deutsche Tibethilfe e.V.
Irmtraud Wäger
Mauthäuslstraße 9
81379 München
Tel.: 0049-(0) 89-788306
Internet: www.deutschetibethilfe.de

Tibet Initiative Deutschland e.V.
Informationen und politische Arbeit
Tel.: 0049-(0)30-42081521
E-Mail: office@tibet-initiative.de
Internet: www.tibet-initiative.de

Internationale Gesellschaft für Menschenrechte (IGFM)
Informationen und politische Arbeit
Tel.: 0049-(0)8985-98440
E-Mail: tibet@igfm-muenchen.de
Internet: www.igfm-muenchen.de/tibet/tibetstart.html

Für Österreich

SAVE TIBET Vermittlung von Patenschaften und Projekthilfe
Tel.: 0043-1-4849087 (Elisabeth Zimmermann)
E-Mail: save.tibet@gmx.at – Internet: www.tibet.at

Für die Schweiz

Verein TIBETFREUNDE
Vermittlung von Patenschaften und Projekthilfe
Tel.: 0041-(0) 31-3113736 (Samra Losinger)
E-Mail: samra.losinger@bluewin.ch
Internet: www.tibetfreunde.ch

Light for Tibetan Children
Vermittlung von Kinder-Patenschaften
und Hilfe für Schul- und Klosterprojekte in Tibet
Tel.: 0041-(0) 44 786 43 55 (Monica Witschi)
Mobil: 0041-(0) 79 447 88 01
E-Mail: info@light-for-tibetan-children.ch
Internet: www.light-for-tibetan-children.ch

Verein Nyingtob Ling
Hilfe für behinderte tibetische Kinder und Jugendliche
in Dharamsala
Tel./Fax: 0041-(0) 41-6302558 (Bea Zimmermann)
E-Mail: bea.zimmermann@swissonline.ch
Internet: www.nyingtobling.ch

Gesellschaft Schweizerisch-Tibetische Freundschaft
(GSTF)
Informationen und politische Arbeit
Tel.: 0041-(0) 44 451 38 38
E-Mail: buero@gstf.org – Internet: www.tibetfocus.com

Handel und Hilfe

SOUL OF TIBET (Tibetisches Kunsthandwerk)
Tel.: 0049-(0) 941 949 244 (Annette Knell)
E-Mail: info@souloftibet.de
Internet: www.soul-of-tibet.de

Bildnachweis

Von links nach rechts und von oben nach unten: Christian Gatniejewski: Bildteil Nr. 1, 2, 4, 5, 6, 20, 21, 22, 23, 24, 25, 26, 28, 30, 31, 33, 34, 35, 36, 37 / Richard Ladkani: Bildteil Nr. 7, 8, 11, 12, 13, 14, 38 / Tao Maleta: Bildteil Nr. 3, 16, 17 / Jörg Arnold: Bildteil Nr. 9, 10, 15 / Maria Blumencron: Bildteil Nr. 27, 29, 32 / Antje Urbe: Bildteil Nr. 18, 39 / Peter Grewen: Bildteil Nr. 19. Alle Fotos © Zazie-Media GbR 2007, ausgenommen die Screenshots von Richard Ladkani (© ZDF) sowie das Foto von Peter Grewen (© Peter Grewen).
Im Text: Karte S. 6/7 von Prof. Alexander Urban / Seite 196 Bild von Dolkar, Seite 274 Auszug aus Lothens Fluchtballade.

Der Mutter Tibets

Wärest du der Ozean,
so tief und so weit wie nichts auf der Welt,
lebte ich darin wie ein kleiner, goldener Fisch.

Wärest du das weite Grasland
und ich der kleine Nomade darin,
dann ließe ich meine Herde in deinem Schoß weiden.

Wärest du meine mitfühlende Mutter,
dann wäre ich nicht das einzige Kind in deinen
gesegneten Armen.
Denn du bist die Mutter aller Kinder Tibets.

Wärest du nicht gewesen, wären wir alle nicht hier.
Ich danke dir, Jetsun Pema, Schwester des Dalai Lama
und Reinkarnation der großen Tara.

Dein Mädchen Chime

Eine Nonne bricht das Schweigen*

Majella Lenzen
Das möge Gott verhüten
Warum ich keine Nonne
mehr sein kann
Etwa 280 Seiten
Gebunden, mit zahlreichen
farbigen Abbildungen
€ 19,95 (D) / € 20,20 (A)
sFr. 34,50* *unverb. Preisempf.

*Über die Katholische Kirche wird viel spekuliert. Nur selten können wir hinter die Mauern des Vatikans und der Klöster schauen. Informationen aus erster Hand gibt nun Majella Lenzen, sie berichtet von ihrem Leben als Schwester Maria Lauda.

DUMONT

www.dumont-buchverlag.de

GOLDMANN

Einen Überblick über unser lieferbares Programm
sowie weitere Informationen zu unseren Titeln und
Autoren finden Sie im Internet unter:

www.goldmann-verlag.de

Monat für Monat interessante und fesselnde
Taschenbuch-Bestseller

Literatur deutschsprachiger und internationaler Autoren

∞

Unterhaltung, Kriminalromane, Thriller,
Historische Romane und Fantasy-Literatur

∞

Klassiker mit Anmerkungen, Anthologien
und Lesebücher

∞

Aktuelle Sachbücher und Ratgeber

∞

Bücher zu Politik, Gesellschaft, Naturwissenschaft
und Umwelt

∞

Alles aus den Bereichen Esoterik, ganzheitliches Heilen
und Psychologie

Die ganze Welt des Taschenbuchs

Goldmann Verlag • Neumarkter Straße 28 • 81673 München

GOLDMANN